Juan Madrid, geboren 1947 in Malaga, erwarb seinen Abschluss in Geschichte an der Universität von Salamanca. Seit 1974 arbeitet er als Redakteur der Zeitschrift Cambio 16 und als Filmemacher. Er ist einer der bekanntesten spanischen Kriminalschriftsteller. Seine Romane wurden in alle wichtigen westlichen Sprachen übersetzt. In Deutschland sind unter anderem erschienen: »Dschungel. Großstadtgeschichten« und »Ein freundschaftlicher Kuss«.

Bibliografische Information Der Deutschen Bibliothek

Die Deutsche Bibliothek verzeichnet diese Publikation in der Deutschen Nationalbibliografie; detaillierte bibliografische Daten sind im Internet über http://dnb.ddb.de abrufbar.

NATIONAL GEOGRAPHIC ADVENTURE PRESS
Reisen · Menschen · Abenteuer
Die Taschenbuch-Reihe von
National Geographic und Frederking & Thaler

1. Auflage März 2007, erstmals im Taschenbuch

Aus dem Spanischen von Lisa Grüneisen
Text: Juan Madrid
Umschlagfoto: Petra Dorkenwald
Umschlaggestaltung: Dorkenwald Grafik-Design, München
Herstellung: Büro Sieveking, München
Druck und Bindung: Clausen & Bosse, Leck
Printed in Germany

ISBN 978-3-89405-297-3
www.frederking-thaler.de

Das Papier wurde aus chlorfrei gebleichtem Zellstoff hergestellt.

JUAN MADRID

MEIN AMAZONAS

Eine fantastische Reise

Aus dem Spanischen
von Lisa Grüneisen

NATIONAL GEOGRAPHIC
FREDERKING & THALER

Amazonas
BRASILIEN
Orinoco
VENEZUEL
Guaviare
Orinoco
KOLUMBIEN
Bo
ROR
Negro
Japura
Putumayo
Yaguas
Solimões
Iquitos
Marañon
Benjamin Constant
Juraí
Juruá
PERU
AMAZONAS
Juruá
Purus
Cruzeiro do Sul
Boqueirao da Esperança
Taravacà
Humait
ACRE
Purus
Madeira
Pôrto Vel
Rio Branco
Acre
Abunã
Marañon
Ucayali
Xapuri
Huánuco
Brasileia
Abunã
RON
Guajará Mirim
Madre de Dios
R. de las Piedras
Cobija
Urubamba
Anden
Kordilleren
Huancayo
LIMA
Beni
Cuzco
6384
Ausangate
Abancay
BOLIVI
Apurimac
L. Titicaca
SÜD-
PAZIFIK
Puno
LA PAZ

N
250 km
Wichtigste Stationen der Reise
SURINAME
FRANZ. GUYANA
GUYANA
Orapoque
Calcoene
Amapa
AMAPÁ
ATLANTISCHER OZEAN
Macapá
Soure
Ilha de Marajó
Belém
Manaus
Amazonas
Amazonas
Santarém
Itaituba
Altamira
PARÁ
Ruropolis
Serra dos Carajás
Marabá
Tapajos
Jacareacange
São Felix do Xing
Araguaia
Xingu
Conceicão do Araguaia
BRASILIEN
Goiania
BRASILIA

»Ich habe unzählige Länder bereist und so viele Männer und Frauen kennengelernt, wie es Sand in der Wüste gibt. [...] Und doch gibt es keine lieblicher sprudelnde Quelle, keine Bäume, die reicher an Früchten wären, keinen erquickenderen Schatten als im Patio meines Hauses in Granada.«

Ibn Battuta, *Reisen ans Ende der Welt*

Eins

Das Flugzeug von São Paulo nach Belém über Brasilia begann an Höhe zu verlieren und durchquerte die dichten Wolken, die den Himmel bedeckten. Vor dem Fenster erstreckte sich der dunkelgrüne, unregelmäßige Teppich des Regenwaldes, so weit das Auge reichte. Später, als das Flugzeug eine Schleife zog, um zu landen, tauchte der Amazonas auf, der sich breit und braun in der Ferne verlor, gekreuzt von den geschlängelten Bändern der Nebenflüsse, die an Schnittwunden erinnerten.

Vicente Yàñez Pinzón war der erste Europäer, der im Jahr 1499 den Fluss zu Gesicht bekam und ihm den Namen »Das süße Meer« gab. Gaspar de Carvajal, der Chronist Orellanas, nannte ihn den »Großen Amazonen-Strom«. Und für die Indios ist er der Tungaragua, was so viel heißt wie »König des Wassers«. Tatsächlich ist er ein wahrer Monarch, der über ein riesiges Becken von sieben Millionen Quadratkilometern gebietet, dem die ergiebigsten Flüsse der Welt ihren Wassertribut zollen. Durch das Amazonasbecken strömt mehr als ein Fünftel des gesamten Süßwassers der Erde.

Der gewaltige Wasserarm verläuft parallel zum Äquator von Westen nach Osten, von den Ausläufern der Anden, kaum hundert Kilometer vom Pazifik entfernt, bis hinüber zum Atlantik. Auf seinem fast siebentausend Kilometer langen Weg erreicht er eine maximale Tiefe von 250 Metern, was bedeutet, dass sein Grund stellenweise unter dem Meeresspiegel liegt. Der majestätische Anblick dieses Herrschers rührt von seinem geringen Gefälle her. Das Gefälle des Amazonas beträgt kaum drei Zentimeter pro zurückgelegtem Kilometer. An manchen Stellen erreicht er fünfzehn Kilometer

Breite, die bei Hochwasser nach Regenfällen leicht auf das Doppelte anwachsen können.

Die Anthropologin Betty J. Meggers schreibt in *Amazonia: Man and Culture in a Counterfeit Paradise:* »Mit einer Wassermenge, fünfmal größer als die des Kongo und zwölfmal größer als die des Mississippi, entlässt der Amazonas [...] in vierundzwanzig Stunden so viel Wasser in den Atlantik, wie die Themse in einem Jahr durch London führt.«

Über siebentausend Inseln liegen im Amazonas. Einige, wie die Insel Marajó, deren Umrisse nun aus dem Flugzeug heraus zu sehen sind, sind größer als die Schweiz. Die Sedimentablagerungen des Stromes reichen bis in 3850 Meter unter dem Meeresspiegel, was der Höhe der bolivianischen Hauptstadt La Paz entspricht, einer der höchstgelegenen Städte der Welt. Die Zuflüsse dieses Fluss-Meeres, wie der Madeira, der Orinoco, der Purús, der Marañón oder der Juruá, übertreffen jeden europäischen oder afrikanischen Fluss mit Ausnahme des Nils und des Kongo und sind für Schiffe bis zu viertausend Bruttoregistertonnen befahrbar.

Eigentlich begann diese Reise vor siebenundvierzig Jahren in unserem Wohnzimmer zu Hause in Málaga, als ich sechs Jahre alt war. Abends saß mein Vater häufig in einem Sessel und las, und ich kauerte zu seinen Füßen auf dem Boden und betrachtete immer wieder die Stiche, die Auguste François Biard, ein französischer Zeichner, der Brasilien und den Amazonas bereist hatte, in den Jahren 1858 und 1859 angefertigt hatte. Das Buch war eine Kostbarkeit, eine Jahresgabe für die Abonnenten von *La Ilustración Española y Americana* von 1864. Eine Auswahl der besten Reiseberichte des 19. Jahrhunderts, die in dieser Zeitschrift erschienen waren. Sie waren der Grund dafür, dass ich als kleiner Junge eine Sehnsucht nach fernen Ländern entwickelte und mich für Reiseliteratur begeisterte.

Ich konnte noch nicht lesen, aber ich träumte von Biards Stichen, die ich in- und auswendig kannte. Jeden Tag betrachtete ich sie. Meine Augen blieben an den Kanus hängen, die auf den Flüssen dahinglitten, den Indios, die im Wald lauerten, den Schlangen, den Krokodilen und dem endlosen, undurchdringlichen Urwald, der allen verschlossen blieb, außer den wagemutigsten, unerschrockensten Entdeckern, die sich mit Machetenhieben einen Weg bahnen mussten.

Mit diesem Buch, das ich noch immer besitze, lernte ich lesen. Eines Tages konnte ich einen Satz entziffern. Es war ein magischer, einzigartiger Augenblick. Ich sagte zu meinem Vater: »Papa, ich kann schon lesen«, und er antwortete: »Sehr gut.« Und ich las weiter, verstand zum ersten Mal, was diese Aneinanderreihung von Buchstaben bedeutete. Jeden Tag las ich zwei oder drei Sätze. Wenn meine Tanten oder die Nachbarn fragten, was ich einmal werden wolle, wenn ich groß sei, antwortete ich: »Entdecker.« Später sammelte ich Bücher über den Amazonas: Reiseerzählungen, Chroniken und Expeditionsberichte. Zu meinem elften Geburtstag schenkte mir mein Vater die Chroniken von Gaspar de Carvajal. Später folgten diejenigen von Pedro de Teixeira, Antonio Pigafetta, Pedro Cieza de León, Francisco López de Jérez, Fray Toribio de Benavente und Bernal Diaz de Castillo ... die Bücher der ersten Reporter der Moderne, die nur das schilderten, was sie sahen, und denen es gelang, eine neue Welt abzubilden, eine neue Welt zu schaffen. Wenn es stimmt, dass nur existiert, was erzählt wird, dann gebührt ihnen der Ruhm, einen Kontinent erfunden zu haben.

Die Chroniken waren sehr populär in Spanien und im Ausland, wo es schon bald Übersetzungen gab. Das bürgerliche Publikum in Europa, das sich allmählich vom Mittelalter löste, nahm diese Chroniken mit wahrer Begeisterung auf; sie boten Gesprächsst
Palästen der Adligen, an den Warenbörsen der Hä

Plätzen der Städte und bei den Festen auf den Dörfern. Gab diese Begeisterung für das Wunderbare den Impuls für das Entstehen des modernen Romans? Ich überlasse diese Frage den Gelehrten.

Ich musste nur noch selbst zum Amazonas reisen. Und da war ich nun und überflog im März 2000 den größten Regenwald der Welt.

Belém erstreckt sich über zehn Kilometer entlang der Bucht von Guajará, die in Wirklichkeit die trichterförmige Mündung der Flüsse Mojú, Acará, Capim und Guamá ist. Die Stadt liegt mit dem Rücken zu der grünen, körnigen Masse, von der ich vorhin sprach, dem Amazonas zugewandt. Vom Flugzeug aus ist die Zerstörung des Waldes deutlich zu sehen: die Brandrodungen der *fazendas* und der Holzindustrie, die verschmutzten *igarapés,* die Ansammlungen von schäbigen Pfahlhütten, Elendsgürtel und noch mehr Elendsgürtel, der Industriehafen, die Öldepots der Petrobrás und die Stadt, die nicht auf den Regenwald schaut, sondern dem Fluss entgegenblickt. Das Flugzeug zieht eine Schleife über der Stadt, und ich sehe die Hochhäuser, die Wohnviertel; unter mir liegt eine heruntergekommene, heiße, schmutzige Anderthalb-Millionen-Stadt.

Das Flugzeug fliegt eine Kurve, und kurz darauf kommen die Mangrovenwälder und die Hunderte Inseln und Inselchen des Rio Tocantins in Sicht, die je nach Wasserstand auftauchen oder verschwinden. Aus der Nähe scheint es, als ob der Große Strom noch träger würde, während er sich in unzählige Kanäle und Wasserarme verzweigt, zu jenem Labyrinth wird, in dem Orellana auf seiner zweiten Reise die Orientierung verlor, was ihn das Leben kostete. Ein Slum folgt auf den anderen ... bis wir inmitten des Grüns den Flughafen erkennen.

Stimmen werden laut. Kurt, Hans und Anne, die drei Deutschen, die in São Paulo mit mir an Bord gegangen sind, kreischen an einem der Fenster. Sie deuten auf den braunen Fleck aus Süßwasser, der sich zweihundert Kilometer weit in den Atlantik erstreckt und Vicente Yáñez Pinzón in Staunen versetzte.

Ernesto, der Argentinier auf dem Platz neben mir, erzählt mir, dass auch er beeindruckt gewesen sei, als er zum ersten Mal den Großen Strom gesehen habe. Er lebt seit zwanzig Jahren am Amazonas – aus geschäftlichen Gründen, wie er sagt. An seinem linken Handgelenk blitzt eine 7000-Dollar-Rolex.

»Von oben gesehen ist der Amazonas schöner. Von unten ist das etwas anderes, man muss sich sehr in Acht nehmen am Amazonas. Sind Sie gut vorbereitet?«

»Kein Problem, ich bin gegen Gelbfieber geimpft.«

»Das meine ich nicht, mein Guter. Sie müssen sich vor den Banditen in Acht nehmen.«

»Banditen?«

»Das Schlimmste am Amazonas sind nicht die Epidemien, die Schlangenbisse, die Moskitos ... nicht mal die Hitze. In Amazonien wimmelt es von Banditen. Sie kommen aus ganz Brasilien, aus Kolumbien, Venezuela ... Jeder Mörder oder Räuber, hinter dem die Polizei her ist, kommt hierher, verstehen Sie? Hier findet ihn niemand ... Im Dschungel gibt es keine Polizei, keine Staatsmacht ... Und dann sind da die *garimpeiros,* die Goldwäscher, und die *seringueiros,* die Kautschukzapfer, die Landlosen, die Indios ... Das hier ist die letzte Grenze der Welt, mein Lieber. Man bringt dich um wegen deiner Stiefel ... wegen der Uhr, verstehen Sie?«

»Was Sie nicht sagen!«

»Die Moskitos, die Schlangen ... das ist ein Dreck. Die wahre Seuche sind die Banditen. Seien Sie vorsichtig. Was wollen Sie überhaupt hier?«

Ich sagte ihm nicht, dass ich Juanito González, dem damaligen Verlagschef von Espasa Calpe, vor drei Jahren dieses Buchprojekt vorgeschlagen hatte. Juanito González sah aus wie Gregory Peck, nur größer. Vor zwanzig Jahren hatten wir beide beim Urbión Verlag gearbeitet. Aber Juanito verließ Espasa Calpe, als ihm ein anderer Verlag einen noch einflussreicheren Posten anbot, und ich verschob die Reise, wenn auch nicht deswegen.

Rafael González, der neue Verlagsleiter bei Espasa (der trotz des Nachnamens nichts mit Juan zu tun hatte), genehmigte das Projekt. Er fand es eine sehr gute Idee, dass ich ein Buch über den Amazonas schreiben wollte, das keine reine Fiktion war, aber auch keine Reportage werden sollte. Wir trafen uns im Café Comercial in Madrid, um die Sache zu besprechen, und er sagte zu mir:

»Ich will, dass dieses Buch nächstes Jahr im Herbst erscheint. Andernfalls verschiebe ich die Publikation deines Romans. Wir werden deinen Roman nicht eher veröffentlichen, bis ich das Amazonas-Manuskript gesehen habe.«

Der Roman, von dem Rafael sprach, war schon seit 1999 fertig und im Verlagsprogramm für 2001 angekündigt. Also stimmte ich zu; ich würde unverzüglich zum Amazonas reisen. Ich bekam einen Vorschuss. Eine Woche später war ich in São Paulo, im Haus meines alten Freundes Mauro Leonel.

Das Erste, was mir Mauro bei meiner Ankunft sagte, war, dass ich Glück hätte, unglaubliches Glück. Er und seine Frau Beti beschäftigten sich mit Anthropologie. Genauer gesagt waren sie Amazonas-Experten. Beti schrieb über die Legenden der *Runa*-Indianer im Bundesstaat Roraima, und Mauro war Professor an der renommierten Universität von São Paulo. Er war immer noch der liebenswürdige, sympathische, aufgeschlossene und extrovertierte Mensch, der er schon damals gewesen war, als ich ihn während der Nelkenrevolution von 1974 in Lissabon kennenlernte. Damals waren wir noch keine dreißig Jahre alt und Journalisten. Er war Pressereferent von Otelo Saraiva de Carvalho und schrieb außerdem für verschiedene portugiesische und ausländische Zeitungen, und ich war Reporter beim *Cambio 16* und wollte Schriftsteller werden.

Wer nicht Journalist gewesen ist, weiß nicht, was es bedeutet, wenn sich zwei befreundete Kollegen nach zwanzig Jahren wiedersehen. Mein alter Freund war jetzt Professor, ein seriöser linkspolitischer Professor mit Handy, bei dem alle möglichen Leute anriefen und der zwanzig Dinge auf einmal machte. Er gab mir wertvolle Tipps, nannte mir reihenweise Leute, die ich treffen müsse (und die ich nicht traf), und Bücher, die ich lesen sollte (und die ich tatsächlich las). Er kutschierte mich mit dem Auto durch die Gegend und organisierte für mich Vorträge an seiner renommierten Universität. Sein Verhalten war der schlagende Beweis dafür, dass, wie es in einem südamerikanischen Schlager heißt, Trennung nicht Vergessen bedeutet.

Am ersten Abend bei ihm zu Hause tranken wir sechs Flaschen brasilianisches Bier – das sind je dreiviertel Liter – und vier Flaschen Wein. Als wir beim Cognac angelangt waren, beschlossen wir, ihn uns für ein andermal aufzuheben. Wir sprachen von den alten Zeiten, in denen wir Frauen, Revolutionen, Bücher und Projekte miteinander geteilt hatten. Und von unserer unzerstörbaren und doch so weit zurückliegenden Freundschaft.

Ich ging in mein Zimmer, das ebenerdig zum Patio hin lag, wohingegen Professor Leonel außer Stande schien, seines im zweiten Stock zu erreichen. Er schlief im Flur ein. Am nächsten Tag zeterte Beti, seine entzückende, gut erzogene, distinguierte Frau, dass sie so einen Typen nicht in ihrem Haus haben wolle. Offensichtlich meinte sie mich, und ich verstand sofort. Weder Professor Leonel noch sonst jemand machte bei einer solchen Sauferei eine gute Figur. Also verschwand ich genauso leise, wie ich gekommen war. Schon am nächsten Tag flog ich nach Belém.

Ein Jahr bevor mir Rafael González das Ultimatum für dieses Buch stellte, schickte ich einen Brief an meinen Freund Diodoro Souza, der auch *Doppel-Diodoro* oder der *chinesische Mandarin* genannt wurde und in Manaus wohnte, um ihn um Hilfe bei meinem Buch zu bitten. Einen Monat später rief er mich überraschend an und freute sich lauthals darüber, dass wir uns wiedersehen würden. Er hatte immer noch einen leichten andalusischen Akzent. Wir verabredeten uns im Hotel Amazonas an der Praça Adalberto Vale.

»Du kannst es nicht verfehlen – es ist nicht weit vom Zoll. Ich erwarte dich irgendwann zwischen dem 15. und 25. April.«

Er arbeitete als Nachtportier in dem Hotel.

»Wenn ich nicht dort bin, findest du mich bei meiner Freundin Susi. Sie arbeitet im Hotel Allison in der Rua Joaquim Nabuco. Hast du's notiert?«

Natürlich würde er mich auf meiner Reise begleiten und mir bei dem Buch helfen; wir würden die Stadt der Amazonen entdecken, von denen Carvajal, La Condamine und andere mehr berichtet hatten. Er besitze neue Beweise dafür, dass diese ersten Chronisten – auch der gelehrte Franzose – keine Spinner gewesen seien. Die Amazonen, diese männerlosen Frauen, die nackt umherliefen und in sieben steinernen Städten lebten, habe es wirklich gegeben.

Als ich den klimatisierten Flughafen von Belém verließ, bekam ich eine Vorstellung davon, was die Wörter »Hitze« und »Feuchtigkeit« bedeuteten. Es war, als tauchte man mit dem Kopf unter Wasser. Die Deutschen waren schon angeschlagen, sie schwitzten in Strömen und atmeten schwer. Ich glaube, es ist ein gewisses Überlebenstraining für Amazonien gewesen, dass ich in der afrikanischen Hitze von Málaga aufgewachsen bin.

Kurt, der Einzige der drei Deutschen, der Portugiesisch und ein wenig Spanisch radebrechte, reichte mir die Hand.

»Machen Sie's gut ... Wir reisen weiter in den Regenwald ... Wir sind Anhänger von San Daime, weißt du.«

Er berührte ein Medaillon auf seiner Brust. »Wir wollen der Gemeinschaft beitreten.«

»Dem Alto Santo?«

«Na ja, nicht direkt. Wir sind Anhänger von Padrinho Alfredo Gregorion de Melo, dem Sohn von Padrinho Sebastião Mota de Melo, der 1990 verstorben ist, dem Lieblingsschüler von Meister Ireneo. In Deutschland sind wir schon über tausend Anhänger.«

Der »Alto Santo« oder »San Daime« ist eine synkretistische Religion im Amazonasgebiet, die 1930 von Mestre Raimundo Ireneo Serra gegründet wurde, einem hünenhaften Schwarzen, der 1971 starb. Die Religion vereint Praktiken des indianischen Schamanismus, einen volkstümlichen Katholizismus und afrikanische Kulte. Die Anhänger dieser Religion trinken *Ayahuasca* oder *Yagé,* einen halluzinogenen Aufguss aus einer Urwaldliane, *Banisteriopsis caapi,* die bis zu dreißig Meter lang werden kann, und den Blättern einer Pflanze namens *Psychotria viridis. Ayahuasca,* was auf Quechua so viel bedeutet wie »Liane der Geister«, wird unter verschiedenen Bezeichnungen von praktisch allen Indios verwendet, von den Ausläufern der Anden bis hin zum Amazonasdelta. Die sogenannten Beatniks – Burroughs, Ginsberg, Kerouac – kannten und konsumierten es. Die indianischen Schamanen, die Einzigen, die es zubereiten können, versichern, dass es telepathische Kräfte verleihe und in die Lage versetze, mit Tieren und Geistern zu sprechen und durch die Zeit zu reisen.

»Wir werden uns in Acre aufhalten, am Rio Branco ... und ... nun ja, ich weiß nicht genau ... vielleicht in Marabá ... Glaubst du, wir werden uns noch mal sehen?«

»Ich glaube nicht. Ich fahre nach Manaus, wo mich ein Freund erwartet. Von dort will ich den Rio Negro hinauf nach Santa Isabel und in die Sierra Tapirapecó an der Grenze zu Venezuela, ins Yanomami-Gebiet. Das liegt am anderen Ende von Amazonien.«

»Gott segne dich.«

Ich wünschte ihm dasselbe. Kurt ging mit seinen Reisegefährten davon, die mit einem hochgewachsenen, in makelloses Weiß gekleideten Schwarzen sprachen. Ein anderer, sehr schmächtiger, bärtiger Mann lief neben ihnen her und versuchte ihnen ein Flugblatt zu überreichen.

Dann kam er zu mir. Er war sehr jung, hatte leuchtende Augen und ein hageres Gesicht. Die Flugblätter, die er verteilte, waren von den Landlosen und forderten die sofortige Freilassung von José Rainha und João Stédile. Später erfuhr ich, dass er selbst Efraim Salgado hieß.

Die brasilianischen Behörden, die Großgrundbesitzer und gewisse Teile der Mittelschicht reagierten allergisch, wenn die Namen José Rainha und João Stédile fielen, und sei es nur auf Flugblättern. Die beiden waren Anführer des *Movimento dos Trabalhadores Rurais Sem Terra (MST, »Bewegung der landlosen Bauern«).* Im Jahr zuvor waren die beiden für ein Verbrechen, das sie nicht begangen hatten, in einem skandalösen Scheinprozess zu sechsundzwanzig Jahren Gefängnis verurteilt worden. Tausende Progressisten im In- und Ausland protestierten gegen die Farce. In einem offenen Brief in L'Humanité stellte sich José Saramago die Frage, ob der Präsident von Brasilien, Fernando Henriquez Cardoso, nach diesem Vorfall noch ruhig schlafen könne.

Josué, der Taxifahrer, stammte aus dem Slum O Morro do Bom Jesús in São Paulo und war nach Belém abgewandert, weil er das Hungern leid gewesen war. Er hatte Glück gehabt. Er behauptete, dass die *caboclos* in Belém zu träge seien, um den Mund aufzumachen.

»Die reden nicht mal, wenn sie sich besaufen, eine Scheißgegend. Hier ist es immer heiß, und wenn es gerade mal nicht regnet, dann wird es bald regnen.«

Eine heruntergekommene Siedlung nach der anderen glitt rechts und links an den Fensterscheiben vorüber, und Josué hörte nicht auf zu reden.

»Gehen Sie bloß nicht mit einer Frau mit – die haben Krankheiten.«

»Danke.«

»Und schneiden Sie sich nicht beim Rasieren; bei dieser Luftfeuchtigkeit heilen die Wunden nicht und können sich böse entzünden.«

»*Obrigado,* danke für die Information.«

»Und baden Sie nicht im Fluss. Und falls Sie es doch tun, pinkeln Sie nicht rein.«

»Herzlichen Dank. Aber weshalb?«

»Wegen des *Candirú.*«

»Was ist ein *Candirú?*«

»Ein gottverfluchter kleiner Fisch, der vom Urin angezogen wird und in jede Öffnung schlüpft. Er hat nach hinten gerichtete Stacheln und lässt sich nicht entfernen. Man muss ihn rausoperieren. Ein Landsmann von mir, Vivaldinho, hat nicht auf mich gehört und in den Fluss gepinkelt. Jetzt muss er durch eine Plastikkanüle urinieren.«

»Unglaublich ... Und Sie, gehen Sie nicht schwimmen?«

»Ich ziehe beim Schwimmen ein Kondom über und kneife den Arsch zusammen.«

Zwei

Aus der Nähe betrachtet ist Belém eine schöne Stadt, mondän, baumbestanden und mit kolonialer Vergangenheit, die einzige Stadt Amazoniens, die nicht an ein planloses Camp erinnert. Sie ist das eigentliche Tor zum Amazonas und die bevölkerungsreichste Stadt der Region. Belém wurde am 12. Januar 1616 von dem portugiesischen Kapitän Francisco Cadeira gegründet, der hier das Fort Presepio errichtete sowie eine Siedlung, der er den Namen Nova Lusitania gab. Wenig später wurde daraus Nossa Senhora de Belém do Pará oder Belém do Pará. Das Fort sicherte viele Jahre die Zufahrt zum Fluss und schützte die Portugiesen vor Überfällen. Von dort aus vertrieben sie die Holländer, Franzosen und Deutschen, die sich an den Ufern des Flusses niedergelassen hatten.

Die Avenida Presidente Vargas ist die Hauptverkehrsader der Stadt. Sie beginnt am Hafen, in der Altstadt, und endet an der Praça da República und dem Park mit dem 1968 errichteten Teatro da Paz, dem ältesten Theater Amazoniens (das in Manaus wurde zwanzig Jahre später gebaut), in dem die Pawlowa tanzte. An dieser Straße liegen die Agenturen der Fluggesellschaften, die Banken, die Post, die Telefonzentrale, Restaurants, Hotels und Cafés. Hier flanieren die Touristen und Globetrotter, ausgelaugt von der Hitze.

Aber noch etwas anderes bestimmt das Straßenbild auf der Presidente Vargas: die Geschäfte der Armen. Auf den Gehwegen reihen sich zahllose Stände aneinander mit allem, was sich kaufen, verkaufen, essen und trinken lässt, sie bevölkern auch den Platz und den weitläufigen Park mit den dichten, hundertjährigen Mangobäumen, die einen angenehm kühlen Schatten spenden und die brütende Hitze erträglicher machen. Dort gibt es kleine Trödelstände und Imbiss- und Getränkebuden. Für einen Real bekommt man einen Teller *tacacá,* eine Gemüsesuppe mit Garnelen.

Angela und ihr Freund Tonio, beide Studenten der Wirtschaftswissenschaften, die ich später im Shopping Center traf, erzählten mir, dass sie nicht in den Park gingen, weil ... na ja ... weil sich dort ... du weißt schon ... immer Gesindel rumtreibe. Ihre Großeltern, ihre Eltern seien noch hingegangen, aber das sei früher gewesen.

Belém ist eine Stadt der Plätze und Parks. Neben dem Park an der Praça da República gibt es noch einen weiteren, den Parque Rodrigues Alves, eine Nachbildung des Bois de Boulogne. Er verfügt über einen Bestand von zweitausend Bäumen aus dem Amazonasgebiet, einen Orchideengarten, ein Affenhaus und den alten Garten des Gouverneurspalastes, in dem sich Paare und Sportler tummeln. In den übrigen Städten und Dörfern Amazoniens sind Plätze und Parks, die so charakteristisch sind für die mediterrane Kultur, unbekannt.

Ich besuchte den Markt *Ver o Peso* am Fischerhafen, in der Altstadt, um mir eine Hängematte zu kaufen. Der Hafen von Belém ist kleiner als der von Manaus, aber pittoresker, nicht so schmutzig, und farbenfroher. In Belém malen die Fischer ihre Boote an wie Spielzeuge – in Manaus legt man darauf keinen Wert. Schon kurz nach Sonnenaufgang wimmelt es im Belémer Hafen von Booten in allen Größen und Farben, die *pararucús, gilhotas* und *douradas* zum Markt bringen ... Fische in allen möglichen Formen und Größen, die von den Fischern – Mulatten, Indios, Schwarze und *caboclos* – selbst ausgenommen, zerteilt, gewogen und an die Kunden verkauft werden, die lautstark um den Preis feilschen.

Es begann zu regnen, und die Wasserpfützen mischten sich auf dem Boden mit dem Blut der Fische. Die gut genährten streunenden Katzen balgten sich um die Fischreste.

Der Straßenmarkt *Ver o Peso* wirkte wie eine amazonische Version des Trödelmarkts in Madrid – oder umgekehrt. In der Nähe der städtischen Markthalle gelegen, die wie so vieles aus europäischem Gusseisen erbaut wurde, ist er ein Teil des alten Stadtkerns. Zwischen Dutzenden von Ständen und überdachten Karren, einer neben dem anderen, bleibt kaum ein schmaler Gang frei.

Dort drängten sich Käufer, Taschendiebe und Touristen auf der Suche nach Essen, Parfüms, Kräutern, Lebensmitteln, Uhren, Bettwäsche ... Ein Durcheinander von Geräuschen, Angeboten, Stimmen, Farben und Streitereien.

Ich erstand eine handgewebte Hängematte für dreizehn Reais. Der Typ vom Nachbarstand nahm mich beiseite und zeigte mir verstohlen den getrockneten Penis und die getrocknete Vagina eines *boto,* des roten Amazonasdelfins, die menschlichen Geschlechtsteilen unglaublich ähnlich sahen.

»Was soll ich damit?«

»Sie haben aphrodisiakische Kräfte.« Er zwinkerte mir zu.

»Aha.«

»Es ist ein hübsches Geschenk, sehr apart. Ich mache Ihnen einen guten Preis.«

Der Anblick dieser Fischorgange, die relativ leicht zu bekommen waren, muss erregend auf die einsamen Siedler am Fluss wirken. Die Geschichten von Beziehungen zwischen Tieren und Menschen sind so alt wie die Welt selbst. Nicht umsonst erzählt eine der bekanntesten Legenden Amazoniens von den »Kindern des *boto*«, monströsen Wesen, die aus Liebesbeziehungen mit diesen Delphinen hervorgingen. Vermutlich sind diese Präparate nichts anderes als Lustspender für Männer und Frauen.

»Ich will sie wirklich nicht.«

»Kommen Sie, greifen Sie zu ... Sie werden sehen, wie überrascht Ihre Freunde sein werden.«

Von der alten *Praça do Relogio* in der Nähe des Marktes, wo an zahllosen Ständen *tacacá,* Manioktörtchen und *manicoba,* ein Eintopf mit Dörrfleisch, verkauft wird, hat man einen schönen Blick auf den Fluss. Ein wenig weiter oben liegt der sogenannte *Largo da Sé,* eine alte portugiesische Straße, die mich an bestimmte Ecken im Lissaboner Carmo-Viertel erinnerte. Hier befinden sich das Fort und die Kathedrale. Die Straßen sind verwinkelt und still, und die Häuser zeigen die durchdachte portugiesische Architektur des 18. und 19. Jahrhunderts mit ihren Erkerbalkonen, Portalen, Innenhöfen und gekachelten Fassaden.

Die spanisch-portugiesische Bauweise, die aus der arabischen und davor der römischen Architektur hervorgegangen war, löste das Problem der Belüftung, indem sie die Fenster nach dem Wind ausrichtete und Innenhöfe, Vorhallen, Vestibüle, große Fenster und Balkone verwendete. Gute Beispiele für die tropische Synthese in Amerika sind in den Altstädten von San Juan auf Puerto Rico, Belém und Havanna zu finden, um nur einige zu nennen. Die modernen und postmodernen Architekten sind ein Beweis für das Gegenteil. Ihre Gebäude kann man nicht bewohnen, sondern allenfalls anschauen. Durch Klimaanlagen sollte das Problem der Unbewohnbarkeit dieser Häuser gelöst werden. Es ist nicht gelungen. An die lauschige Kühle eines Patios in Andalusien, Portugal, Havanna oder Belém werden die monotonen Wohnblocks aus Zement und Glas nie herankommen.

Durch diese Zone der Altstadt marschierten 1835 die Revolutionstruppen der *cabanos* – der Kleinhäusler oder Bewohner der Elendshütten – in die Stadt ein. Es waren Indios, Schwarze, Mulatten, *caboclos* und arme Weiße, die sich, zum ersten Mal in Lateinamerika vereint, gegen Sklaverei, Hunger und die Tyrannei ihrer Kolonialherren erhoben. Mit Hilfe des einfachen Volkes von Belém, das zu den Waffen griff, wurde die Stadt erobert. Vielleicht war dies die wichtigste Revolution, die in Brasilien stattfand. Angeführt wurde sie von Antonio Vinagre und Eduardo Angelim. Schon bald breitete sich die Flamme der Revolution über den Amazonas aus.

Die Repression währte drei Jahre und erreichte neben Belém auch Manaus, den Rio Negro, den Tapajós ... und sie ging mit der systematischen Zerstörung indianischer Dörfer und der Massenerschießung der Verdächtigen einher. 1839 wurde eine Amnestie gewährt. Oskar Niemeyers Denkmal zur Erinnerung an die Revolution der *cabanos* steht an der Stadteinfahrt.

Ich rief im Hotel *Amazonas* in Manaus an, um Diodoro Bescheid zu sagen, dass ich schon in der Gegend war. Es hob niemand ab. Ob sich die Nummer geändert hatte?

Mein Freund Diodoro war der Sohn von Iridia, einer Yanomami-Indianerin aus dem Grenzgebiet zu Venezuela, die 1945 in Manaus lebte und sich in einen Portugiesen verliebte, der dort auf der Durchreise war. Das Paar verließ Manaus und zog nach Lissabon. 1947 tauchte Iridia alleine in Málaga auf, wo sie als Tänzerin bei einem Spektakel namens »Folklore der Welt« auftrat. Weil man sie für eine Asiatin halten konnte, landete sie wenig später bei »Manolita Chens chinesischem Zirkus«, wo sie mehrmals Triumphe feierte.

In einer dieser Nächte musste sie Diodoro empfangen haben, dessen Vater unbekannt blieb, aber aus Málaga gewesen sein musste, denn wie Diodoro selbst mir erzählte, war die Begeisterung seiner Mutter für die Männer aus Málaga ebenso groß wie ihr Hass auf die Portugiesen. Diodoro wohnte ganz in meiner Nähe an der Plaza de las Biedmas, in der Calle Carreterías de Málaga, und das war nicht unsere einzige Gemeinsamkeit: Er ging nicht regelmäßig zur Schule und wünschte sich nichts sehnlicher, als zum Amazonas zu reisen und diese Horden nackter Frauen zu treffen.

»Meine Mutter hat mir erzählt, dass die Indianerinnen nackt durch die Straßen laufen«, sagte er damals zu mir.

»Ach was, Chinese, das gibt's doch gar nicht!«

»Ich schwöre es bei meinen Toten! Hast du noch nie von den Amazonen gehört? Das ist ein Indianerstamm, der nicht weit von dort lebt, wo meine Mutter herstammt. Bei denen gibt es keine Männer, nur Frauen. Und diese Frauen verlassen einmal im Jahr den Dschungel, um sich Männer zu suchen. Wenn sie welche erwischen, nehmen sie sie mit in ihre Dörfer, die sie *malocas* nennen, und dort geben sie jedem von ihnen fünf Frauen, die sich um ihn kümmern und ihn ernähren müssen. Drei Monate leben die Männer wie die Könige. Wenn die fünf Frauen schwanger sind, lässt man sie frei. Wenn Jungen geboren werden, übergibt man sie den Missionaren, wenn es Mädchen sind, bleiben sie bei dem Stamm.«

»Das ist ja ein Ding, Chinese! Kannst du dir das vorstellen?«

Und wir schwiegen und hingen unseren Gedanken nach. Dann fragte ich ihn: »Glaubst du, die würden uns nehmen?«

»Ja, klar«, antwortete Diodoro. »Keine Frage. Ich weiß, wo man hingehen muss, damit sie einen erwischen.«

»Wohin?«

»Ich werd's dir sagen, wenn wir dort sind.«

Und wir liefen zu seiner Mutter Iridia, die damals in einem Kuriositätenkabinett auf der Kirmes als »Hiroshima-Opfer« arbeitete, damit sie seine Behauptungen bestätigte.

Außer ihr gab es dort noch eine Ziege mit zwei Köpfen und die dickste Frau der Welt, staunenswerte Dinge, an denen ich mich nicht satt sehen konnte. Diodoros Mutter stand in einem Kasten, sodass man nur ihren Kopf sah, der in ein leichenfahles Licht getaucht war. Es ließ einem die Haare zu Berge stehen. Auf einem Schild daneben wurde sie als Frau ohne Körper angekündigt, ein echtes Opfer der Atombombe.

Diodoro und ich stellten uns neben sie. Wenn Besucher kamen, begann die Mutter mit ihrer Litanei.

»Meine Damen und Herren, ich bin das Hiroshima-Opfer ... ein Irrtum der Menschheit ... Ich habe keinen Körper ... keine Arme ... keine Beine ... zum Leben verdammt ... Meine Damen und Herren, ich bin ...«

Als die Schaulustigen gegangen waren, sagte Diodoro zu ihr:

»Mama, sag Juanito, dass er mit uns an den Amazonas kommen kann.«

»Hast du schon zu Abend gegessen?«, fragte ihn der Kopf der Mutter.

»Ja. Aber jetzt sag schon, Mama. Er glaubt es nicht.«

Der Kopf drehte sich und sah mich an.

»Ja, er kommt mit.« Dann sah sie ihren Sohn an. »Geh zeitig ins Bett, sonst setzt es Prügel ... Meine Damen und Herren ...«, begann sie wieder von vorne.

Es regnete nicht, und ich hatte mich draußen vor das Café do Parque gesetzt, auf dem Tisch ein eiskaltes Antárctica-Bier in einem Plastikkühler – eine brasilianische Gewohnheit, damit die Flasche nicht so schnell warm wird. Zehn oder zwölf junge Frauen in Miniröcken oder dermaßen engen Hosen, dass sie wie angeklebt aussahen, versuchten zu demonstrieren, dass sie *bundinha* hatten, einen knackigen Hintern, das weltweit bekannteste brasilianische Exportprodukt.

Arschwackelnd flanierten sie zwischen den amerikanischen, deutschen und italienischen Touristen, die von den Traumstränden rund um Belém kamen (Süß- oder Salzwasserstrände, ganz nach Belieben), wo die Urlauber wahrscheinlich dasselbe gesehen hatten wie ich jetzt, nur spärlicher bekleidet. Auch vier oder fünf junge Burschen mit einem freundlichen Lächeln, aber Augen so hart wie geschliffene Kiesel, lungerten in der Nähe herum und warteten auf das verstohlene Zeichen eines Touristen.

Im Park, nicht weit von den Tischen, versuchte sich eine dürre Alte in schreiend bunten Kleidern, die nicht zueinander passten, an Modern Dance. Der Kellner erklärte mir, dass es sich um Dulcima handele, ehemals die Königin der Parkmädchen und früher vielleicht einmal Schauspielerin oder Tänzerin am Teatro da Paz. Sie mochte achtzig Jahre alt sein, aber sie war beweglich und biegsam geblieben, wahrscheinlich durch die Hüpferei. Sie trug enge Hosen und einen bunten Hut, und während sie Selbstgespräche führte, hob sie das Bein und vollführte seltsame Tanzschritte.

Lisa, ein seriöses, schwarz gekleidetes Mädchen, erklärte mir, dass die Frauen, die zwischen den Tischen umherstolzierten, hundertdreißig Reais kosteten – der monatliche Mindestlohn liegt bei hundertfünfzig Reais –, dass man sie aber schon für hundert kriegen könne. Den Preis für die Jungs wusste sie nicht. Sie verdiente als Hausmädchen hundertzwanzig Reais im Monat, bei einer Arbeitszeit von Montag bis inklusive Samstag. Sie war dreiundzwanzig.

»Ich komme her, um zu sehen, ob mich einer zum Tanzen in die Disko einlädt«, sagte sie achselzuckend zu mir. »Damit geb ich mich zufrieden. Die Diskotheken sind so teuer, dass ich mir den Eintritt nicht leisten kann. Spendierst du mir einen Martini?«

»Weshalb sollte ich?«

»Der schmeckt gut.«

»Hast du ihn probiert?«

»Ich habe die Werbung im Fernsehen gesehen.«

Wenn es regnete – und in Belém regnet es mehrmals am Tag –, flüchteten alle, auch die Touristen, die Mädchen und die Jungs, quer über die Straße ins Café Milano und setzten dort ihre Tätigkeit fort. Wenn der Regen aufhörte, kehrten sie wieder zurück.

Auf der Straße sah man Bettler neben Angestellten, Teenagern und Typen mit Mobiltelefonen (von spanischen Firmen), die Baseball-Caps trugen, weiße Basketballschuhe – ein Irrsinn in den Tropen – und sündhaft teure importierte Kleider, die auch nicht in das tropische Klima passten. Die allgegenwärtige Werbung für das schwarze, klebrig-süße Gesöff ist doppelt absurd im Land der Früchte und des Guaraná.

Die neuen Aufsteiger und die alte Elite, die immer noch Einfluss hat, sind schon lange zufrieden. Sie müssen nicht nach Europa fahren, um auf dem neuesten Stand zu sein, auch nicht nach São Paulo oder Rio de Janeiro. In Belém gibt es Pizzerien, französische Restaurants, englische Pubs, amerikanische Burgerläden, Donald Duck, Mickey Mouse, Techno-Diskotheken, Boutiquen und zwei Einkaufspassagen, damit man sich nicht vorkommt wie am Arsch der Welt.

»Hier gibt es alles. Man könnte meinen, man ist in Miami«, sagte Angela, die sich an ihren Freund Tonio klammerte, als besäße sie Zangen anstelle ihrer Finger. Sie hatten sich in der wirtschaftswissenschaftlichen Fakultät kennengelernt. »Wenn du länger hier wärst, würdest du sehen, wie gut es sich hier leben lässt.«

Sie tranken in einer der Cafeterien im Einkaufszentrum das widerliche schwarze Gesöff, und Tonio ergänzte:

»Motorräder, Autos von jeder Marke, die du nur willst ... Mercedes, Ferrari ... Wir haben hier alles, was du willst ...«

Eine der Einkaufspassagen liegt hinter dem Hilton, die andere im Nobelviertel Castanheira, wo die Restaurants eine Außenterrasse haben und die Kellner freundlich sind. In der Einkaufspassage, die näher zur Praça liegt, gibt es vier Kinosäle, in denen zu europäischen Preisen ausschließlich amerikanische Filme gezeigt werden, kein einziger aus Brasilien oder Südamerika, genau wie in Spanien: Man fühlt sich überall wie zu Hause.

In der Buchhandlung fanden sich kaum Bücher von brasilianischen, ganz zu schweigen von amazonischen Autoren. Natürlich war auch nichts von Darcy Ribeiro aufzutreiben, dessen letztes oder vorletztes Buch die *Diarios Indios* gewesen waren. Stattdessen quollen die Regale über von amerikanischen Beststellern und dem unvermeidlichen Paulo Coelho. Das ließ mich einen Moment über den doppelten Frust nachdenken, den es bedeutete, in Brasilien zu schreiben. Die Bücher, nach denen ich suchte, fand ich dann in einer kleinen, spärlich sortierten Universitätsbuchhandlung.

In der Rua Arcipreste Manoel Teodoro sah ich eine Demonstration, die von der Einsatztruppe der Militärpolizei eskortiert wurde. Es waren die Landlosen, die Gerechtigkeit für die Vorfälle von El Dorado de Carajás im April 1996 forderten, als bei einer Blockade der Landstraße BA-150 neunzehn Menschen von der Militärpolizei ermordet worden waren. Vier Jahre später hatte die brasilianische Justiz weder einen Richter ernannt, noch ein Verfahren eröffnet.

Der Zeitung *Correio do Tocantins* zufolge wurde die Demonstration von Abgeordneten der Linken, einigen Vertretern des Staates und solidarischen Parlamentsabgeordneten angeführt.

Die Sprechchöre und das Auftreten der Demonstranten waren aufgebracht und entschlossen, gereizt. Viele von ihnen hatten ihre Gesichter mit Hemden oder Tüchern verhüllt, um nicht auf den Videos des Geheimdienstes und der Fernsehanstalten erkannt zu werden, die aus Autofenstern heraus oder von den Dächern der Lieferwagen herunter filmten.

Ich erkannte einen schmächtigen jungen Mann mit Bart wieder und erklärte ihm, dass er mir am Flughafen ein Flugblatt ausgehändigt habe. Er löste sich aus der Menge, und wir rauchten eine Zigarette. Es war Efraim Salgado. Er war angespannt und hatte die Lippen zusammengepresst. Er erzählte mir, dass der Sicherheitsdienst des Flughafens ihn zehn Minuten nachdem er mir das Flugblatt gegeben hatte, mit Stockhieben vertrieben habe.

»Sie haben mich als Kommunistenschwein beschimpft und mir gedroht. Wenn sie mich noch mal dabei erwischen würden, wie ich die Reisenden belästige, würden sie mich umbringen.«

»Würden sie so etwas tun?«

»Ja.«

Wir unterhielten uns eine Zigarette lang. Er lebte in der »Kooperative 17. April« in El Dorado de Carajás, circa siebenhundert Kilometer südlich von Belém. Er erzählte mir, dass er und seine Kameraden seit fünf Tagen in der Stadt waren und dass sie in Zelten gegenüber dem Justizpalast übernachteten. Sie verlangten eine Anhörung durch den Sekretär oder den Gouverneur ... Sie forderten ihr Recht.

»Die Polizei vertreibt uns mit Schlagstöcken und nimmt uns fest. Aber wir stellen die Zelte wieder auf.«

Wir standen vor dem Gebäude der Sicherheitsbehörde und der Staatspolizei. Eine Mannschaft der Polizei bewachte den Eingang.

»Wir werden jetzt versuchen, mit dem Polizeisekretär zu reden.«

»Jetzt gleich?«

»Ja, jetzt gleich.«

Efraim zog sein Hemd aus, schlang es sich um den Kopf und stürmte mit fünfzehn oder zwanzig Kameraden, die mit Stöcken, Knüppeln und Steinen bewaffnet waren, dem Polizeikordon entgegen. Die Polizei beschoss sie mit Gummigeschossen und Tränengas und setzte ihre Schlagstöcke ein. Aber das Kommando überrannte die Polizisten, zertrümmerte die Wachhäuschen und stürmte das Gelände. Die Polizisten konnten sie nicht aufhalten. Das Letzte, was ich sah, bevor meine Brust durch das Gas schier platzte und meine Augen zu tränen begannen, war, wie Efraim und seine Mitstreiter die Polizeiautos demolierten, die im Hof parkten.

Am nächsten Tag erfuhr ich aus den Zeitungen, dass sie das Ministerium beinahe dem Erdboden gleichgemacht hatten, Raum für Raum, bis sie zu den Büroräumen des verantwortlichen Beamten für Staatliche Sicherheit gelangt waren. Laut Presse flüchteten sich die Beamten auf die Toiletten. Drei Demonstranten wurden festgenommen und achtzehn Personen durch Gummigeschosse verletzt. Almir Cabral, der linksgerichtete Gouverneur des Bundesstaates Pará, ließ verlauten: »Es handelt sich hier um einen Akt von kriminellem Vandalismus, vorsätzlich begangen durch Chaoten und Banditen, die behaupten, die Rechte der Opfer von El Dorado zu vertreten. In Wirklichkeit aber wollten sie eine Reaktion provozieren, die sie zu Opfern macht.« Und der brasilianische Präsident Fernando Henriquez Cardoso, früher Professor und ebenfalls von der Linken, bezeichnete sie schlichtweg als »Faschisten«.

Fünf Tage später wurde ein Sonderrichter ernannt, der untersuchen sollte, wer für die neunzehn Morde im Jahr 1996 verantwortlich war.

Um elf Uhr abends ließ sich kein einziger Tourist mehr im Café do Parque blicken. Man sah aber auch keine Einheimischen, nicht einmal auf den Straßen. Wer irgendwohin musste, fuhr mit dem Auto. Niemand war zu Fuß unterwegs. In den Hotels riet man den Touristen, sich nicht nach sieben Uhr abends draußen aufzuhalten.

Die drei oder vier Frauen, die noch im Café do Parque waren, hatten sich zum Plausch an einen Tisch gesetzt. Dulcima hatte lange genug getanzt und Selbstgespräche geführt und kam auf mich zu.

»Würden Sie mir einen Gefallen tun, junger Mann?«

»Was denn?«

»Können Sie mich bis zu der Ecke da drüben bringen?«

Ich betrachtete sie prüfend.

»Es macht mir solche Freude, von einem Herrn begleitet zu werden. Nur bis an die Ecke.«

Ich stand auf und reichte ihr den Arm. Wir gingen langsam die Presidente Vargas entlang. Dulcima stolzierte, als würde sie vom Herzog von Windsor geführt. Plötzlich tauchte ein Typ auf und schrie:

»Dulcima, he, Dulcima! Was machst du denn hier?«

»Der Herr bringt mich nach Hause.«

»Wirklich?«, fragte er mich.

»Ja.«

»Soll ich dir ein Taxi rufen, Dulcima?« Der Typ zwinkerte mir zu und machte eine verschwörerische Kopfbewegung. »Nur das Beste für sie, nicht wahr, der Herr? Dulcima ist die Königin der Frauen von Belém.«

»So ist es.«

Der Typ sauste los, und Dulcima sagte zur mir:

»Ich habe kein Geld für ein Taxi.«

»Aha ...«

»Ich wohne in der Nähe. Wenn Sie so liebenswürdig wären ... drei Reais würden reichen.«

Ich griff in die Tasche und nahm drei Reais heraus. Der Typ kam hinter einem Taxi hergerannt, das neben uns anhielt. Er öffnete die Tür, machte eine tiefe Verbeugung, und Dulcima stieg ein.

Plötzlich versuchte der Typ, mir einen spitzen Schraubenzieher in die Magengrube zu stechen und mich in das Taxi zu stoßen.

»Steig ein, du Idiot!«

Ich machte eine reflexartige Bewegung. Mit der linken Hand hielt ich den Arm mit der Waffe fest, und mit der rechten rammte ich dem Kerl zwei Finger in die Augen. Der stieß einen markerschütternden Schrei aus, riss mir bei dem Versuch, sich zu befreien, die Uhr vom Handgelenk und lief brüllend davon. Das Taxi fuhr ebenfalls los, und ich besann mich auf mein Repertoire an spanischen Flüchen.

Fünfzig Meter weiter rieb sich der Dieb die Augen und versuchte die Uhr zu betrachten, um festzustellen, ob sich die Beute gelohnt hatte.

Die Uhr hatte mich läppische fünfhundert Peseten in einem Ramschladen in Málaga gekostet. Ich sah, wie er sie auf den Boden warf und darauf herumtrampelte.

Wie ein Bauerntölpel war ich in eine der ältesten Fallen der Welt getappt.

Drei

Zwei Stunden vor der Abfahrt ging ich an Bord der *Dejard Vieira*. Das war ein schwerer Fehler. Ich hätte mindestens einen Tag vorher da sein müssen, um einen guten Platz für meine Hängematte zu finden. Es gab Fahrgäste, die schon seit zwei Tagen auf dem Schiff übernachteten.

Das einzige freie Fleckchen fand ich zwischen einer Familie von *Bora*-Indianern, bestehend aus Großmutter, vier Enkelkindern zwischen einem und fünf Jahren sowie der Tochter der Alten und ihrem Mann. Die beiden waren so jung, dass man nicht glauben mochte, dass sie so viele Kinder hatten. Das Mädchen war neunzehn, hieß Gracia Maria und hatte mit vierzehn ihren ersten Sohn, Esteban, bekommen. Ihr Mann hieß Atilano und war vierundzwanzig. Sie waren auf dem Weg nach Manaus.

Ich bat Atilano, mir beim Befestigen der Hängematte zu helfen, was er geübt tat. Meine Hängematte hing zwischen seiner und der von Yandira, der Großmutter. Gracia Maria hatte ihre auf der anderen Seite neben ihrer Mutter aufgehängt. Jede der Frauen teilte die Hängematte mit zwei Kindern, die Großmutter mit den Älteren und die Mutter mit den beiden Kleinen.

Ich bot Atilano eine Ducados an, die er auch annahm, aber beim ersten Zug verschluckte er sich und gab mir die Zigarette zurück.

»Ich bin nicht daran gewöhnt«, sagte er mir.

Atilano hatte vor, in dem Esslokal zu arbeiten, wo bereits sein älterer Bruder Zonino beschäftigt war. Sie reisten mit ihrer gesamten Habe: zwei verschnürten Bündeln, einem Pappkoffer und einer billigen Tasche.

Ich bat sie, auf meine kleine Reisetasche aufzupassen, und trat an die Reling, um zuzusehen, wie die Ladung an Bord gebracht wurde. In der Baia de Marajó wimmelte es von Booten und Barkassen, die in den Hafen hinein- oder aus ihm hinausfuhren. Einige Stauer luden Kisten mit Butangasflaschen und Zwiebelsäcke aus einem Lastwagen und schleppten sie auf das unterste Deck unseres Schiffes. Die Passagiere der *Dejard Vieira* waren vollzählig und schaukelten in ihren Hängematten.

Die *Dejard Vieira* war ein großes Schiff mit drei Decks und fasste hundertzwanzig Passagiere. Es brauchte sieben Tage für die Strecke Belém-Manaus. Ich dachte an Francesco de Orellana, *el Tuerto* – »den Einäugigen« –, der 1544, fünfunddreißig Jahre alt und frisch verheiratet, in diesem Gebiet ums Leben kam, zwei Jahre nachdem er den Fluss entdeckt, erkundet und ihm seinen Namen gegeben hatte. Bei der Rückkehr von seiner Entdeckungsfahrt war er zum Gouverneur der entdeckten Ländereien ernannt worden, die er Neu-Andalusien nannte, aber die Krone gab kein Geld für eine zweite Reise, sodass er diese aus eigener Tasche und mit der Mitgift seiner Braut bezahlte. Er besorgte sich vier Schiffe und fuhr mit vierhundert Mann das Delta hinauf. Aber er verirrte sich in den unzähligen Seitenarmen und Windungen des Flusses, infizierte sich mit Malaria und starb an einem Tag im August. Gemeinsam mit seiner Frau begrub man ihn zwischen den Mangroven am Ufer. Eine Handvoll seiner Männer erreichte ausgemergelt und verrückt vor Erschöpfung, Hunger und Fieber die Isla Margarita.

Anderthalb Stunden später als im Fahrplan angekündigt legte unser Schiff ab und durchquerte die Bucht von Marajó, um über den Canal Meridional in den Amazonas zu steuern. An der Reling des Oberdecks glitten schmutzig-fahl die Lichtpunkte der dunklen Slums vorüber, ausgesandt von schäbigen Pfahlhütten und Hausbooten, die an der Küste lagen. Später dann wichen die Slums den *fazendas;* Rinder weideten in der Dunkelheit unmittelbar am Flussufer. Neben den erleuchteten Hütten lagen kleine Bootsstege, an denen die Uferbewohner Kähne und Kanus vertäuten.

Ein frisch verheiratetes Paar, das eine der Kabinen gebucht hatte, lehnte neben mir an der Reling. Sie waren auf der Heimreise von ihren Flitterwochen in Belém. Eduardo war Unteroffizier in der Armee und irgendwo in der Nähe von Manaus stationiert, das Mädchen, Carolina, arbeitete als Sekretärin in einem großen Unternehmen in Manaus und sprach Englisch.

Jeder Kabinenplatz kostete zweihundert Reais, aber man konnte ihn für hundertachtzig oder weniger bekommen, wenn man hartnäckig blieb. Am Amazonas musste man um alles feilschen, sogar um die Taxipreise. Die Hängematten allerdings kosteten hundert Reais, und da gab es nichts zu handeln.

»Sind Sie Amerikaner?«, fragte mich Eduardo.

»Nein, Spanier. Ich komme aus Spanien.«

»Tourist?«

»Na ja ... Ja.«

»Ich bin Soldat.«

Zur Feier ihrer Hochzeit lud ich sie an der Bar ein, die von sechs bis elf Uhr abends geöffnet hatte. Während der ganzen Reise wurde sie von keinem einzigen Fahrgast frequentiert, außer von mir und dem jungen Paar. Man zahlte anderthalb Reais für eine Dose Bier und einen Real für ein Erfrischungsgetränk. Das ist viel, wenn man hundertfünfzig Reais im Monat verdient. Außerdem bekam man auf dem Schiff Frühstück, Mittagessen und Abendessen.

Eduardo und ich tranken Bier und Carolina das schwarze Gesöff. In Sesseln sitzend auf die Reling gelehnt, sahen wir die dunkle, ferne Uferlinie vorüberziehen, die manchmal näher kam. Ständig kreuzten kleine Autofähren, andere Passagierschiffe und Barkassen mit riesigen Baumstämmen oder Handelsgütern unseren Weg. Alle ließen ihre Sirenen aufheulen, wenn sie an uns vorüberfuhren.

Eduardo war neugierig und wollte wissen, ob mir der Amazonas gefiel.

»Ja, aber es ist sehr heiß.«

»Man gewöhnt sich daran ... Und die Frauen, gefallen sie Ihnen?« Er warf einen Blick auf seine Frau. »Die Brasilianerinnen sind die schönsten Frauen der Welt.«

»Ja, sie sind sehr hübsch.«

»Der brasilianische *bundinha* ... das muss man gesehen haben.«

Seine Frau stieß ihn mit dem Ellenbogen an und fragte dann:

»Ich habe im Fernsehen diese Ausstellung in Sevilla gesehen ... schön dort, nicht wahr? Ist das die Hauptstadt von Spanien?«

»Nein, Sevilla ist die Hauptstadt von Andalusien. Die Hauptstadt von Spanien ist Madrid.«

»Gibt es in Spanien Dollars?«, fragte Eduardo.

»Nein, Peseten ... Das ist die offizielle Währung, so wie hier der Real.«

Im Fernsehen lief der Vorspann der Serie *Terra Nostra,* man hörte Stühlerücken und zustimmendes Gemurmel. Ricardinho, der Zahlmeister und Barmann, stellte jeden Abend den Fernseher an, der an eine kleine Parabolantenne angeschlossen war. Jedes Mal, wenn das Schiff schwankte, musste das Bild neu eingestellt werden, das trotzdem immer verschwommen und unscharf war. Fünfzehn oder zwanzig Fahrgäste trotzten den Mückenschwärmen, die wie Jagdbomber surrten, und setzten sich erwartungsvoll schweigend im Halbkreis in die weißen Deckstühle vor dem Fernseher. Im Programm von São Paulo gab es immer Mädchen in Tangas, Luxus und Autos zu sehen, aber alle warteten auf die Serie *Terra Nostra,* die ein Hit in Brasilien war.

Das jung verheiratete Paar wollte sie nicht verpassen und entschuldigte sich bei mir. Sie setzten sich und hielten ihre Getränkedosen fest umklammert, die Gesichter auf den Bildschirm gerichtet.

Am ersten Abend der Reise wurde kein Abendessen serviert, sodass ich eins von den Sandwiches kaufen musste, die Ricardinho zubereitete. Ich nahm zwei Bier mit zu meinem Platz und gab Atilano eines. Er bedankte sich und bot zuerst der Großmutter und dann seiner Frau einen Schluck an.

Wir tranken und schaukelten dabei in unseren Hängematten.

»Ist Spanien groß?«

»Ja, aber Amazonien ist zehnmal größer.«

»Und gibt es Arbeit in Spanien?«

»Arbeit? ... Nein, nicht genug für alle ... Es gibt Probleme, weißt du ... Allerdings gibt es mehr Arbeit als hier.«

»Hier ist alles beschissen ... Das hier ist eine gottverdammte Gegend von Dieben.«

Er sah mich an. »Spricht man in Spanien Spanisch?«

»Ja ... wie in Südamerika.«

»Mutter Yandira spricht Spanisch. Stimmt's, Mutter?«

Aus einem schmalen, dunklen Gesicht mit stark ausgeprägten Wangenknochen leuchteten mich die Augen der Alten an. Ein paar Tage später sah ich, wie sie sich vor dem Spiegel im Achterdeck kämmte. Sie hatte hüftlanges graues Haar, das sie zu einem dicken Zopf flocht, den sie sich um den Kopf schlang. Sie konnte nicht mehr als fünfundvierzig Kilo wiegen.

»Ein bisschen«, antwortete die Alte. »Ich habe alles vergessen.«

»Sie ist eine reinrassige *Toba.*«

»Und ihr?«

»Nein, ich nicht; mein Vater ist Portugiese. Mutter Yandira ist als junges Mädchen bei den Kautschuksammlern am Rio Putumayo in

Peru gewesen. Ihre Mutter, ihr Vater und ihre ganzen Leute haben für die Casa Arana gearbeitet, aber das ist viele Jahre her.«

»Die Casa Arana? Meinst du die *Compañia Peruana de La Amazonia?* Das ist unmöglich. Die Casa Arana wurde 1920 geschlossen.«

»Sie ist sehr alt. Wie alt bist du, Mutter?«, fragte Atilano sie.

»Sie weiß es nicht«, erklärte Gracia Maria. »Aber sie muss über neunzig sein. Fünfundneunzig oder sechsundneunzig. Stimmt's, Mutter?«

Die Alte zuckte mit den Schultern, ohne eine Miene zu verziehen.

»Erinnern Sie sich an die Casa Arana, Senhora?«, fragte ich die Alte.

Sie sagte nichts.

»Meiner Frau hat sie Geschichten von damals erzählt, als sie ein Kind war. Stimmt's, Gracia Maria?«

»Ja, viele Geschichten«, antwortete Gracia Maria.

Der plötzliche Reichtum durch den Kautschukboom führte zur Gründung großer Handelgesellschaften mit eigenen Dampfschiffflotten, Niederlassungen in London und Notierungen an der Börse. Die Kompanien und die einfachen *coroneles,* die Besitzer von Landgütern und Kautschukpflanzungen, versklavten die Indios und zwangen sie unter unbeschreiblichen Bedingungen, Hunger, Entbehrungen und Folter zur Arbeit in den Kautschukgebieten. Das war die Kehrseite des übersteigerten Luxus. Da gab es die Kompanie des Spaniers Don Germino Garrido y Otero in San Felipe am Rio Negro, eines berüchtigten Despoten, der eine Privatarmee von vierhundert Mann unterhielt und die *Kurripako*-Indianer bis zur Vernichtung unterjochte. Unübertroffen blieben jedoch Suárez y Hermanos, denen mehr als acht Millionen Hektar Wald in Bolivien, zwei Städte und eine Reihe von Häfen am Amazonas gehörten. Die *Caripuna*-Indianer bezahlten mit ihrer Ausrottung für deren Reichtum.

Besondere Erwähnung verdient die *Compañia Peruana de la Amazonia* von Julio César Arana, einem gebildeten Peruaner aus Iquitos, der unter seinen Handelspartnern zu den Größen des englischen Kapitalismus zählte. Sein Imperium umfasste das Gebiet zwischen dem Rio Putumayo und dem Rio Caquetá. Aranas Kompanie gab den Anstoß für den Bau der Eisenbahnlinie von Madeira nach Mamoré, ein 1908 begonnenes und 1913 fertiggestelltes Projekt, das über sechstausend Indios das Leben kostete. Sie wurden dahingerafft von Malaria, Durchfall und der schlechten Behandlung. Heute sind von der Strecke nur noch neun der 375 gebauten Kilometer in Betrieb, eine Touristenattraktion.

Während der Herrschaft der Casa Arana starben zwischen dreißig- und vierzigtausend Indios von den Stämmen der *Bora, Andoque, Uitoto-Muimanes* und *Ocaina*. Sie mussten Sklavenarbeit bei der Latexgewinnung leisten, gewaltsam zusammengetrieben von einer Armee aus Banditen und Glücksrittern, die von britischen Söldnern befehligt wurden. Die Indios wurden aus ihren Dörfern verschleppt und gezwungen, in Baracken in den Lagern der Kautschuksammler zu leben. Jede Gruppe von Indios hatte eine bestimmte Menge an Kautschuk abzuliefern. Andernfalls wurden Männer, Frauen und Kinder ausgepeitscht, gefoltert und hingerichtet.

All das wurde durch Zufall publik. 1911 bereiste ein junger amerikanischer Ingenieur, der einundzwanzigjährige Walt Haldenburg aus Illinois, gemeinsam mit einem Freund den Regenwald. Er musste mehrere Tage in einem Ort namens El Encanto verbringen, bei dem es sich um eine Niederlassung der Arana-Kompanie am Rio Napo handelte. Dort arbeiteten *Uitoto*-Indios als Kautschuksammler. Haldenburg war entsetzt über das, was er sah. Die Indios wurden schlimmer behandelt als Tiere, sie schufteten von Sonnenaufgang bis Sonnenuntergang gegen eine Hungermahlzeit, sie wurden erschossen, gefoltert, erhängt, in den Block geschlossen, gebrandmarkt, wenn sie nicht die von der Kompanie festgesetzten Quoten erreichten ... Unterdessen blühte die Kinderprostitution, und die Frauen wurden systematisch vergewaltigt.

Der junge Walt Haldenburg veröffentlichte seine Erlebnisse und Fotos in progressistischen Londoner Zeitungen wie *The Truth* oder *The Illustrated London News.* Die Berichte verursachten einen Skandal, da die feinen Geldhäuser der Stadt an der Arana-Kompanie beteiligt waren. Diese konterte mit bezahlten Pressekampagnen. Aber die Fotos konnten nicht lügen. Der legendäre Reverend John Harris, der ähnliche Praktiken im Kongo des belgischen Königs Leopold öffentlich gemacht hatte, schaltete sich in die Angelegenheit ein, ebenso weitere progressistische Organisationen. Man forderte, das Auswärtige Amt solle etwas unternehmen. 1912 reiste der in Rio de Janeiro residierende englische Botschafter, Sir Roger Casement, an den Putumayo und erstellte einen Bericht, der Haldenburg recht gab. Fünf Jahre später stellte eine Kommission fest, dass sich der Regenwald Amazoniens in einen Indianerfriedhof verwandelt hatte.

Die brasilianische Niederlassung der *Compañia Peruana de la Amazonia* wurde aufgelöst, auch wenn Arana seine Geschäfte in Peru weiterführte, bis um das Jahr 1920 der englische Kautschuk aus Malaysia den Markt eroberte und die Kompanien und die Kautschukbarone ihre Unternehmen schlossen.

»Wie war das, Senhora? Es würde mich sehr interessieren ... Warum erzählen Sie nicht ein bisschen? Was haben Sie bei der Casa Arana gemacht?«

»Sie hat *borrasha* gesammelt, Kautschuk«, antwortete Atilano. »Die *Toba* haben alle in der *Borrasha*-Gewinnung gearbeitet. Aber das ist lange her. Sie war noch sehr klein. Das war am Putumayo, nicht wahr, Mutter?«

»Weshalb sagen Sie nicht etwas auf Spanisch? Ich würde gerne hören, wie Sie Spanisch sprechen.«

»Guten Tag … guten Abend.« Die Alte lachte und hielt dabei die Hand vor den Mund. »Ich will Brot …«

»Sehen Sie?«, sagte Atilano. »Sie kann Spanisch.«

Es war tiefe Nacht, und wir fuhren weiter den Fluss hinauf durch den Pará. Ich lag in meiner Hängematte und hörte den Regen auf das Schiff prasseln. Die blauen Plastikplanen, die an der Reling befestigt waren, waren heruntergelassen worden. Aber ich konnte nicht schlafen. Der Regen trommelte auf das Deck. Um mich herum schliefen alle. Man hörte Schnarchen und Husten, während das Schiff ruhig flussaufwärts glitt. Manchmal setzte der Lotse den Scheinwerfer am Bug ein, um die Baumstämme anzuleuchten, die den Fluss hinuntertrieben. Ich hatte mich ein wenig quer in die Hängematte gelegt, wie Atilano mir geraten hatte.

Ich stellte fest, dass sich die *Toba*-Familie und alle um mich herum vollständig mit Tüchern und Stoffen zugedeckt hatten, auch die Gesichter. Sie sahen aus wie Mumien. Wegen der Moskitos? Wegen der Feuchtigkeit? Ich bemerkte ein hektisches Flattern in der Nähe meiner Hängematte und vermutete, dass es sich um einen Vogel handeln musste, der nicht ins Freie gefunden hatte, bevor die Plastikplanen geschlossen wurden.

Er ließ sich auf dem Befestigungsseil meiner Hängematte nieder. Es war düster und ich hatte meine Brille nicht auf. Ich setzte sie auf und drehte mich um. Eine riesige Fledermaus mit haarigem Kopf, so groß wie meine Faust, schien mich kopfüber hängend zu beobachten, an die Schnüre meiner Hängematte geklammert, ihre blinden Augen zwei weißliche Knöpfe.

Ich verscheuchte sie, und sie flatterte, geräuschvoll mit ihren Flügeln schlagend, zwischen den schlafenden Passagieren umher.

Am nächsten Tag sagte mir Atilano, dass ich einem Vampir entgangen sei, der mein Blut hätte saugen wollen. Er war davon überzeugt, dass die Fledermäuse sich nachts verstohlen näherten, um einem ihre Zähne in die Zehen oder ins Ohrläppchen zu schlagen.

Vier

Brindinha pfiff jeden Morgen um sechs auf ihrer Pfeife, und wir Passagiere gingen nach unten in den Mannschaftsraum, wo wir immer ein und dasselbe frühstückten: Sodakekse, Margarine und Milchkakao. Um zwölf pfiff Brindinha erneut, und wir machten uns in Schichten zu zwanzig zum Mittagessen bereit. Um sechs Uhr war Abendessen. Während der Mahlzeiten sprach niemand ein Wort, keiner an dem langen Tisch sagte Guten Tag. Wir aßen schweigend und bedienten uns aus den großen Schüsseln, deren Inhalt sich Tag für Tag wiederholte: Bohnen, Reis, Maniok, Spaghetti, Nudelsuppe mit Ei und Schmorfleisch.

Wenn etwas ausging, brachte Brindinha Nachschub aus der Küche. Und wenn jemand aufstand, setzte sich sofort einer von denen, die am Fuß der Treppe warteten, auf den freien Platz. Es gab keine feste Sitzordnung, allerdings aß unser dicker Kapitän Nunes immer als Erster, gemeinsam mit dem Lotsen, der gerade keine Wache hatte. Ebenfalls schweigend saßen sie sich dann gegenüber.

Jeden Tag öffnete Ricardinho, der Proviantmeister, das Vorhängeschloss zum Kühlraum an Bord und nahm das tiefgefrorene Fleisch heraus, das im Beisein des Kochs und der ersten Stewardess Brindinha abgewogen wurde, als handele es sich um Kaviar. Danach schloss er wieder ab und hängte sich den Schlüssel an einem Kettchen um den Hals. Manchmal ging ich in den Mannschaftsraum hinunter, um dünnen Kaffee aus kleinen Plastikbechern zu trinken und die drei Köche eifrig an den großen Töpfen hantieren zu sehen, in denen der Reis und die kleinen schwarzen brasilianischen Bohnen für den *feijão* zubereitet wurden und in denen der Maniok kochte. Später wurden die Abfälle an die Fischschwärme und die Möwen verfüttert, die dem Schiff folgten.

Brindinha, immer mit der Trillerpfeife um den Hals, fand es merkwürdig, dass ich allein reiste.

»Haben Sie keine Frau?«

»Ich reise gern allein.«

»Dann müssen Sie reich sein.«

»Warum?«

»Sie trinken das ganze Bier an der Bar aus.«

Für die Körperpflege standen uns vier Verschläge im Achterdeck zur Verfügung, zwei für die Männer und zwei für die Frauen. Sie waren ein bisschen größer als Telefonzellen und verfügten über eine Kloschüssel und eine Dusche. Das Wasser dafür kam aus dem Amazonas und wurde mit Pumpen in die Wasserspeicher hochgepumpt. Die beiden Waschbecken mit Spiegel befanden sich an der Vorderseite des Heckaufbaus. Besser, man ging vor Tagesanbruch oder nachts aufs Klo. Andernfalls ließ die Hitze den Gestank in diesen Verschlägen unerträglich werden.

Das Leben an Bord war monoton, und es gab Fahrgäste, die ihre Hängematten außer für die Mahlzeiten nie verließen. Sie verdösten den ganzen Tag und die ganze Nacht. Man hatte mir vom Leben an Bord der Amazonas-Dampfer erzählt und mir entspannte, fröhliche Reisen geschildert, bei denen die Leute sangen und Gitarre spielten und sich anfreundeten. Nur ganz selten hörte ich die Passagiere miteinander reden, nicht einmal die, die gemeinsam reisten. Und nie sang einer oder lachte.

Ich las, machte mir Notizen oder schaute auf den Fluss, der vor mir dahinströmte, und beobachtete die anlegenden und ablegenden Boote in den Dörfchen am Ufer. Das größte Problem waren die drückende Hitze, die Moskitos und der Regen, denn wenn er einsetzte, wurden die Plastikplanen heruntergelassen. Man wurde schräg angeschaut, wenn man in der Regenjacke aufs Oberdeck ging.

Ich versuchte einige Male, die alte Yandira dazu zu bringen, mir von der Casa Arana und ihrem Leben auf den Plantagen zu erzählen, aber sie schlief immer oder tat so, als ob sie schliefe. Ich fragte Atilano, weshalb sie nie an Deck herumgingen. Er antwortete mir, dass er Angst habe, dass man ihre Sachen stehlen könnte.

»Gibt es hier Diebe?«

»Diebe gibt es überall.«

»Und die Kinder? Wollen sie nicht spielen?«

»Wir haben unsere Gewohnheiten.«

Manchmal ging ich zu einem Plausch auf die Brücke.

»Das Schlimmste sind die Untiefen«, erzählte mir Pedro, der erste Lotse, der jeden Tag eine Acht-Stunden-Schicht hatte, mit einer Stunde Pause dazwischen. Die beiden anderen Schichten übernahmen Kapitän Nunes und Chico Landón, der zweite Lotse. »Im Fluss gibt es sehr viele Sandbänke. Die Baumstämme, die in der Strömung treiben, sind eine echte Gefahr, man muss die Augen offen halten. Sie können in die Schrauben geraten und sie zerstören.«

Dann waren da die Strömungen. Sie waren auf Karten verzeichnet, aber Pedro kannte sie auswendig und schaute nie auf die Karten. Er wusste auch, wie stark die Strömung war und ob es am Oberlauf der Flüsse viel geregnet hatte.

»Gibt es hier Flusspiraten?«

»Piraten?«

»Räuber meine ich ... Leute, die Schiffe überfallen.«

»Die großen Schiffe nicht. Aber die kleinen ... Hier gibt es alles, anständige Leute und schlechte Leute.«

Zwei Tage nach der Abfahrt aus Belém tauchte, bevor wir in Almeirim anlegten, ein graues Boot der Amazonas-Polizei aus dem Nichts auf und ließ das Schiff anhalten. Unter den erwartungsvollen Blicken der Passagiere kamen drei Uniformierte an Bord. Ich sah, wie sie mit Kapitän Nunes und mit Richardinho sprachen, während sie in Papieren blätterten. Wir wurden über eine Stunde aufgehalten; dann kehrten die Polizisten in das Boot zurück, das wie der Blitz davonraste.

»Was glaubst du, wonach die Polizei gesucht hat? Kokain?«

Pedro zuckte mit den Schultern.

»Ich weiß nicht.«

Die hölzernen Pfahlbauten tauchten ganz plötzlich aus dem Dschungel auf. Daneben befanden sich kleine Holzstege, ebenfalls aus Pfählen, an denen Kanus aus ausgehöhlten Baumstämmen vertäut waren. Ich erfuhr, dass die überdachten Holzplattformen, auf denen die Uferbewohner Werkzeug, Haustiere und Hausgeräte verwahrten, *marombas* hießen. Dazu wurden alte Kanus verwendet, die man ans Ufer zog. Manchmal dienten sie auch als Beete für *cebolhinha* und *cheiro-verde,* Zwiebeln und Petersilie, unverzichtbare Zutaten für den Fischeintopf, eine der gastronomischen Köstlichkeiten Amazoniens.

Hinter und neben den Hütten oder auch in einiger Entfernung von ihnen waren kleine Lichtungen zu sehen, Maniok- oder Süßkartoffelfelder und Pflanzungen mit Paranüssen, von deren Ernte die Uferbewohner lebten. Es handelte sich fast ausschließlich um akkulturierte Indios oder Mestizen. Die Lichtungen waren nach indianischer Methode durch Brandrodung entstanden.

Ein Junge mit Baseballmütze fragte mich, ob es schwierig sei, eine Europäerin zu heiraten.

»Also, ich sehe da kein Problem.«

Er war sechs Monate in Belém verheiratet gewesen, hatte sich scheiden lassen und fuhr nun zu seinen Eltern nach Manaus zurück.

Er erklärte mir ernsthaft, dass alle Frauen in Belém Huren seien und die Männer Diebe. Er sei Computerfachmann.

»Würde ich die Staatsbürgerschaft bekommen, wenn ich eine Europäerin heirate?«

»Welche Staatsbürgerschaft?«

»Die europäische.«

»In Europa gibt es viele Nationen. In welches Land möchtest du?«

»Das ist mir egal. Ist es gut in Spanien?«

»Kommt darauf an, wofür.«

Er schien nicht zu verstehen und schaute verständnislos drein. Er mochte vierundzwanzig oder fünfundzwanzig sein und hatte einen Universitätsabschluss. Dann fragte er mich, wie viel der Fotoapparat wert sei, den ich dabeihatte. Ich nannte ihm den ungefähren Preis in Reais; dann fragte er mich nach dem Wert meiner Uhr.

»Zwanzig Reais. Ich hab sie in Belém gekauft.«

»Und in Dollar?«

»Zehn Dollar ungefähr.«

Er war überrascht, er dachte, ich würde ihn anlügen. Dann fragte er mich, was ich arbeitete und wie viel ich im Monat verdiente. Ich antwortete ihm, dass ihn das nichts angehe.

»Wie viel kostet ein Handy in Spanien?« Er zog eines aus der Tasche. »Wie viel würde das hier kosten?«

»Keine Ahnung. Ich denke, so um die hundert Dollar.«

»Hier kosten sie zweihundert. Meinen Sie, ich könnte in Spanien Handys kaufen und sie dann hier verkaufen?«

»Hör zu, ich hab keine Ahnung von diesen Dingen. Weshalb gehst du nicht auf ein spanisches Konsulat und informierst dich?«

»Schön, oder?«, sagte er und deutete vage auf den Fluss. »Das verdanken wir dem Herrgott und dem Heiligen Geist!«

Er ging. Ich beschloss, darauf ein Bier zu trinken. Während ich trank, kam eine junge Frau zu mir; sie war klein und hatte rundliche

Hüften, die in enge Jeans gepresst waren. Ihr Name sei Helena, sagte sie; ich hatte sie mit zwei kleinen Kindern, die mit ihr in einer Hängematte schliefen, unter den Passagieren gesehen. Sie erzählte, dass sie vom Rio Negro stamme, aus einer Ortschaft namens Carunha, dass ihr Mann Goldsucher sei und sie in Belém sitzen gelassen habe. Sie sei alleine mit ihren beiden Kindern und fahre zu ihrer Mutter nach Manaus. Ob ich ihr eine Coca-Cola kaufen könne, bitte?

Ich kaufte ihr eine, und sie rannte schnell die Treppen hinunter, um sie ihren Kindern zu bringen.

Ein Schiff mit nur einem Deck passierte uns. Die Fahrgäste stürzten an die Reling, sogar die, die sich nie von ihren Hängematten weg bewegten. Das Schiff ließ die Sirene aufheulen.

»Ein Toter«, rief einer der Passagiere und bekreuzigte sich.

Die übrigen Fahrgäste bekreuzigten sich ebenfalls.

Auf einem kleinen Podest im Heck stand ein mit einem violetten Tuch bedeckter Sarg. Ein Priester in schwarzer Soutane und die Verwandten, zehn oder zwölf Personen in neuen Kleidern, winkten zu uns herüber.

Ich musste an die Missionare denken, die nicht selten die Konquistadoren auf ihren Eroberungszügen begleitet hatten, manchmal als Chronisten, andere Male, um die Indianer zu bekehren – der theoretische Beweggrund für die Eroberung der Neuen Welt. Genau wie die Konquistadoren stellten auch die Missionare am Amazonas die Versklavung und Ausbeutung der Indios nie in Frage, deren Kultur und Gebräuche sie verachteten, da sie in ihnen keine Menschen sahen, die selbst über ihr Schicksal entscheiden konnten. Für die portugiesischen oder spanischen Missionare – es gab da keinen wesentlichen Unterschied – war der Indio ein ohne Verschulden verderbter Götzenanbeter, den man bekehren musste, um seine Seele zu retten. Die Indios waren auf dieser Welt, um den Kolonisatoren zu dienen, waren sie doch minderwertig, faul, hinterhältig, von lasterhafter Natur, wenig vertrauenswürdig und von beschränktem Verstand.

Bestenfalls behandelte man die Indios wie wunderliche exotische Wesen, als wären sie ein Irrtum der Schöpfung. 1641 notierte Fray Cristóbal de Acuña, Chronist der portugiesischen Expedition von Pedro Teixeira, in seinem Buch *Neue Entdeckungen am großen Amazonen-Strom:* »In der Nähe ihrer Dörfer, so sagen sie, im südlichen Teil der Terra Firme, leben unter anderem zwei Völker. Das eine ist ein Volk von Zwergen, die so klein wie Kinder sind: Diese nennen sich Guayazis. Das andere Volk besteht aus Menschen, die allesamt die Füße verkehrt herum tragen, sodass, wer sie nicht kennt, stets in die entgegengesetzte Richtung laufen müsste, wollte er ihren Spuren folgen. Sie werden Mutayos geheißen und sind Tributpflichtige der Tupimambás.«

Dennoch waren viele Missionare nicht mit der willkürlichen Ausrottung der Indios einverstanden, ohne jedoch deswegen die gesellschaftliche Rolle in Frage zu stellen, die diesen vom ersten Moment der Conquista zugewiesen wurde: Sie galten als Arbeitskräfte, die sich nicht wesentlich von Maultieren oder Pferden unterschieden. Den Kirchenmännern ging es dabei nicht einmal um Assimilierung der Eingeborenen, sondern ausschließlich um die Rettung ihrer Seelen und den Einsatz ihrer Arbeitskraft, denn das war ihre Bestimmung. Aber dafür mussten sie ihre Sprachen erlernen, und so wurde angesichts der zahlreichen existierenden Sprachen das Quechua zur Lingua franca erklärt, was linguistische Studien bis heute erschwert. Am oberen Amazonas lassen sich Quechua-Wörter in so unterschiedlichen Sprachgruppen wie dem Tupi, dem Caribe oder dem Arawak finden.

Die Missionare bereisten unermüdlich jeden Winkel des Amazonas und seiner kleinsten Nebenflüsse, erstellten dabei hervorragende Karten und verfassten ethnologische, linguistische und botanische Abhandlungen. Sie verteidigten »ihre« Indios vor den *bandeirantes*, den Trupps der Sklavenjäger. In diesem Zusammenhang ist der böhmische Jesuit Samuel Fritz zu erwähnen, Gründer von über vierzig Missionen und Fürsprecher der *Omagua*-Indianer am Rio Solimões, der 1712 von den Portugiesen abgeurteilt und eingesperrt wurde. Fritz war ein großer Geograf und Reisender, dem die beste, über Jahrhunderte Gültigkeit besitzende Karte des Amazonas zu verdanken ist. Bis zum heutigen Tage berufen sich zahlreiche geografische Texte auf seine Lehren und nennen den Lauricocha-See, aus dem der Rio Marañón entspringt, als Quelle des Amazonas.

Der portugiesische Jesuit João Daniel konnte sich 1776 als eine Art brasilianisches Pendant zu Pater Bartolomé des Las Casas betrachten. In seinem Werk *Von den Schätzen des Amazonen-Flusses* wendet er sich gegen die Ermordung der Indios: »[...] alleine in den Jahren zwischen 1615 und 1652 starben nach den Angaben Pater Vieiras mehr als zwei Millionen Indianer einen gewaltsamen Tod durch die Portugiesen, nicht eingerechnet jene, die von Einzelnen im Verborgenen ermordet wurden. Aus diesen Zahlen lässt sich ersehen, wie viele Indianer es gegeben hat und wie dicht ihre zahlreichen Dörfer beieinander lagen, von denen heute nur noch Überreste zu finden sind. Und wenn der neugierige Leser fragt, wie man die Indianer derart zügellos und in solchem Umfang ermorden konnte, möge er die Antwort in jenen Büchern finden, die von diesen Vorgängen handeln. Ich sage hierzu nur, dass es den Weißen nicht schwerer fiel, einen Indio zu töten, als eine Fliege totzuschlagen.«

Mit dem Erscheinen der Enzyklopädie entwickelte sich ein neues Welt-, Natur- und Menschenbild, das auf dem Wunsch nach Erkenntnis und Rationalisierung beruhte. Die wissbegierigen Europäer wandten sich dem Amazonas zu, jenem gewaltigen, unbekannten Gebiet. Die erste tatsächlich wissenschaftliche Expedition nach jener Pedros de Teixeira im Jahre 1635 fand 1743 unter der Leitung des französischen Geografen Charles Marie de La Condamine statt, gefördert von der spanischen und der französischen Krone. Man entsandte Geografen, Botaniker und Kartografen nach Quito, die, nachdem sie den Äquator vermessen hatten, den Rio Napo bis zum Atlantik hinabfuhren und damit praktisch Orellanas Reise von 1543 wiederholten.

An der Expedition nahmen der kolumbianische Botaniker Francisco José de Caldas und die spanischen Seeleute und Kartografen Jorge Juan und Antonio de Ulloa teil. Die bedeutendsten Ereignisse dieser Reise waren die Erkenntnisse über die von den Indianern verwandten Gifte; die Studien über den Amazonasdelfin, den *boto,* und die Entdeckung des Chinins als Mittel gegen Malaria; hinzu kamen die Flusskarten der spanischen Seeleute und Kartografen, die eine Verbesserung der Karte von Samuel Fritz darstellten, sowie die Untersuchung und wissenschaftliche Verbreitung der Eigenschaften und Verwendungsmöglichkeiten von Latex, das hundert Jahre später den Kautschukboom auslöste. Aber erstaunlicherweise entwickelte ausgerechnet La Condamine, ein rationaler, methodischer Enzyklopädist, eine Leidenschaft für die Amazonen, genau wie mein Freund Diodoro, und träumte davon, die nackten, kriegerischen Frauen aufzuspüren, die Gaspar de Carvajal zweihundert Jahre zuvor in seiner Chronik der Reise Orellanas erwähnt hatte. Der gelehrte Franzose befragte Indianer und suchte verzweifelt nach Hinweisen und Spuren dieser sagenumwobenen Frauen.

Von allen botanischen Expeditionen aus Spanien ist jene von José Celestino Mutis unter der Schirmherrschaft Karls III. und Karls IV. besonders zu erwähnen. Der aus Cádiz stammende Forscher machte es sich zur Lebensaufgabe, eines der besten Herbarien des

Kontinents zusammenzustellen, wie Humboldt später anerkannte. Nachdem er in seiner Funktion als Arzt des Vizekönigs von Neu-Granada, Messía de la Cerda, nach Kolumbien gereist war, wurde Mutis aufgrund seiner Erfahrung und seines persönlichen Einsatzes zum ersten Botaniker und Astronom einer Expedition ernannt, die mehrere Jahre dauerte und 1783 das gesamte Gebiet erkundete. Ihr gehörten auch achtzehn Zeichner an, die bei Nacht arbeiteten, damit die genommenen Proben nicht verwelkten. Frucht der zwanzigjährigen Arbeit Mutis' war sein Opus magnus, *Flora de la Real Expedición Botánica del Nuevo Reino de Granada,* das unerklärlicherweise erst 1954 gedruckt wurde.

Im 18. Jahrhundert setzte ein Umdenken hinsichtlich der Kolonialisierung der Neuen Welt ein, das auch Auswirkungen auf das Amazonasgebiet hatte. Die Haltung gegenüber den Indianern, den Schwarzen und der Sklaverei begann sich zu wandeln, genau wie das Nationalgefühl der Bewohner. Die Menschen fühlten sich nicht länger als Übersee-Portugiesen ... sie begannen Amazonier zu werden, *caboclos.* Da ist zum Beispiel der Schriftsteller John Gabriel Stedman, der Autor von *Joanna. An Emancipated Slave of Surinam* – ein literarischer Erfolg jener Zeit –, der, ausgehend von seiner Liebe zu Joanna, einer Mulattensklavin, die Sklaverei in Frage stellt. Oder der Soldat und Dichter Henrique João Wilkens, Verfasser des Heldengedichts *Muhuraida* oder der Triumph des Glaubens über den Krieg gegen die *Mura*-Indios; der italienische Architekt José Landi, der die Stadt Belém do Pará plante, die dann zum Vorbild für den Städtebau am Amazonas wurde, und der Wissenschaftler Alexandre Rodrigues Ferreira, der sich seinerseits mit großen wissenschaftlichen Themen befasste.

Das 19. Jahrhundert schließlich wird zum Jahrhundert der Unabhängigkeit Brasiliens, das nun nicht länger portugiesische Kolonie ist. Es ist auch das Jahrhundert des Kautschuks und des Untergangs der brasilianischen Monarchie, das Jahrhundert der Republik und der Bereisung und Erforschung des Amazonasbeckens durch die Europäer. Dreihundert Jahre nach den ersten spanischen Konquistadoren strömen scharenweise Abenteurer und Forscher an den Amazonas. Ihre Aufschlüsse können allerdings nicht immer als objektiv gelten.

Anfang des 19. Jahrhunderts traf Alexander von Humboldt in der Region ein und bereiste auf dem Rio Casiquiare und dann auf dem Orinoco den venezolanischen Teil Amazoniens. Vom brasilianischen Kolonialminister Conde de Linhares für einen Spion der spanischen Krone gehalten, wird ihm die Einreise nach Brasilien verweigert, und der deutsche Wissenschaftler muss sich auf die Erforschung des oberen Orinoco beschränken. Seine zoologischen, botanischen und ethnologischen Studien sind eines der bedeutendsten wissenschaftlichen Werke des 19. Jahrhunderts.

Die Vermählung des brasilianischen Kaisers Dom Pedro I. mit der österreichischen Prinzessin Leopoldina ebnete mitteleuropäischen Forschungsexpeditionen den Weg nach Amazonien, so etwa jener des berühmten Botanikers Carl Friedrich Philipp von Martius und des Zoologen Johann Baptist von Spix. In ihrer Folge entstand das dreibändige Werk *Reise in Brasilien auf Befehl Sr Majestät Maximilian Joseph I, Königs von Baiern,* das große Bedeutung für das Wissen über den Amazonas erlangte.

Der französische Botaniker Auguste de Saint-Hilaire bereiste den Dschungel, um ein Herbarium für die Sammlungen Ludwigs XVIII. zu erstellen. Sein Landsmann Alcides Dorbigny, Botaniker, Zoologe und Ethnograf, reiste von Argentinien nach Peru und durchquerte dabei die brasilianischen, bolivianischen und peruanischen Amazonasgebiete. Bei seiner Rückkehr nach Paris führte er eine kostbare wissenschaftliche Sammlung von hunderttausend Exponaten mit sich.

Ein weiterer Botaniker, Richard Schomburgk, erkundete 1840 im britischen Auftrag Guyana, wo er eine Riesenseerose entdeckte, auf der eine Boa Platz finden konnte. Zu Ehren der englischen Königin nannte er sie *Victoria Regia.* Heute ist sie das touristische Symbol von Amazonien. Der Reiseschriftsteller Paul Marcoy reiste im Auftrag der Zeitschrift *Le Tour du Monde* zwischen 1846 und 1860 von den Anden bis Belém do Pará. Die Veröffentlichung seiner Berichte erstreckte sich über drei Jahre.

1848 trafen der Insektenforscher Henry Walter Bates und Alfred Russell Wallace, der Begründer der Zoogeografie, am Amazonas ein. Bates kehrte mit einer Sammlung von 14712 Arten zurück, von denen 8000 bis dahin unbekannt gewesen waren, und entwickelte die Theorie der Bates'schen Mimikry, die als Vorläufer der darwinistischen Theorie über die Entwicklung der Arten gelten kann. Alfred Russell Wallace wiederum hielt sich vier Jahre am Rio Negro auf und sandte Darwin von dort aus seine Abhandlung über die natürliche Auslese der Arten. Aus diesem Grund gilt er als Mitbegründer der Evolutionstheorie.

Ebenfalls zu erwähnen wären der Schweizer Zoologe Luis Agassiz und seine Klassifizierung der Wasserfauna des Amazonas mit über 2500 Fischarten, sowie der englische Botaniker Richard Spruce, der siebzehn Jahre in Amazonien verbrachte und dort über 7000 Pflanzen bestimmte. Er war einer der ersten Europäer – zu denen auch La Condamine gehörte –, der Erfahrungen mit dem Rauschmittel der indianischen Schamanen machte, dem *Yagé* oder *Ayahuasca*.

Unentwegt winkten halbnackte, fröhliche Indiokinder von ihren langen, schmalen Kanus, die wie Pfeile durchs Wasser glitten, zum Schiff herüber. Manchmal paddelten sie hinter uns her oder warteten an den Flussbiegungen auf das Schiff, um auf den Wellen zu schaukeln, die es verursachte. Gelegentlich sprangen kleine Jungs geschmeidig wie Katzen aus den Kanus und klammerten sich, um nicht in den Sog der großen Schiffsschrauben zu geraten, an die Taue mit den Autoreifen, die außen an der Schiffswand hingen. Einige Passagiere warfen ihnen Essen in Plastiktüten zu.

Die Welt des Uferbewohners ist eine Welt des Wassers. In ihr gibt es weder Straßen noch Wege. Das Leben findet auf dem Fluss statt, und es gibt nichts jenseits des Flusses. Die Bewohner benutzen das Kanu, wenn sie zur Kirche oder zum Markt im Nachbardorf wollen, zum Besuch zu Freunden oder Verwandten, einer Hochzeit oder zum Arzt, wenn jemand so krank ist, dass die alten Hausmittel nichts mehr ausrichten. Auf dem Fluss wird man geboren, und auf dem Fluss stirbt man. Wenn ein Amazonasbewohner gefragt wird, woher er stammt, dann antwortet er: »vom Trombetas«, »vom Purús« oder »vom Marañón«, es sei denn, er kommt aus der Stadt und ist zum Städter geworden. Der Fluss ist der Raum, in dem sich das gesellschaftliche und wirtschaftliche Leben, der Lebenskreis der *caboclos,* abspielt.

Eines Abends gesellte sich Helena zu mir an die Bugreling, an der ich in der Abenddämmerung lehnte. Während der kurzen Dämmerung in Amazonien scheint die Sonne in lila-roten Explosionen in den Fluss zu sinken, um dann rasch zu verschwinden.

»Ich würde Sie gerne um etwas bitten, aber es ist mir so peinlich.«

»Was denn?«

»Könnten Sie mir Geld leihen?«

»Wie bitte?«

»Ob Sie mir Geld leihen könnten.«

»Wie kommst du darauf, dass ich Geld zu viel haben könnte?«

»Sie sind reich.«

»Nicht das schon wieder ...«

»Was?«

»Ach, nichts ...«

»Mein Mann ...«

»Du hast mir die Geschichte schon erzählt ... Dein Mann ist in die Goldminen nach Bõa Vista gegangen und hat dich mit den Kindern sitzen lassen. Und du fährst zu deiner Mutter nach Manaus.«

»Na ja ... das stimmt nicht ganz ... Meine Mutter lebt in Cacoal ... In Manaus muss ich einen Bus nehmen ... und ... ich habe kein Geld. Ich könnte ... na ja ... ich könnte es Ihnen zurückgeben.«

Ich sah die Tätowierung zwischen ihrem Daumen und Zeigefinger, einen Vogel in einem Kreis. Manchmal war es ein solcher Vogel, andere Male waren es vier Punkte mit einem weiteren Punkt in der Mitte, aber die Tätowierung war immer von einem Kreis oder Quadrat umrandet: das Zeichen, dass man im Gefängnis gewesen war.

»Und das?« Ich zeigte auf das Tattoo.

»Ach, das ... Eine Kinderei; ich hab's mir machen lassen, als ich vierzehn war ... Heute bereue ich es.«

»Wie alt bist du, Helena?«

»Einundzwanzig.«

»Wie viel brauchst du?«

»Wie viel ich brauche? Ach, ich weiß nicht ... was Sie entbehren können.«

Ich hatte noch einen Fünfziger und einen Zehner, außerdem lose Münzen und einige kleine Scheine. Wenn ich ihr den Fünfziger gegeben hätte, hätte sie wirklich geglaubt, dass ich ein Millionär auf Urlaubsreise am Amazonas war.

Ich gab ihr den Zehner. Sie schob ihn rasch in die Hosentasche.

»Erzähl mir eine Geschichte.«

»Was?«

»Eine Geschichte von deinem Fluss ... vom Rio Negro. Ihr habt doch bestimmt Geschichten zu erzählen.«

»Ja … wir haben Geschichten, aber …«

»Irgendeine.«

»Kennen Sie die vom *boto?*«

»Die vom *boto?* Nein … wie geht sie?«

»Haben Sie noch keinen gesehen?« Sie deutete auf den Fluss. »Das ist ein großer roter Fisch, der übers Wasser springt. Wir nennen ihn *boto vermelho.* Er lebt in den ruhigen Flüssen. Es ist ein Fisch, aber er gibt seinen Jungen Milch, wie die Tiere an Land …«

»Also ein Säugetier.«

»Ja, genau … ein Säugetier. Jedenfalls hat mir meine Oma von diesem Fisch erzählt, als ich klein war. Sie sagte mir, ich solle mich vor den hübschen Männern in Acht nehmen, die abends in weißen Kleidern zum Tanz gingen, das seien *botos* … Wenn die *botos* die Musik von den Festen an den Flussufern hören, verwandeln sie sich in hübsche Männer, ganz elegant in Weiß gekleidet, die besten Tänzer des *Forró* … Und dann gehen sie auf die Feste, um zu tanzen, um Mädchen zu verführen … Und wenn sie sie verführt haben, gehen sie mit ihnen zum Fluss und ertränken sie. Meine Großmutter erzählte uns, dass sie viele Mädchen gekannt habe, die ertrunken seien, weil sie einen *boto* geliebt hatten. Sie sagte mir auch, dass man, während … na ja … während man blutet, während der Regel, nicht zum Fluss gehen darf, nicht mal in einem Boot, weil der *boto* einen verfolgt und dich aus dem Boot werfen kann. Hat Ihnen die Geschichte gefallen?«

»Ja, du hast dir das Geld verdient.«

»Die *botos* sind sehr zutraulich; wenn du dich mit ihnen anfreundest, lassen sie sich streicheln. Es heißt, dass sie alles verstehen, dass sie so klug sind wie Menschen.«

Fünf

Vor Sonnenaufgang veranstalteten die Tukane und Papageien einen Riesenlärm, und die Brüllaffen turnten, seltsame Schreie ausstoßend, in den Baumkronen. Wir waren keine zehn Meter vom Ufer entfernt, und ich hoffte, den einen oder anderen Affen in den Ästen hangeln zu sehen.

»Vielleicht bekommen wir die Brüllaffen zu Gesicht«, sagte ich zu meinem Nebenmann an der Reling.

Er hieß Florián Menemen und war syrischer Abstammung, sah aber aus wie ein Engländer. Er war Stipendiat am Historisch-Geografischen Institut des Goeldi-Museums in Belém.

»Ich glaube nicht«, antwortete er. »Normalerweise kommen sie nicht an die Flussufer. Es kommt einem nur so vor, als ob sie ganz in der Nähe wären, weil man ihre Schreie über weite Entfernungen hört ... Sie tun das, um ihr Revier zu markieren. Sie leben in Gruppen, die von einem alten Männchen angeführt werden, dem Kaplan. Er beginnt mit den Schreien. Vielleicht sehen wir einen Klammeraffen oder einen Wollaffen, obwohl Affen nicht ans Flussufer kommen, und wenn doch, verstecken sie sich.«

Unglaublich, dachte ich. Uns bot sich ein faszinierendes Schauspiel. Von Zeit zu Zeit flatterte ein Schwarm Aras laut krächzend von einem Baum zum anderen. Dann wieder waren es Reiher oder Tukane mit ihren großen, bunten Schnäbeln.

Florián musste beim nächsten Halt in Santarém aussteigen, wo seine Freundin wohnte. Ich bedauerte es, mich nicht früher mit ihm unterhalten zu haben. Er erzählte mir, dass es auf der Erde neuntausend Vogelarten gebe.

»Das wusste ich nicht.«

»Über ein Drittel davon sind in den Tropen beheimatet – ein wahres Vogelparadies. Und von diesen Arten gibt es fünfundzwanzig Familien nur am Amazonas, weitere vierzehn stammen ursprünglich aus den südlichen Breiten und haben sich bis nach Nordamerika über den Kontinent verbreitet, so etwa die Kolibris, die Tyrannvögel, der Tukan, der Truthahn und der große Schopfwehrvogel mit den Sporen an den Flügeln ...« Florián erzählte weiter: »Der Tukan ist eines der Wahrzeichen des Regenwaldes. Das Kuriose beim Tukan ist, dass man nicht weiß, welche Funktion sein riesiger Schnabel hat: Er ist keine Waffe, und er dient auch nicht zur Nahrungsaufnahme – Tukane fressen Beeren, Körner und reife Früchte. Offenbar dient der Schnabel als Schmuck und zur Einschüchterung anderer Männchen. Tukane leben in kleinen Gemeinschaften, die aus mehreren Familien bestehen. Der Tukan ist mit dem Schwarzspecht verwandt und nistet wie dieser in Baumstämmen. Zum Schlafen kauert er sich zusammen, legt den Schnabel auf den Rücken, klappt den Schwanz darüber und faltet die Flügel so, dass er wie eine Federkugel aussieht. Während der Balzzeit füttert sich das Pärchen gegenseitig mit Beeren und Früchten. Langweile ich Sie?«

»Wie kommen Sie denn darauf?«

»Wenn ich anfange, von Vögeln zu sprechen ...«

»Das hat mich schon immer fasziniert ... Ich meine, wie viele verschiedene Tierarten mag es auf einem Hektar Regenwald geben? Weiß man das?«

»Natürlich ... Auf einem Hektar amazonischen Regenwalds leben so viele Arten wie in ganz Europa zusammen. Am Amazonas gibt es keine Jahreszeiten wie in den gemäßigten Breiten«, fuhr Florián fort, »sodass die Urwaldpflanzen einen kontinuierlichen Zyklus haben. Durch die Kombination von Feuchtigkeit und Sonnenenergie und die gleichmäßig Verteilung von Licht und Dunkelheit gedeihen sie das ganze Jahr über. Der Regenwald ist ein gigantisches Gewächshaus.«

Florián erklärte, dass der Regenwald, den wir vor uns sahen, ein Substitutswald sei, also das, was die Zerstörung durch den Menschen überdauert und sich teilweise regeneriert habe. Der richtige Urwald, wenn man ihn so nennen könne, befinde sich tiefer im Landesinneren oder entlang der weniger stark befahrenen Flüsse. Er erklärte mir, dass sich der unberührte Wald in Schichten unterteile, von den Kronen der höchsten Bäume – die sechzig Meter erreichen könnten – bis zum Boden.

»Diese gewaltigen Bäume haben nach Hunderten von Jahren ihre jetzige Höhe erreicht und überragen das dichte Grün, durch das kaum Sonne dringt. Im Inneren dieser grünen Kuppel, unterhalb vierzig Metern, ist es dunkel und feucht, und es ist reichlich Kohlendioxid vorhanden. Unmittelbar darunter wachsen die Palmen und eine Reihe junger Bäume derselben Art, die darum kämpfen, möglichst hoch zu werden und so viele Sonnenstrahlen wie möglich einzufangen. Dort sind auch die Lianen und Epiphyten zu finden, die auf unterschiedliche Weise versuchen, ans Licht zu gelangen. Manchmal ersticken die Lianen die Bäume und lassen sie verdorren.«

»Und was wächst auf dem Boden dieser Kuppel?«, fragte ich Florián.

»Gräser, riesige, knorrige Wurzeln, und Farne, alle Arten von Farnen ... Baumfarne zum Beispiel, die mehrere Meter hoch werden können. Niemand, nicht einmal die Indios, kann sich dort einen Weg bahnen. Es ist ein unzugängliches, lichtloses Labyrinth, das nirgendwo hinführt. Als Wege durch den dichten Regenwald dienen die *igarapés,* Wasserläufe, die den Wald durchziehen. Nur wer den Regenwald sehr gut kennt, ist in der Lage, in diesem grünen Dickicht Durchgänge und Lichtungen zu entdecken.«

In den Kronen der höchsten Bäume, die vom Deck der *Dejard Vieira* aus zu sehen waren, herrschte ein erbitterter Wettbewerb um das Licht. Nicht anders war es am Boden, in dem die riesigen Bäume wurzelten. In einem so vielfältigen System wie dem Regenwald gab es praktisch keinen freien Raum ohne Konkurrenz um Platz und Licht, ein Kampf, der Strategien erforderlich machte, um sich genügend Raum in der Breite wie in der Höhe zu verschaffen.

»Ein Kuriosum: Die Böden im Regenwald sind sehr mager und nährstoffarm. Sie sind sehr sauer und speichern kaum Stickstoff. Es mutet seltsam an, dass auf einem derart ausgelaugten Boden bis zu sechzig Meter hohe Bäume wachsen.«

»Woran liegt das, Florián?«

»In euren Wäldern der gemäßigten Breiten werden die abgestorbenen Äste und Blätter am Boden von Mikroorganismen zersetzt, sodass die Nährstoffe vom Boden in die Wurzeln gelangen. Hier hingegen waschen die ständigen starken Regenfälle die Nährstoffe aus dem Boden, sie bleiben im Wasser gelöst und erreichen die Wurzeln der Bäume nicht. Deshalb hat der Amazonische Regenwald Mechanismen entwickelt, die einen Nährstoffverlust verhindern.«

Es klang wie ein Krimi. Florián fuhr fort:

»Dieser seltsame Mechanismus wird von Pilzen in Gang gesetzt, die auf den Wurzeln der Bäume und Pflanzen siedeln. Der Pilz entzieht den verfaulenden Blättern die Nährstoffe und gibt sie seinerseits durch Photosynthese an die Wurzeln weiter. Wissen Sie, was Photosynthese ist?«

»Na ja, ich erinnere mich aus der Schule ... Durch die Sonne bilden die Pflanzen Chlorophyll ... der Ursprung des Lebens.«

»Genau ... Der Pilz gibt die Energie, die er selbst in Form von Kohlehydraten von der Sonne erhält, an die Wurzeln weiter. Man hat ausgerechnet, dass diese Mikroflora bis zu zehn Tonnen pro Hektar produziert.«

»Deshalb haben die Bäume hier so mächtige Wurzeln, oder?«

»Ja, um ihre eigenen Pilze zu züchten.«

»Unglaublich.«

»Für einen Baum im Amazonasgebiet ist es genauso wichtig, Sonnenstrahlen abzubekommen, wie Pilze und riesige Wurzeln zu haben, verstehen Sie? So entsteht dieses Labyrinth, das so charakteristisch ist für den Amazonischen Regenwald. Bäume zu roden und das Land zu entwalden, wie es die *fazendeiros* tun, um Vieh zu züchten, macht den Boden in wenigen Jahren unfruchtbar. Er taugt später nicht einmal mehr als Weideland, und so muss der *fazendeiro* immer mehr Wald roden, um seine Rinder zu ernähren. Das Institut wird nicht müde, das zu erklären, aber sie hören nicht auf uns. Diese Rinder, die Sie gesehen haben, die Zebus, die mit dem Buckel, hat man aus Indonesien importiert, weil sie sich gut im Regenwald akklimatisieren ... aber sie geben ein mittelmäßiges Fleisch ... Wenn die Leute wenigstens zu essen bekämen ... aber Fleisch ist sehr teuer. Neunzig Prozent der Rinder vom Amazonas werden in die Vereinigten Staaten exportiert, weil die Preise sehr niedrig sind. Die amerikanischen Hamburger werden aus Rindfleisch vom Amazonas gemacht.«

Florián deutete auf das Dickicht und erklärte, dass der Amazonische Regenwald nicht mit den europäischen Wäldern zu vergleichen sei, wo es in den gemäßigten Zonen Wälder gab, in denen eine bestimmte Baumart, wie etwa Buchen oder Pinien, vorherrschte. Die Baumzone in Amazonien setze sich aus nicht weniger als 2500 verschiedenen Arten zusammen.

»Damit Sie sich eine Vorstellung von dieser Vielfalt machen können: Auf einem halben Quadratkilometer Amazonischen Regenwalds wurden hundertachtzig Bäume und Sträucher fünfzig verschiedener Arten gezählt, zweiundachtzig Palmen zwölf verschiedener Arten und vierzig Lianen zwanzig verschiedener Arten ...

Und die Wasserpflanzen? Da gibt es unendlich viele, wie die Wasserhyazinthe – die manchmal ein Hindernis für den Bootsverkehr auf den *igarapés* darstellt –, die Orchideen, und natürlich die *Victoria Regia*.«

Tag und Nacht herrschte ein ständiger Verkehr von großen Lastkähnen, die riesige Baumstämme transportierten. Wir sahen sie an der Reling entlanggleiten. Ich nahm an, dass es sich um Edelhölzer wie das extrem harte Veraholz, Cubaholz, Campeche, Mahagoni, Ocotekiefern und Sucupira handelte. Das waren Harthölzer von einer so hohen Dichte, dass sie nicht auf dem Wasser schwammen. Andere hingegen, wie das Balsaholz, wurden zum Schiffsbau verwendet, weil sie niemals untergingen.

»Weshalb bekommen wir auf dem Schiff nie Obst zu essen? Früchte sind hier sehr preiswert. Man braucht sie doch nur von den Bäumen zu pflücken.«

»Das portugiesische Erbe. Die Indios wundern sich, dass die Weißen so viel Fleisch essen.«

»Was ist denn das Hauptnahrungsmittel im Regenwald?«

»Ohne Frage Maniok oder Yuca, Tapioka ... und Hirse und Süßkartoffeln. Die Indios und *caboclos* leben davon, wie ihre Vorfahren es seit Jahrtausenden getan haben. Die Obstsorten nicht mitgerechnet, könnte ich einen ganzen Tag von den essbaren Pflanzen am Amazonas erzählen.«

»Ich habe Açaibeeren probiert, Ananas, Süßkartoffeln ...«

»Der Dschungel am Amazonas ist eine große Fabrik für Produkte, die in der Industrie Verwendung finden, und vor allem ist er eine riesige Vorratskammer an Früchten und pflanzlichen und tierischen Lebensmitteln. Aber man muss sie kennen. Die Konquistadoren verhungerten buchstäblich, riesige Mengen an Lebensmitteln vor der Nase, die sie nicht als solche erkannten. Kennen Sie den Fall Raymond Maufrais? Das war ein französischer Journalist, der in den Fünfzigerjahren nur in Begleitung eines Hundes in den Dschungel ging. Er kehrte nie zurück, aber man fand sein Tagebuch. Eine Passage lautete ungefähr so: »Ich kann nicht mehr. Wieder habe ich den ganzen Vormittag erfolglos gejagt. Nichts. Wälder und Flüsse sind tot, erschreckend leer; ich habe das Gefühl, durch eine riesige Wüste zu irren, die mich bald verschlingen wird. Meine Kräfte schwinden mit jedem Tag. Manchmal frage ich mich, wie ich mich auf den Beinen halten soll.«

Florián liebte seine Heimat und begann von den Zierpflanzen zu erzählen, einer gewaltigen Welt voller Wunder. Allein über die Orchideen, die als Urwaldpflanze schlechthin gelten – eine Unterart, die Vanille, wird bei der Herstellung von Süßwaren verwendet –, und von denen es Dutzende bekannter Arten gab und ebenso viele, die noch ihrer Entdeckung harrten, könne man ein ganzes Buch schreiben.

»Gestern erzählte man mir die Geschichte vom *boto vermelho,* dem Amazonas-Delfin.«

»*Inia geoffrensis.* Es gibt viele Arten: den grauen, den schwarzen, den Tacuxi. Man weiß, dass sie über sechzig verschiedene Laute ausstoßen. Die Indios nennen ihn *U-iara* ... Die Flüsse sind eine Welt für sich.

»Lebt die Anakonda im Wasser?«

»Am Wasser, ja ... sie kann bis zu zwölf Meter lang werden. Dann gibt es die Nutria, das Manatí ... Kaimane, Schildkröten ... Die Nutrias sind wegen ihres Pelzes vom Aussterben bedroht ...«

»Verzeihen Sie die Frage, aber sind die Piranhas wirklich so angriffslustig, wie man sagt?«

»Um die Piranhas ranken sich viele Mythen ... Normalerweise sind sie nicht gefährlich, es sei denn, sie bleiben nach dem Hochwasser, wenn der Wasserspiegel sinkt, in Tümpeln und Sumpflöchern zurück. Der Stachelrochen und der Zitteraal sind gefährlicher. Der

Zitteraal kann einen mit Stromschlägen von bis zu siebenhundert Volt lähmen, sodass man ertrinkt.«

»Ich habe noch nicht eine Schlange gesehen, Florián.«

»Ist auch besser so ... Tatsächlich ist nur ein Viertel davon giftig. Die Pucurara zum Beispiel, die beim Angriff bis zu zwei Meter weit springen kann, oder die Korallenschlange, gegen deren Gift es kaum ein Gegenmittel gibt ... Die Boa constrictor ist ungiftig, sie tötet ihre Opfer, indem sie sie erwürgt. Mögen Sie Insekten? Bestimmt haben Sie die Blattschneiderameisen gesehen.«

»Ja. Sie sind sehr groß und laufen hintereinander.«

»Ja, sie laufen in Kolonnen über den Urwaldboden und schleppen Blattstücke in ihren Bau. Diese Blätter dienen als Nährboden für ihre Pilzkolonien.«

»Und die Raubtiere?«

»Das sind Legenden. Für den, der sich nicht auskennt, sind der Jaguar und der Puma gefährliche Raubtiere, aber die Realität ist weniger spektakulär. Der amerikanische Tiger, der Jaguar, und der amerikanische Löwe, der Puma, leben die meiste Zeit als Einzelgänger und greifen für gewöhnlich den Menschen nicht an, sondern gehen ihm aus dem Weg. Aber ihre Brunftschreie sind schon beeindruckend. Nicht anders ergeht es dem Ozelot, das sich mehr und mehr in Gegenden zurückzieht, wo es keine Menschen gibt. Der Mensch ist das gefährlichste Lebewesen ... Das Eigentümlichste unter allen Urwaldtieren, die sich am Boden und in den Bäumen tummeln, ist der Hoatzin, ein urzeitlich aussehender Vogel. Dann wären da noch das Faultier und der Ameisenbär, das Gürteltier, der Tapir, das Wasserschwein, das stets in der Nähe des Wassers lebt und dessen Fleisch in Venezuela und Brasilien mittlerweile im großen Maß genutzt wird, die grüne Hundskopfboa, eine Würgeschlange, die in den Bäumen lebt, und die Harpyie, der größte und räuberischste Adler, den es gibt. Er macht Jagd auf Affen.«

»Du liebst die Natur, oder?«

»Ich wusste schon als Kind, dass ich Biologie studieren wollte. Wissen Sie, es gibt noch Hunderte von unentdeckten Arten. Durch das Wechselspiel von Wasser und Land und die besonderen Temperatur- und Feuchtigkeitsverhältnisse ist unser Regenwald ein Paradies für Amphibien, Fische und Insekten. Man schätzt, dass alleine bei den Fischen über ein Viertel aller im Regenwald vorkommenden Arten noch ihrer Entdeckung und Katalogisierung harren.«

Die Sonne war bereits aufgegangen, und Brindinha hatte mit ihrer Pfeife zum Frühstück gerufen, aber wir hatten das Essen vergessen. Ein Mädchen, das mit uns reiste, besaß ein zahmes Äffchen, das bei ihm in der Hängematte schlief. Alle auf dem Schiff hätschelten und streichelten es. Jetzt kam sie mit dem Äffchen, das ausstaffiert war wie eine Puppe, auf uns zu.

»Senhor, hätten Sie nicht einen Real für das Äffchen?«

»Verschwinde«, sagte Florián zu ihr. »Wer hat dir gesagt, dass du hierherkommen sollst, um uns anzubetteln?«

»Meine Oma.«

»Sag deiner Oma, dass wir kein Geld haben. Los, verschwinde.«

Das Mädchen trollte sich, und Florían erklärte:

»Entweder man betrügt die Weißen, oder man bewundert sie. Ich weiß nicht, wann das aufhört. Die Schuld liegt bei ihrer Großmutter.«

»Was war das für ein Affe, den das Mädchen bei sich hatte?«

»Ein Pinseläffchen. Die wiegen weniger als ein halbes Kilo, leben in Gruppen von etwa einem Dutzend Tieren zusammen und ziehen ihre Jungen gemeinsam groß. Sie sind sehr friedlich.«

»Sie sind winzig.«

»Da müssten Sie mal das Totenköpfchen sehen; es passt in eine Hand. Es gibt nur zwei Arten auf der Welt. Eine davon lebt hier, im

Amazonischen Regenwald. Es hat ein kräftig gefärbtes Fell und eine Totenkopfzeichnung im Gesicht. Es ist tagaktiv, im Morgengrauen wird es munter. Es lebt in Gruppen von bis zu hundert Tieren, die auf regelrechten Pfaden von Baum zu Baum springen. Man fängt sie, um sie als Haustiere zu verkaufen. Aber man muss zwei oder mehr Totenköpfchen zusammen halten, damit sie nicht vor Langeweile sterben. Der Bestand nimmt ab.«

Kurz darauf ertönte die Schiffssirene, und zu unserer Linken tauchte zwischen schäbigen Pfahlhütten und Baracken an der Mündung des Rio Tapajós der Hafen von Santarém auf. Hinter den Fischerbooten und Kanus im Hafen sahen wir die Skyline der steinernen Gebäude und die asphaltierten Straßen, die im rechten Winkel zum Fluss verliefen. Im Hafen herrschte selbst zu dieser frühen Uhrzeit ein Gewimmel von Menschen, Schmutz und Händlern. Eine Betonrampe mit einer Art Winde ragte ins Hafenbecken hinaus. Die Passagiere gingen von Bord, und Florián und ich wünschten uns zum Abschied alles Gute.

Dann wurden die Waren ausgeladen: Bierkästen und Butangasflaschen, die sich auf der Mole stapelten. Fliegende Händler kamen auf das Schiff und priesen Käse an, aus dem die Molke troff, Maniok, Törtchen, Suppe und geschälte Orangen, die Tüte mit zehn Stück zu einem Real. Allerdings hatten die Früchte weniger Geschmack als die spanischen Orangen.

Im Hafen bot ein dünner, dunkelhäutiger Bursche mit Bart den Reisenden Kaimanhäute an, die er über der Schulter trug. Ich hätte gerne von Florián etwas darüber gehört. Die Häute, die der Bärtige verkaufte, mussten an die zwei Meter lang sein, obwohl ein Kaiman normalerweise lediglich einen bis anderthalb Meter misst. Er hatte sie wahrscheinlich in den *igarapés* tief im Dschungelinneren oder in den Tümpeln und Lagunen der Sumpfwälder, den *igapós,* erlegt. An den Ufern der großen Flüsse gibt es nur noch Moskitos, Vögel und Fledermäuse.

Stunden später, als ich durch den Hafen spazierte, sah ich ein indianisches Kanu auf mich zuhalten. Im Bug paddelte ein Mann, während dahinter ein kleiner Junge eine riesige Arrau-Schildkröte an einem Strick hielt. Das Tier wird auch Schienenschildkröte oder Orinocoschildkröte genannt und kommt im gesamten Amazonasbecken vor. Diese hier mochte an die siebzig Kilo schwer sein und anderthalb Meter Durchmesser haben. Die Arrau-Schildkröte wird stark verfolgt, vor allem in der Zeit der Eiablage, wenn sie zehn bis zwanzig Eier im Ufersand der Flüsse vergräbt und deshalb leicht zu fangen ist. Die Eier der Schildkröte sind schmackhafter als Hühnereier, sie besitzen einen zarten Fischgeschmack. Pedro, der erste Lotse, hatte mir welche zu kosten gegeben.

Ich hielt mich den ganzen Vormittag in der Stadt auf und konnte eine Zeitung lesen und Kaffee trinken. Ich hätte gerne mehr Zeit gehabt, um die Ruinen von »Fordlandia« zu besichtigen, jener etwa zweihundert Kilometer den Tapajós aufwärts liegenden Kautschukstadt, die Henry Ford in den Vierzigerjahren gründete, um den amerikanischen Markt und seine Automobilfabriken mit Kautschuk zu versorgen. Aber die Kautschukplantagen wurden von einer Pilzkrankheit vernichtet, die Investition war verloren, und die Stadt wurde vom Urwald verschlungen.

Mit zwei Bier und einigen Schokoladentäfelchen kehrte ich wenige Minuten bevor das Schiff ablegte, an Bord zurück. Ich bot Atilano ein Bier an und den Kindern die Schokolade. Atilano schlug alles mit einer Handbewegung aus.

»Sie sollten nicht an Land gehen und Ihr Gepäck hier zurücklassen. Es könnte gestohlen werden.«

»Mein Gepäck, gestohlen? Ich habe keine Wertsachen dabei, Atilano ... Du siehst ja, wie klein die Tasche ist ... und die Kamera habe ich immer dabei. Außerdem, wer sollte mich bestehlen? Wir sitzen alle im selben Boot, oder?«

»Irgendjemand. Sie sind reich.«

»Moment mal. Ich bin nicht reich.«

»Wir werden nicht auf die Tasche eines Weißen aufpassen.«

Ich erstarrte. Atilano war wütend, noch nie hatte er so viel auf einmal gesprochen. Ich wusste nicht, was ich ihm erwidern sollte, mit den beiden Bierdosen in der einen und der Schokolade in der anderen Hand.

Drei Tage später, um vier Uhr morgens, erreichten wir Manaus.

Sechs

Die Praça Adalberto Vale in Manaus war menschenleer, die Leuchtreklame des Hotels Amazonas am neunten Stock des Gebäudes, eines der höchsten der Stadt, war ausgeschaltet. In der ehemaligen Hotellobby befand sich nun ein Reiseunternehmen namens Selvatur, und an der Tür stand ein bewaffneter Wachmann. Vor fast allen Fenstern hing Wäsche. Der Wachmann sagte mir, dass das Hotel seit einem Jahr geschlossen habe und in billige Wohnungen verwandelt worden sei. Die frühere Empfangshalle beherberge nun das Reisebüro.

Der Wachmann war ein Polizist, der sich auf diese Weise in seinen freien Nächten ein Zubrot verdiente. Er hatte noch nie von einem Diodoro Souza gehört; er wusste auch nicht, was aus den früheren Angestellten des Hotels geworden war. Es interessierte ihn nicht.

Manaus ist eine künstliche Stadt, die fast über Nacht am Zusammenfluss von Rio Solimões und Rio Negro entstand. Ursprünglich stand dort die Festung São José da Barra, 1699 von den Portugiesen an einem strategisch wichtigen Punkt errichtet, von dem aus sie den Fluss kontrollieren und spanische Niederlassungen verhindern konnten. Die Hütten der Händler und Hausierer, die sich rund um das Fort ansiedelten, bildeten den ursprünglichen Stadtkern.

In der ersten Hälfte des 19. Jahrhunderts beschrieben Reisende und Naturforscher, die hier vorbeikamen, den Ort als Militärgarnison mit einer Ansiedlung von dreitausend Menschen: Krämer und

Zwischenhändler für die Paranusspflücker, Holzfäller und Gewürzsammler, die in der Gegend verstreut lebten.

Der französische Maler und Zeichner Biard, der die Region 1858 bereiste und in seinen Zeichnungen festhielt, notierte in seinem Tagebuch: »Das Dorf Barra ist eine Ansammlung von Hütten und Baracken mitten im Schlamm [...] mit nur wenigen Gebäuden, die diesen Namen verdienten. Neben dem Zollgebäude handelt es sich um das Haus des Gouverneurs und zwei oder drei weitere [...] Die Bewohner des Dorfes handeln mit den Indianern um Pelze, Paranüsse, Smaragde und kostbare Hölzer. Die Gegend ist sumpfig und ungesund und von Moskitos verseucht. Die Bevölkerung wird von Epidemien dahingerafft.«

Das Zauberwort lautete *borrasha* – so hieß der Latex der *Hevea brasiliensis,* mit dem bereits die ersten spanischen und portugiesischen Eroberer Bekanntschaft gemacht hatten: Es handelte sich um weiche Kugeln aus einer sonderbaren Substanz, die von den Indios *cauchu* (Kautschuk) genannt wurde, was so viel heißt wie »Baum, der weint«. Sie wurde zum Abdichten der Kanus oder zur Herstellung von Trommeln oder Spielbällen verwendet.

1823 begann der Schotte McIntosh dieses Gummi für die Herstellung von wasserdichten Stoffen und Schläuchen zu verwenden. Aber es gab ein Problem. Bei Kälte wurde dieses Gummi hart und brüchig, unter Hitze klebrig. Die Lösung fand der Nordamerikaner Goodyear im Jahre 1839 mit dem Verfahren der Vulkanisierung, bei dem er der Substanz Schwefel zusetzte. Aus seiner Idee entstand ein riesiger Industriezweig, und die ganze Welt begann nach Gummiprodukten zu verlangen. Aber der magische Latex ließ sich ausschließlich aus der *Hevea brasiliensis* gewinnen, und diesen Baum gab es nur in Brasilien, vor allem am Amazonas, an dessen westlichem Rand die qualitativ hochwertigsten Bäume gediehen.

Alle Blicke richteten sich auf den Amazonas.

Ab 1850 war Barra Hauptstadt der Provinz Manaus. Im selben Jahr wurden etwa tausend Tonnen *borrasha* gewonnen. Tausende von Abenteurern und Händlern aus dem Nordosten Brasiliens strömten in die Stadt und die Region. Dank des Bedarfs an Reifen für die neue, florierende Automobil- und Fahrradindustrie stieg die Nachfrage nach Kautschuk noch weiter an.

1870 hatte sich die Menge des gewonnenen Kautschuks verdreifacht; 1880 waren es dann 20 000 Tonnen und zehn Jahre später 200 000 Tonnen. Damals war Manaus bereits eine Metropole mit 50 000 Einwohnern, die sich an der Mode aus Paris und London orientierten. Die Großgrundbesitzer, die neuen Kautschukbarone, schickten ihre Frauen und Kinder nach Paris, während sie bei rauschenden Festen mit mehr oder weniger französischen Soubretten ganze Vermögen verschleuderten. In den eleganten Salons der Villen, die zwei Jahre zuvor noch Bretterbuden gewesen waren, wurden Geschäfte in Gold, Dollars und Pfund Sterling abgeschlossen. In der Stadt eröffneten zahllose Kabaretts, Kaffeehäuser und Restaurants im europäischen Stil, wo die Gäste von mondänen, ebenfalls aus Europa stammenden Kellnern bedient wurden. Champagner, Whisky und Cognac flossen in Strömen, und in den Villen wimmelte es von Dienstboten und exklusivem Luxus wie Badezimmern, elektrischen Klavieren und Telefonen. Man umgab sich mit Mahagoni, italienischem Marmor und Kristalllüstern, während draußen die Armen in ihren Elendshütten von Epidemien dahingerafft wurden, weil die Löhne keineswegs mit dem zunehmenden Luxus Schritt hielten. Den Indios und den schwarzen Sklaven auf den Plantagen musste man gar nichts zahlen, da war es mit dem Essen getan.

Die Schiffe, die den Kautschuk nach New York, Detroit und Liverpool brachten, kehrten beladen mit Bankiers, schönen Frauen, Schneidern, Friseuren und den erlesensten Luxusgütern zurück. Manaus, 1500 Kilometer vom Atlantik entfernt an einem entlegenen

Fluss gelegen, erreichte seinen Zenit und dehnte sich in das umliegende Sumpfland aus, das mit portugiesischem Pflaster befestigt wurde. Die Pflastersteine dafür kamen aus Lissabon, ebenso wie die Arbeiter, die sie verlegten.

1897 gab es dreihundert Telefonanschlüsse, genauso viele wie im Madrid der damaligen Zeit. Jeden Morgen wurden die Notierungen der Kautschukgesellschaften an den Börsen der Welt festgelegt, indem man mit Manaus telefonierte. In jener Zeit gab es in der Stadt sechs Zeitungen und drei Krankenhäuser, eines davon eine Nervenheilanstalt und eines nur für Portugiesen. Außerdem verfügte die Stadt über zehn private Sprachinstitute, fünfundzwanzig Schulen und sogar eine öffentliche Bibliothek. Es gab ein sechzehn Kilometer langes Netz von elektrischen Straßenbahnen, die die ersten auf dem Kontinent waren und über die neuen Avenuen fuhren, während in Boston die Straßenbahnen noch von Pferden gezogen wurden. Die Zolleinnahmen für Kautschuk deckten vierzig Prozent der brasilianischen Auslandsschulden.

Die größte Glanzzeit fiel 1906 in die Ära des Gouverneurs Major Eduardo Ribeiro. Dieser holte britische Ingenieure zur Errichtung jener Bauwerke, die als einzige den trügerischen Luxus überdauert haben: die *Casa de Aduana,* das Zollgebäude im Empire-Stil aus schottischem Stein und Ziegel, die vierzehn Meter lange, den wechselnden Wasserständen des Rio Negro angepasste schwimmende Mole, die bis 1967 von der englischen Gesellschaft Manaus Harbor Limited verwaltet wurde, und der städtische Markt Adolfo Lisboa, eine Replik der Markthallen von Paris, erbaut aus europäischem Gusseisen.

Aber inmitten von so viel Opulenz war der Niedergang nicht mehr fern. Im Jahr 1887 schmuggelte der englische Abenteurer Henry Wickman im Dienst der englischen Handelskompanien für einen Preis von tausend Pfund siebzigtausend Samen der *Hevea brasiliensis* außer Landes. Er hatte die Zollaufsicht in Belém überlistet, indem er behauptete, es handele sich um Blumensamen für Königin Viktoria. Er brachte die Samen nach England, wo sie kurz darauf in den Kew Gardens in London keimten. Bereits 1912 gab es Kautschukplantagen in Malaysia und Borneo. Binnen acht Jahren fiel das Monopol am Amazonas, die Preise sanken, und die Talfahrt begann.

Damit setzte in Manaus ein unaufhaltsamer Prozess des Niedergangs ein: Palais, Restaurants und Kaffeehäuser wurden geschlossen. Die Schneider, Friseure, Kellner und Schönheiten reisten weiter. Alles wurde zu Schleuderpreisen verramscht; die Not, die nie ganz aus der Stadt verschwunden war, kehrte gemeinsam mit der Feuchtigkeit und dem Verfall zurück. Hunderte von Familien wanderten in den Urwald aus. Während des Zweiten Weltkriegs stieg die Kautschuknachfrage kurzfristig wieder an, aber nichts war mehr wie früher.

1967 erklärte die brasilianische Militärregierung Manaus zum Freihafen, erließ zahlreiche Steuervergünstigungen und garantierte niedrige Löhne, um Unternehmen aller Art anzulocken. Vor allem Rinderzuchtbetriebe und Holzindustrie, die den Regenwald zu zerstören begannen. Die internationalen Elektronikkonzerne ließen in Manaus ihre Produkte verpacken und in alle Welt verschicken, ohne dass etwas produziert wurde.

»Wir leben von Gespenstern«, sagte mir der Anwalt Joan Pereira. »Zur Zeit ist es der neoliberale Welthandel. Aber wenn die ausländischen Firmen ein billigeres Land finden, werden sie Manaus verlassen, und der Dschungel wird die Stadt schlucken. Das alles hier steht auf der Kippe. Im Moment setzt unsere Regierung auf den Tourismus. Denen schwirrt der Kopf vor lauter Projekten. Sie wollen aus dem Regenwald einen riesigen Zoo für Reiche und Naturfreaks aus aller Welt machen, die mal aussteigen wollen. Da werden wir dann zusammen mit den Indios unseren Platz als aussterbende Arten bekommen.«

Ich hatte in den Zeitungen von Manaus gelesen, dass man dabei war, den Massentourismus mittels organisierter Reisen in abseits gelegene Indiodörfer zu bringen. Bereits 1997 wurde in São Gabriel de Cachoeira eine Tour in das Indianerreservat Alto Rio Negro angeboten, die etwas über zweitausend Dollars kostete. Die *Tukan*-Indios empfingen die Touristen, die ein paar Tage in Hütten mit Hängematten bei ihnen lebten, und zeigten ihnen ihre Bräuche und Tänze. Die Journalistin, die die Reportage verfasst hatte, fragte sich, ob diese dadurch nicht zu einer Show verkamen. Die Tourismusbehörden und die Indianerschutzbehörde Funai stritten das ab. Solche Veranstaltungen dienten dazu, dass die Indios ihre vergessenen Bräuche und Tänze wieder entdeckten.

Ich saß mit dem Anwalt in der Casa Armando an der Praça São Sebastíão. Eine kleine, einfache, schmuddelige Kneipe, die jedoch ihr portugiesisches Flair bewahrt hatte. Draußen standen ein paar Tische und Stühle, und von dort hatte man einen Blick auf den Platz und die Passanten, die sich weder von der Hitze noch von den beiden Wahrzeichen von Manaus beeindrucken ließen: dem Amazonas-Theater und dem Skulpturen-Ensemble *Die Öffnung der Häfen* – vier Schiffe aus Granit und Marmor, die die vier Kontinente symbolisieren, sowie einige Kinder, die die jeweiligen Völker verkörpern. Der Platz, ein Treffpunkt für Paare und Müßiggänger, hat ein wellenförmiges Pflaster aus weißen und schwarzen Steinen, das an den Zusammenfluss von Rio Solimões und Rio Negro erinnern soll.

Einmal sollte sogar der große Caruso im *Palacio da Ópera,* dem Amazonas-Theater, singen, aber wegen einer Choleraepidemie in der Stadt konnte er nicht von Bord gehen und musste nach Europa zurückkehren. *La Gioconda* war die erste Oper, die bei der Eröffnung im Jahre 1986 aufgeführt wurde.

Wenn man vor der Casa Armando auf dem wunderbaren Platz saß und von dort aus das Theater betrachtete, war es ein Monument aus Stuck von überladener Hässlichkeit.

Der Bau wurde 1881 begonnen, er fasst 685 Zuschauer und kostete die fantastische Summe von zehn Millionen Dollar. Die Säulen sind aus englischem Gusseisen, der Bühnenvorhang wurde in Frankreich bemalt, woher auch die Kristalllüster und Spiegel stammen. Die 66000 Schmuckkacheln, der Marmor und das Porzellan wurden aus Italien importiert, die Glaslampen stammen aus Böhmen und Murano. Die Fresken, auf denen das Zusammentreffen von Rio Solimões und Rio Negro sowie romantisierende Indioszenen dargestellt sind, lassen sich nicht beschreiben. Die Kuppel des Baus besteht aus gelben und grünen Kacheln, den Farben der portugiesischen Flagge.

Ich traf mit einer Gruppe gelangweilt aussehender amerikanischer Touristen zusammen, die sich in einem Zustand apathischer Erschöpfung befanden. Die meisten von der Hitze. Der Reiseführer betete die Wunder dieses Tempels der Dummheit und Geschmacklosigkeit herunter. Während ich zuhörte, fragte ich mich, weshalb die Reichen auf der ganzen Welt immer ein Faible für die Oper haben.

Das Erste, was einem beim Betreten des Theaters ins Auge sticht, sind die verschnörkelten Stucksäulen mit den Büsten bekannter brasilianischer Künstler. Durch beeindruckende Flügeltüren geht es dann zu einer gusseisernen Treppe, die zum Ehrensaal führt, der mit bemalten Paneelen von Doménico de Angelis, dem Planer und Architekten dieses Gebäudes, ausgeschmückt ist. Die Hauptbühne misst dreißig mal fünfzehn Meter, und der Vorhang zeigt die Vereinigung der Flüsse, gemalt von Crispim de Amaral.

Ich fand, dass ich genug gesehen hatte, und ging hinaus auf die Straße.

Ich lief die Rui Barbosa hinunter bis zur Avenida 7 de Setembro, durch den Park, wo die Polizisten aus der nahen Kaserne zum Vergnügen der Kinder und Spaziergänger im Freien trainierten, und betrat das Geschäftsviertel zwischen den Straßen 7 de Setembro, Osvaldo Cruz, Floriano Peixoto und Marqués de Santa Cruz, nicht weit vom Hafen.

Hier war das Viertel der Läden, Lädchen und Straßenstände, wo es alles Erdenkliche zu kaufen gab: Netze (Hängematten), Schmuck, Küchengeräte, italienische Kaffeemaschinen, Kleider, Schuhe, Spielzeug ... und Elektrowaren: Fernseher, Videorecorder, Computer, Uhren, Radios, die hier billiger sind als im restlichen Brasilien, weil sie nicht besteuert werden. Die Verkäufer waren nicht besonders hinter ihrem Geschäft her – sie wirkten apathisch.

Carlinhos, ein *Wai-Wai*-Indianer und Verkäufer im »Uhrenparadies«, erzählte mir, dass er alle zwei oder drei Monate mit Erlaubnis des Ladenbesitzers, für den er auf Kommission verkaufte, mit einem Lieferwagen voller Elektrogeräte nach Rio de Janeiro fuhr. Von den Einnahmen aus diesen Fahrten, Ergebnis der Preisdifferenzen zwischen Manaus und dem Rest Brasiliens, und den Kommissionen aus dem kleinen Ladenlokal könne er gut leben. Jetzt denke er daran zu heiraten.

»Nehmen Sie diese Taschenrechner. Sie brauchen wenig Platz, und dann verkaufen Sie sie in Spanien. Sie werden Gewinn machen.«

»Nein, danke.«

Er zuckte mit den Schultern. Im Gegensatz zu anderen Händlern preisen die Verkäufer in Manaus ihre Ware nicht an und beschwatzen den potentiellen Kunden nicht. Vielleicht die Folge der schwülen Hitze.

Aber Manaus ist eine Hafenstadt, und das Leben organisiert sich rund um den Hafen und die Schiffe. Dort ist das Herz der Stadt, ihr ursprünglicher Kern, dort schlägt ihr Puls. Ich ging über die chaotische Praça da Matriz zum Zollgebäude direkt neben der Hafenmeisterei, wo die Tickets für die Schiffe ausgestellt wurden, die auf dem Amazonas und seinen Nebenflüssen, einem über fünfzehntausend Kilometer langen Schifffahrtsnetz, verkehrten.

Auf beiden Straßenseiten reihten sich kleine Stände mit Gemüse, Snacks und allen nur denkbaren Waren aneinander, feilgeboten zwischen zertretenen Abfällen, dem Schlamm der letzten Regenfälle und den Betrunkenen, die auf dem Boden lagen.

Ohne Fahrschein durfte man das Hafengelände nicht betreten, aber in Manaus ist man zuvorkommend gegenüber Touristen. Ich erzählte dem Wachmann, dass ich die schwimmende Mole besichtigen wolle, und er ließ mich passieren.

Es war ein unbeschreibliches Schauspiel: Stauer, Fischer, Seeleute, Betrunkene, Huren, Träger, Taschendiebe, Bettler, Krüppel, mit Gepäck beladene Reisende, Garküchen aller Art ... Inmitten von Unrat und Chaos drängten sie sich aneinander vorbei. Die schwimmende Mole schwebte förmlich, wahrnehmbar schaukelnd, auf dem schmutzigen Wasser des Rio Negro. Andernfalls würde der häufige, launische Anstieg der Pegel die Mole wegreißen und die Straßen und tiefer gelegenen Häuser überfluten. Ein Hochwasserspiegel von zwei Metern oder mehr ist hier keine Seltenheit. Eine Metalltafel zeigte die spektakulärsten Hochwasser an. Ein hinkender Alter, der Lotterielose verkaufte, ließ sich seine Auskunft von mir bezahlen: 1953 stieg das Wasser um dreißig Meter und erreichte die Kathedrale.

Der Hafen von Manaus ist der größte Binnenhafen der Welt, an Anarchie, Schlamm, Abfall, Geschrei und Chaos jedem anderen überlegen. Das gegenüberliegende Ufer zeichnete sich als schmutzige Linie ab, dunkelgrün am Horizont, davor die im Dunst verschwimmenden Umrisse von Schiffen, Kähnen und Barkassen.

Unzählige Boote transportierten Waren zu den vor Anker liegenden Schiffen, bis oben hin beladen mit riesigen grünen Bananenstauden, Säcken voller Paranüsse, Bierkästen ... Eine Prozession von Stauern und jungen Burschen, Indios, Schwarzen und Mestizen, lud alle erdenklichen Produkte, bestimmt für die Dörfer und Siedlungen am Fluss, aus Lastern und Lieferwagen, die auf der Mole parkten, und schleppten sie auf die Schiffe. Es war ein Feuerwerk an Farben, Stimmen, Geschrei, Schiffssirenen, der Musik der Orchester und den Rufen der Händler. Plötzlich ließ ein mit Autos beladenes Lastschiff seine Sirene aufheulen und glitt stolz an einem anderen vorbei, das mit Baumstämmen beladen war.

Ich verließ den Hafen und betrat zwischen den Hausfrauen die zentrale Markthalle, wobei ich immer wieder einen Bogen um Händler und Bettler schlagen musste. Die Gerüche waren schwer zuzuordnen: Koriander, Zwiebeln, Zimt, Vanille, Minze, menschlicher Schweiß und der charakteristische Geruch von Fisch und Fleisch – alles miteinander vermischt. Die Verkaufsstände waren einfache Steinbänke, auf denen die Ware aufgeschichtet lag. Die Abfälle verteilten sich unter den Tritten auf dem Boden.

Am Ende der Markthalle wurde auf drei oder vier blutigen Tischen der Fisch feilgeboten. Einer der Verkäufer nannte mir die Namen: Bocachicas, Acarís, Corvinas, Tucundarés, Tambaquís von fast einem Meter Länge, Doncellas, Lisas ... und der Pirarucú, der außergewöhnlichste Fisch, den ich auf dem Markt sah, fast drei Meter lang, hundertfünfzig Kilo schwer und mit rötlichem, lachsähnlichem Fleisch. Sein Kopf ist grün und der Körper mit harten Schuppen bedeckt, die die Uferbewohner zur Herstellung von Vorhängen und Nagelfeilen verwenden.

Nachdem mir der Verkäufer, ein Indiomischling aus Santarém, erklärt hatte, welcher Fisch am besten zum Dünsten, Braten oder

Grillen geeignet war, riet er mir, nachts nicht durch die Stadt zu laufen – schon wieder einer mit diesem Ratschlag –, und zeigte mir einen Revolver, den er, in schmutzige Lumpen gewickelt, in einer Schachtel neben den Tageseinnahmen versteckt hatte.

»Sie können einen für vierhundert Reais bekommen. Den hier überlasse ich Ihnen günstig, für zweihundertfünfzig, mit zwölf Kugeln.«

»Nein, danke.«

»Hundert Reais?«

Die Nacht brach so unvermittelt über Manaus herein, als hätte jemand das Kommando dazu gegeben. Es war halb sieben, und schon wurde in aller Eile der Markt geschlossen. Einen Moment zuvor hatte in der Rua Marqués de Santa Cruz, die unmittelbar an den Hafen grenzt, noch reges Treiben geherrscht, und nun, mit Einbruch der Dunkelheit, lag sie einsam und verlassen da. Ein paar schmutzige Hunde schnüffelten in den Abfällen. Keine Händler, keine Passanten. Die letzten Imbissstände und Läden für Schmuck, Elektrogeräte, Spielzeug, Kleidung etc. wurden rasch zugesperrt.

Ohne das Leben an den Ständen und Büdchen wirkten die dunklen Straßen wie eine Geisterstadt. Ich ging durch die Miranda Leão und die Joaquim Nabuco, ohne einer Menschenseele zu begegnen, und weiter abwärts bis zur Rua dos Bares. In fast allen Blocks gab es billige Absteigen, schmale Gässchen mit heruntergekommenen Häusern, deren Bewohner mit glänzenden Augen und feuchten Körpern schweigend vor den Türen ihrer verfallenden Behausungen saßen.

Das Hotel Allison befand sich an der Ecke Joaquim Nabuco/Rua São Domingo. Fünf oder sechs Frauen standen rechts und links vom Eingang im Schein der Neonleuchtschrift, der zwei Buchstaben fehlten.

Ich hörte ein lautes Gepolter, und eine Frau stolperte aus der Tür des Hotels und blieb auf der Straße liegen. Hinter ihr erschien ein Polizist in Uniform. Er hielt sich mit der Hand das rechte Ohr, aus dem Blut quoll. Keine der übrigen Frauen rührte sich. Ich rührte mich auch nicht. Die Frau, die über den Boden gekullert war, rappelte sich auf, klopfte ihren Minirock aus und begann den Polizisten lautstark zu beschimpfen. Der Polizist trat ihr wortlos in die Magengrube, und die Frau sackte auf dem Gehweg zusammen. Dann packte er sie am Hals und schleifte sie über die Straße zu einem Auto, das auf der anderen Seite parkte. Sie stiegen ein, und das Auto raste die Straße hinunter.

Ich ging zu einer Frau, die Leggings mit Leopardenmuster trug.

»Wenn du mich ›Piranha‹ nennst, schlag ich dir auf die Fresse«, sagte sie zu mir.

»Wie bitte?«

»Die Touristen denken, dass wir ›Piranhas‹ heißen, aber das ist eine Beleidigung. Ich lass mir das nicht bieten, dass mich jemand ›Piranha‹ nennt.«

»Das hatte ich ganz sicher nicht vor ...«

»Verschwinde hier. Die Polizei wird zurückkommen.«

»Ich suche Susi, die Freundin von Diodoro aus dem Hotel Amazonas.«

»Diodoro? Diodoro der Spanier?«

«Genau der ... Weißt du, wo ich ihn finden kann? Ich bin ein Freund von ihm aus Spanien. Ich bin gerade angekommen.«

»Wir haben ihn lange nicht mehr gesehen. Das Hotel Amazonas ist geschlossen worden.«

»Ich weiß ... Deshalb suche ich Diodoro.«

»Susi war früher mal seine Freundin; sie geht oft in die Bar San Marcos.« Die Frau lachte. »Das ist in der Getulio Vargas.«

Sie wies mir mit dem Finger die Richtung.

Sieben

Die Bar San Marcos, auch *Bar do Corno* genannt, war brechend voll. Unter den Gästen waren viele alleinstehende Männer, die leere Bierflaschen vor sich auf dem Tisch aufreihten, als wollten sie sie sammeln. Außerdem Pärchen nahezu jeden Alters, Cliquen von Jungs und Mädchen, die wie Angestellte oder Arbeiter aussahen, und Grüppchen von Mädchen ohne Begleitung, die ihren freien Abend in vollen Zügen genossen. Ein schwerfälliger Bursche mit breitem, unbewegtem Gesicht bediente mit einem Tablett an den Tischen, ohne mit den Bestellungen nachzukommen. Ein dicker Alter hämmerte auf der Registrierkasse herum, eine hutzlige Alte und ihre Tochter, von denen die eine aussah wie die andere, halfen dem Kellner beim Servieren der Teller mit kleinen Snacks, die aus der Küche kamen.

An der gegenüberliegenden Wand, über dem Tisch mit den Mädchen, die am lautesten kicherten, hing ein Schild mit der Aufschrift: »Die Bank verkauft keine Getränke, und ich nehme keine Schecks.«

Wie in den meisten traditionellen Lokalen am Amazonas gab es an der Vorderseite deckenhohe Türen mit Holzläden, damit die kühle Luft einströmen konnte. Ich schwitzte trotzdem, und soweit ich beobachten konnte, erging es allen anderen Gästen genauso.

Ich bestellte Bier und Stockfischbällchen, wie in Portugal, und sie waren hervorragend.

Als der Kellner mir das Bier brachte, fragte ich ihn:

»Ist Susi da?«

»Nein, noch nicht. Ich glaub nicht, dass sie heute noch kommt. Aber morgen ist Samstag, da ist sie bestimmt hier. Samstags schaut sie immer vorbei.«

»Sie kennen nicht zufällig einen Freund von Susi, einen Spanier namens Diodoro Souza?«

»Susi hat viele Freunde.«

»Können Sie mir Bescheid sagen, wenn Sie sie sehen? Ich kenne sie nicht.«

Ich konnte nicht anders, als die kichernden Mädchen zu beobachten, die mir gegenübersaßen. Ich sah mich selbst, einen dieser geilen Typen mittleren Alters, die glauben, dass sie Frauen erobern können, indem sie sie einfach anstarren.

Was hatte wohl Pater Gaspar de Carvajal gedacht, als er während eines erbitterten Gefechts gegen die *Omagua* feststellte, dass er von nackten Frauen angegriffen wurde? Diese Schlacht musste hier in der Nähe stattgefunden haben, am Zusammenfluss von Rio Solimões und Rio Negro oder auch in der Gegend von Santarém. Und ich bin sicher, dass sich Carvajal das nicht ausgedacht hat. Das war nicht sein Stil. Der Dominikaner war seriös und hatte nur das beschrieben, was er selbst gesehen hatte; nie hatte er sich von der Imagination leiten lassen, so wie andere Chronisten. Er starb im hohen Alter von achtzig Jahren als Prior in Cuzco, unablässig beteuernd, dass er niemals gelogen habe.

Auch Orellana und seine spanische Truppe sahen jene Frauen. Was geschah wirklich? Die Chronik Carvajals schildert mit großer Genauigkeit Folgendes:

»Dieser Kampf währte seit mehr als einer Stunde, und der Eifer der Indianer ließ nicht nach, vielmehr schien es, als verdoppelte er sich, obgleich sie viele der Ihren tot dort liegen sahen. Sie stiegen über jene hinweg und zogen sich zurück, um stets aufs Neue wiederzukehren. Der geneigte Leser soll erfahren, welches der Grund dafür war, dass sich jene Indianer derart verteidigten. Hierzu muss man wissen, dass sie Untertanen und Tributpflichtige der Amazonen sind. Als sie von unserer Ankunft erfuhren, baten sie jene um Beistand, und zehn oder zwölf von ihnen – denn so viele sahen wir – eilten herbei, um, Feldherren gleich, den Indianern voranzustürmen. Sie kämpften so erbittert, dass die Indianer nicht wagten, dem Kampf den Rücken zu kehren, und wer es dennoch tat, den erschlugen sie mit Keulen. Dies ist der Grund, weshalb die Indianer derart erbittert kämpften. Diese Weiber sind von sehr heller Haut und von hohem Wuchs; ihr Haar tragen sie zu sehr langen Zöpfen geflochten, welche sie sich um den Kopf schlingen. Sie sind von kräftiger Gestalt und gehen völlig nackt; ihre Blöße bedecken sie mit ihren Bögen und Pfeilen, mit welchen sie ebenso gut kämpfen wie zehn Indianer. Und tatsächlich versenkte eine von ihnen einen Pfeil eine Handbreit in einer der Brigantinen, und andere taten es ihr nach, sodass unsere Brigantinen aussahen wie Stachelschweine.«

Der Pater kämpfte wie alle anderen. Und er wurde während der Expedition zweimal verwundet. Die erste Verwundung, die er sich am Tag vor jener Schlacht zuzog, beschreibt er folgendermaßen: »[...] noch bevor wir an Land gingen, verletzten sie fünf von den Unseren, darunter auch mich. Ich wurde von einem Pfeil in die Seite getroffen, der eine tiefe Wunde hinterließ, und wäre meine Kutte nicht gewesen, so wäre ich dort gestorben.« Beim zweiten Mal traf ihn erneut ein Pfeil, der ihm ein Auge raubte.

Nach der Schlacht mit den Amazonen wurde ein *Trompeta*-Indianer gefangen genommen, »welcher knappe dreißig Jahre alt sein mochte und, als er erfasst wurde, dem Hauptmann viele Dinge von dem Land weiter flussabwärts zu berichten begann, und so nahm dieser ihn mit sich«.

Der Indio wurde von Orellana befragt, »mittels eines Vokabulars, welches er erstellt hatte«, denn er beherrschte die Quechua-Sprache. Und dies schildert Carvajal in seiner Chronik:

»Der Hauptmann fragte ihn, was das für Weiber gewesen seien, welche ihnen gegen uns zu Hilfe geeilt waren. Der Indianer sagte, dass diese Frauen sieben Tagereisen von der Küste entfernt lebten, und da der Häuptling Coyunco ihr Untertan sei, seien sie gekommen, um die Küste zu verteidigen. Der Hauptmann fragte ihn, ob jene Frauen verheiratet seien, was der Indianer verneinte. Der Hauptmann fragte ihn, wie sie lebten, und der Indianer antwortete, wie er bereits gesagt habe, lebten sie weiter landeinwärts; er sei schon viele Male dort gewesen und habe ihre Bräuche und ihre Hütten gesehen, da er als Untertan des Häuptlings den Tribut dort hinbringe, wenn jener ihn schicke. Der Hauptmann fragte, ob der Frauen viele seien, was der Indianer bejahte: Er selbst kenne siebzig Dörfer mit Namen, und in einigen davon sei er gewesen. Der Hauptmann fragte ihn, ob diese Dörfer aus Stroh seien. Der Indianer verneinte dies: Sie seien aus Stein und mit Türen versehen, und es führten Wege von einem Dorf zum anderen, welche bewacht würden, damit niemand sie betrete, ohne für seinen Zutritt zu zahlen. Der Hauptmann fragte ihn, ob diese Frauen Kinder gebären, welches der Indianer bejahte. Der Hauptmann wollte wissen, wie sie diese Kinder empfingen, da sie weder verheiratet seien, noch mit Männern zusammenlebten, und er antwortete ihm, dass diese Indianerinnen zeitweise mit Indianern gemeinsame Sache machten; wenn ihnen danach sei, versammelten sie viele Krieger um sich und führten Krieg mit einem sehr großen Häuptling, dessen Ländereien benachbart zu jenen der Frauen lägen. Dort verschleppten sie Männer und behielten sie so lange bei sich, wie es ihnen gefalle, und wenn sie guter Hoffnung seien, schickten sie diese in ihr Land zurück, ohne ihnen weiteres Leid anzutun. Wenn ihre Zeit gekommen sei und sie einen Sohn gebaren, so töteten sie diesen und übergäben ihn dem Vater; sei es eine Tochter, so ließen sie dieser eine gute Erziehung angedeihen und unterwiesen sie im Kriegshandwerk. Er erzählte des Weiteren, dass es unter all diesen Weibern eine Herrscherin gebe, die über alle anderen gebiete und die Coñori heiße.

Er sagte, dass es einen großen Reichtum an Gold und Silber gebe und alle Frauen von Stand ausnahmslos von goldenem und silbernem Geschirr äßen.«

Orellanas Expedition stand unter dem Befehl Gonzalo Pizarros, der im Februar 1541 mit zweihundertzwanzig spanischen Soldaten von Quito aufbrach, darunter Arkebusiere, Armbrustschützen und Reiter. Des Weiteren führte er Tausende von Lamas mit Ausrüstung und Proviant mit sich, zweitausend Schweine, zweitausend Schweißhunde, die man darauf abgerichtet hatte, Indianer zu zerfleischen – von daher der Satz »den Hunden vorwerfen« –, und viertausend indianische Träger, die dem Tod geweiht waren. Ziel war es, »das Land der Vanille, des Goldes und des Zimtes« zu finden. »El Dorado« also, den beständigsten Mythos der spanischen Conquista. Bis nach Quito und Lima waren die Berichte und Legenden der Indianer gedrungen, dass es jenseits der Anden große Ströme gebe, an denen »Länder von großem Reichtum« lägen.

Orellana stieß zu der Expedition, als diese bereits begonnen hatte. Er wurde zum ersten Kommandanten ernannt. Während der ersten zehn Monate gelangten die Eroberer nicht über den Rio Napo hinaus. Man muss sie sich in ihren Brigantinen vorstellen, wie sie mit Hunden, Schweinen, Pferden, dem Tross und viertausend Indios einen unbekannten Fluss hinabfuhren, während es unablässig regnete und sich nirgendwo fester Boden fand, wo man hätte an Land gehen können.

Wenn sie es dennoch taten, mussten sie bald auf die Schiffe zurückkehren. Das sumpfige Gelände, der unwegsame Urwald, die Moskitoschwärme und der ständige Regen, in dem die Panzer- und Kettenhemden verrosteten, machten Pferden und Männern ein Vorwärtskommen unmöglich. Die indianischen Träger und die Tiere starben zuerst zu Dutzenden und dann zu Hunderten, Opfer des

Klimas und der schlechten Behandlung. Nach einem der zahlreichen Scharmützel teilten einige gefangene Indios Pizarro mit, dass flussabwärts ein mächtiges Reich liege, reich an Gold und Zimt. Pizarro beschloss, dass sich Orellana mit siebenundfünfzig ausgewählten Männern, zwei Brigantinen sowie dem Kaplan und Chronisten, dem Dominikaner Gaspar de Carvajal, auf die Suche nach diesen Orten machen und in zwei Wochen mit Nachrichten und Lebensmitteln zurückkehren sollte.

Orellanas Expedition kehrte nicht flussaufwärts zu Pizarro zurück, sondern wagte sich so weit den Rio Napo hinunter, bis sie schließlich den Amazonas erreichte, wo die Männer kurz darauf in das Scharmützel mit den kriegerischen Frauen gerieten. Gonzalo Pizarro traf übel zugerichtet und krank mit einer Handvoll Männer wieder in Quito ein, und Orellana wurde des militärischen Aufstands angeklagt, weil er die Befehle eines Vorgesetzten missachtet hatte. Carvajals Chronik bewahrte ihn vor der Hinrichtung.

Orellana und seine Männer sollten noch acht lange Monate Strapazen und Kämpfe mit den Indios ausstehen müssen, bis sie am 26. August 1542 durch den Canal Meridional – den ich von Bord des Schiffes aus betrachtet hatte – das Mündungsdelta am Atlantik erreichten. An der Küste entlang erreichten sie die Isla Margarita vor Venezuela.

Die erste europäische Amazonas-Expedition hatte achtzehn Monate gedauert.

Francisco de Orellana war kein typischer Konquistador. Neben seinen unbestrittenen Qualitäten als Befehlshaber, seiner Unerschrockenheit, seinem Mut und seiner Tollkühnheit hatte er die Quechua-Sprache erlernt und versuchte stets, diplomatische Beziehungen mit der indianischen Bevölkerung herzustellen. Obwohl er die entdeckten Gebiete auf den Namen »Neu-Andalusien« taufte, war es der Name, den Gaspar de Carvajal in seinem Bericht verwendete, der für immer Bestand haben sollte: *Bericht von der neuen Entdeckung des wundersamen Amazonen-Stromes.* Die Feder war stärker als das Schwert.

Dank der Chronik Carvajals hieß der Große Strom nicht länger Santa María de la Mar Dulce, Bracamoros, Rio de Orellana, San Francisco de Quito oder Marañón, wie er üblicherweise genannt wurde, sondern erhielt, und dies bis zum heutigen Tage, den Namen Amazonas. Die Geschichte, die jener *Trompeta*-Indianer erzählte, veränderte die Welt und begeisterte Abenteurer wie Sir Walter Raleigh und Wissenschaftler wie La Condamine im 18. Jahrhundert, wie Spruce, Southey und auch Humboldt, der beides war, im 19. Jahrhundert.

Und, wieso sollte ich das leugnen, auch Diodoro und mich selbst.

Die Eroberung der Neuen Welt war von Legenden bestimmt. In gewisser Weise war der Einfluss der Ritterromane tief im Bewusstsein jener verankert, die den Ozean in Richtung Amerika überquerten. Dieses soeben entdeckte Territorium war ein literarischer, ein fantastischer Kontinent, der Raum ließ für jeden Traum, jede Fabel. Die beständigste Legende war jene bereits erwähnte vom »El Dorado«, einem Goldland, wo angeblich alles aus diesem Metall bestand: Bäume, Häuser, Straßen ... eine Art Schlaraffenland, das der Fantasie Flügel verlieh ... nicht zu vergessen das Land der Vanille, der Gewürze, des Zimts, die in endlosen Wäldern gediehen.

In diesem gelobten Land wimmelte es außerdem von Frauen – von Hunderten und Tausenden nackter Frauen, die Kriegsbeute für jeden waren, der in dieses Paradies gelangte. Die Legende von den Amazonen, der Mythos eines Landes, in dem es Frauen für jedermann gab, erhitzte die sowieso schon erhitzten Gemüter der Konquistadoren noch mehr.

Bereits vor Orellana hatte es Versuche gegeben, den sagenhaften Fluss zu erobern. 1538 machte sich Pedro de Anzures mit dreihundert spanischen Soldaten, viertausend Indios und unerklärlicherweise in Begleitung einiger schöner Mädchen aus Cuzco durch die östlichen Anden auf die Suche nach »El Dorado«, da er, wie alle, von den Legenden gehört hatte. Der Hunger und die schwierigen Bedingungen im Dschungel zwangen ihn jedoch zur Aufgabe, nachdem nahezu alle Indios und mehr als die Hälfte der Spanier gestorben waren.

Nach Orellana gründete Hauptmann Pedro de Mercadillo 1550 die Stadt Zamora und die Siedlung Santiago am Zusammenfluss des gleichnamigen Flusses mit dem Rio Marañón, im Gebiet der gefürchteten *Jíbaro*-Indianer; Salinas, ein anderer Hauptmann, entdeckte 1557 den Rio Ucayali und damit einen Zugang zum unteren Marañón und dem Amazonas.

Die bekannteste Expedition jedoch war jene von Pedro de Ursúa im Jahre 1559. Nach einem langen Aufenthalt bei den *Moyoruna*-Indios fuhr er gemeinsam mit seiner Geliebten Inés de Atienza, dem Adligen Fernando de Guzmán sowie Lope de Aguirre, der von seiner Tochter begleitet wurde, den Rio Mayo hinab, einen Zufluss des Rio Huallaga, bis er den Marañón erreichte, um erneut nach dem sagenhaften »El Dorado« zu suchen. Die Expedition war eine der größten Katastrophen, die sich in den Chroniken verzeichnet finden. Die Entbehrungen, der Ehrgeiz und das Elend führten zu einem Aufstand, angeführt von Lope de Aguirre, der Ursúa und dessen Gefolgsleute ermordete, sich gegen den spanischen König erhob und Fernando de Guzmán zum König ernannte. Nachdem er auch diesen samt seiner Getreuen sowie jeden, der den geringsten Widerspruch wagte, ermordet hatte, erreichte Lope de Aguirre über den Amazonas die Küste und fuhr hinaus bis zur Isla Margarita, wo er erneut einen Aufstand gegen die Krone unternahm. Sein Leben endete unter den Händen der königlichen Truppen.

Das Leben und die Persönlichkeit Lope de Aguirres fanden nicht nur Eingang in die zeitgenössischen Chroniken, die wir einigen seiner Soldaten wie etwa dem Bakkalaureus Pedrarias de Almesto verdanken, sondern inspirierten auch Ramón J. Sender und andere.

Aber der Höhepunkt der Eroberungsfahrten war mit jener Expedition erreicht, die der portugiesische Kapitän Pedro de Teixeira im Jahre 1637 auf Geheiß Philipps IV., König von Spanien und Portugal, unternahm. Er war der Erste, der den Weg, den Orellano entdeckt hatte, in umgekehrter Richtung zurücklegte. Mit zweitausend Männern und vierzig großen Kanus fuhr er den Amazonas hinauf, bis er nach einem Jahr Quito errichte. Teixeiras Expedition war vorbildlich und sorgfältig organisiert. Im darauffolgenden Jahr fuhren sie, begleitet von dem Chronisten Fray Cristóbal de Acuña, den Amazonas in entgegengesetzter Richtung hinunter und trafen Ende 1639 wieder in Belém do Pará ein. Neben der historischen Bedeutung dieser Reise war die Abhandlung *Neue Entdeckungen am Großen Amazonen-Strom* das wichtigste Ergebnis dieses Abenteuers. Es war die erste wissenschaftliche Arbeit über das Gebiet, die Beschreibungen der Landschaften, der Bevölkerung, der Flora und Fauna enthielt. Aber auch Fray Cristóbal de Acuña konnte sich nicht der Faszination der Amazonen entziehen und berichtet von ihrer Existenz. Von dieser Expedition datiert auch die erste Karte des Amazonas, angefertigt von Bento da Costa, Teixeiras Steuermann.

Im 18. Jahrhundert, hundert Jahre nach Teixeiras Reise, gab es keine Indianerdörfer mehr an den Ufern des Amazonas. Jene Stämme, die die Arkebusen, die Sklaverei, die Krankheiten und die Akkulturation überlebt hatten, waren tief in den Urwald oder an die entlegensten Nebenflüsse geflohen. Sie waren nur noch ein Schatten dessen, was sie einmal gewesen waren.

Die Indios und später die Negersklaven legten durch ihre Arbeit, für die sie mit ihrem Untergang zahlen sollten, den Grundstein für die rasanteste Anhäufung riesiger Vermögen in der modernen Geschichte. Mit ihnen begann der europäische Kapitalismus.

Die Zeit war verstrichen, und in dem Lokal blieben nur die einsamen Trinker zurück, die reglos auf ihren Plätzen hockten. Es war elf Uhr abends, und der Kellner stellte die Stühle auf die Tische, um zu fegen und den Laden zu schließen. Es war offensichtlich, dass Susi nicht kommen würde.

Der Kellner kam zu mir und sagte:

»Kann sein, dass Susi jetzt im *Gallo Garijó* zu Abend isst … Sie isst sehr gerne Fisch. Das *Gallo Garijó* ist nicht weit von hier, in der Rua das Andrades, und es schließt ein bisschen später.«

Die Rua das Andrades endete am Igarapé de Educandos, bei den Slums aus Bretterbuden und schwimmenden Hütten. Es war eine dunkle Gasse, nur spärlich erhellt von den schwachen Leuchtreklamen der schäbigen Hotels und Absteigen für Seeleute: Hotel Jangada, Hotel Paraíso, Hotel Rio Negro, Hotel Tucaní … Manchmal saßen dunkle Schemen vor den Türen, rauchten, unterhielten sich. Am Ende der Straße tauchten die Lichter des *Gallo Garijó* auf.

Ich erfuhr, dass Susi die dicke Schwarzhaarige war, die alleine an einem der Tische an dem bodentiefen Fenster saß. Sie aß gebratenen Fisch mit Maniok, daneben stand eine Flasche Antárctica-Bier in dem entsprechenden Plastikkühler.

Ich setzte mich zu ihr und sagte ihr, wer ich war und wen ich suchte. Susi bestätigte, dass Diodoro ihr von meinen Plänen erzählt habe, mit ihm loszuziehen, um die Stadt der Amazonen zu entdecken … aber Diodoro war mit einer anderen Frau nach Rio Branco gegangen. Die linksgerichtete Regierung im Bundesstaat Acre vergab Kautschukplantagen und subventionierte die Kautschukgewinnung. Über zweihundert Leute wie Diodoro hatten die Slums rings um Manaus verlassen und waren nach Acre gegangen. Sie wusste nicht, wie man ihn finden konnte.

»Frag mal bei der Gewerkschaft«, sagte sie.

Acht

Das Kleinflugzeug, eine Cessna 410 aus spanischer Fabrikation, war in Manicoré gestartet und folgte nun dem Lauf des Rio Madeira. Der Pilot und Eigentümer, Francisco Acevedo Mendes, sprach dank seiner häufigen Flüge nach Kolumbien, Peru, Bolivien und Ecuador Spanisch. Er war ein Freund von Susi und hatte mir einen Sonderpreis gemacht.

»Das Geschäft mit den Lufttaxis läuft sehr gut in Amazonien, wunderbar, ich kann nicht klagen«, erzählte mir Acevedo. »Hier in Amazonien gibt es nichts Besseres, als ein Lufttaxi zu besitzen. Ich denke gerade darüber nach, das Geschäft zu vergrößern und einen Kompagnon aufzunehmen. Das Gute an der Sache ist, dass du eine Braut in jedem Hafen haben kannst, einen Tag bist du hier, und in ein paar Stunden bist du woanders und trinkst einen Kaffee mit einer Mieze. Und niemand kontrolliert dich.«

Wir waren vier Passagiere in der Cessna nach Rio Branco, der Hauptstadt des Bundesstaates Acre. Ich saß auf dem vorderen Sitz neben einem jungen Burschen, Rubén, der in einem staatlichen Institut als Soziologe oder so etwas Ähnliches arbeitete. Dahinter saßen zwei schweigsame Gestalten mit Sonnenbrillen. Einer von ihnen, der Dickere, hatte einen mächtigen mexikanischen Schnauzbart, und der andere trug ein Goldkettchen um das rechte Handgelenk. Keiner der beiden sagte während des ganzen Flugs einen Ton.

Wenn der Tacho nicht trog, flogen wir mit einer Geschwindigkeit von 350 Stundenkilometern in 700 Metern Höhe über den Madeira, unterhalb der dichten Wolken, die den Himmel bedeckten. Ich wollte nicht an ein plötzliches Gewitter denken, wie sie in diesen Breiten so häufig vorkommen. Acevedo glaubte, dass es keines geben würde; auf jeden Fall behauptete er, dass nichts passieren werde.

»Ich habe mich daran gewöhnt, und diese kleinen Flugzeuge sind robust, die halten Stürme aus«, versicherte er.

Aus dieser Höhe bot der Regenwald einen fantastischen Anblick. Das Band des Madeira zog sich durch die grüne Masse, und Schwärme von leuchtend bunten Vögeln flogen unter uns hinweg. Aus der Luft war immer deutlicher die fortschreitende Zerstörung des Waldes zu erkennen. Es waren riesige, hässliche kahle Stellen, und die Kühe darauf wirkten wie graue Käfer. Hier und dort stiegen dichte schwarze Wolken bis in große Höhe auf – Brandrodungen zur Gewinnung von Nutzfläche.

Ich fragte Rubén danach.

»Ja. Nach den Zahlen von Rainforest Alliance und Rainforest Action Network zerstören die Holzindustrie und die Viehzüchter in Amazonien jede Minute zwischen zwanzig und vierzig Hektar tropischen Regenwald, was einer Fläche von hundert Häuserblocks entspricht. Wenn es in diesem Tempo weitergeht, wird es in fünfzig Jahren keinen intakten Regenwald mehr geben. Von den 160 Millionen Hektar Regenwald, die es bei der Ankunft der Konquistadoren gab, sind keine 10 Millionen Hektar mehr übrig.«

Rubén führte weiter aus:

»Nur zwei Prozent der Erde sind von Regenwald bedeckt, und der Raubbau kann das weltweite Klima beeinflussen, weil die Regenwälder den Wasserkreislauf regulieren. Außerdem wird der Treibhauseffekt zunehmen, wenn es weniger Wälder gibt, nicht zu sprechen von den großen Mengen an Kohlendioxid, die bei den Brandrodungen freigesetzt werden.«

»Wenn sich das Klima verändert, geht alles den Bach runter«, stellte Acevedo fest.

»So ist es. Die Veränderungen können sich auf die Regenfälle in Gebieten weit weg von den Tropen auswirken und plötzliche Überschwemmungen oder Dürrekatastrophen verursachen«, erläuterte Rubén.

Acevedo beugte sich über den Steuerknüppel. Unter uns flog ein Schwarm Fischreiher, aufgefächert wie eine angreifende Armee.

»Kennst du den Umweltschützer Peter Raven, den Direktor des Missouri Botanical Garden? Ich war bei seinen Vorträgen. Er prophezeit, dass in den kommenden dreißig Jahren jeden Tag etwa hundert Arten aussterben werden. Dass Arten verschwinden, ist ein Teil der Evolution, aber die Geschwindigkeit durch das Eingreifen des Menschen ist tausendmal höher, als dies seit der Frühgeschichte der Fall war.«

Unten begannen die Außenbezirke von Porto Velho aufzutauchen, Hauptstadt des Bundesstaates Rondônia, von der brasilianischen Militärdiktatur einst als »Gelobtes Land« angepriesen. Der Bundesstaat existiert seit 1982 und zog Ströme von landlosen Goldsuchern, Kautschukzapfern und allerhand Abenteurern an. Laut einer Reportage der brasilianischen Zeitschrift *Veja* war Porto Velho das Finanzzentrum des Kokainhandels; das Kokain wurde im westlichen Amazonasgebiet angebaut, in Kolumbien verarbeitet und dann in den Vereinigten Staaten und Europa verkauft.

»Also, was die Brandrodungen angeht, die betreiben die Indios seit jeher – ich hab's gesehen«, bemerkte Acevedo. »Die Indios haben immer Wald verbrannt, um das Land zu nutzen, hab ich den Eindruck.«

»Aber in kleinem Umfang. Sie haben dem Wald Zeit gelassen, sich völlig zu regenerieren. Man hat herausgefunden, dass bereits nach zwölf Jahren die kleinen Lichtungen mit den *conucos,* den Pflanzungen der Indios, wieder von tropischer Vegetation bedeckt waren. Das System, das die Bauern heute im großen Stil betreiben, lässt dem Regenwald keine Zeit, sich zu regenerieren. Man hat ausgerechnet, dass die Bauern im Amazonasgebiet jährlich etwa acht Millionen Hektar Wald verbrennen.«

»Ja, verdammt, wie soll es denn gehen? Man darf nichts anpflanzen, man darf keinen Baum fällen. Sollen wir das Betreten des Regenwaldes verbieten?«

»Man kann es auf andere Weise tun.«

Jetzt überflogen wir Porto Velho. Dann würden wir dem letzten Stück des oberen Madeira mit seinen feinen Sandstränden folgen und eine Stunde später in Rio Branco landen. Durch das Fenster des Flugzeugs sah man deutlich die beiden Glockentürme und die arabische Kuppel der Kathedrale, die hässlichen schwarzen Wohnblocks, die phallischen Öltanks und die glänzenden zylindrischen Reservoirs der Raffinerie der Petrobrás. Ich hätte gerne einen Zwischenstopp in der Stadt eingelegt und das Eisenbahnmuseum Madeira-Mamoré und den dreißig Kilometer langen Streckenabschnitt besichtigt, der von diesem Wahnsinnsprojekt übriggeblieben ist, das Tausende Menschenleben kostete und 1960 stillgelegt wurde.

Rubén deutete auf die gerodeten Felder rund um Porto Velho.

»Diese gottverdammte Viehzucht!«, rief er. »Die Rinder sind auf dem besten Weg, Amazonien zu zerstören.«

Acevedo sah zu ihm hinüber.

»Ihr übertreibt ein bisschen, oder? Darf man jetzt auch keine Rinder mehr halten? Meine Güte!« Er schaute zu mir. »Dieser Hass auf die Rinder …«

»Es wird mehr Regenwald für die Viehzucht verbrannt als für die Landwirtschaft. Seit 1990 werden 75 Prozent der gerodeten Flächen zur Viehzucht genutzt … Man brennt den Wald nieder, um Weideland zu bekommen. Der Farmer braucht immer mehr Land; wir haben ausgerechnet, dass pro Kuh ein Hektar Land gerodet werden muss. Und das zerstört die Fruchtberkeit der Böden, denn nach den Regenfällen bleibt nur eine Wüste zurück.«

»Weshalb weißt du so viel darüber?« , fragte ich ihn.

»Ich habe meine Doktorarbeit darüber geschrieben. Die großen Rinderfarmen zerstören mit staatlichen Subventionen den Regenwald. Das Rind ist einer der schlimmsten Feinde, die wir haben. Man schätzt, dass die Herstellung eines einzigen Hamburgers fünfundsiebzig Kilo pflanzliches Material zerstört. Wenn man bedenkt, dass es in Amazonien fünfundzwanzig Millionen Stück Vieh gibt, können Sie sich eine Vorstellung machen. Die Viehzucht schafft auch nicht besonders viele Arbeitsplätze, weil je tausend Hektar Weideland im Durchschnitt nur fünf Personen beschäftigt werden.«

»Du trinkst keine Milch, oder wie?«, fragte ihn Acevedo.

»Ich mag keine Milch ... Außerdem ist die Milchproduktion unserer Kühe minimal.«

»Zerstört die Holzindustrie nicht auch den Regenwald?«, fragte ich.

»Das ist die zweite Ursache für die Zerstörung des Regenwaldes. Holz ist billig in Amazonien und wird überall verwendet. Aber das Problem sind nicht die kleinen Holzfäller, die Indios oder Sie oder ich, wenn wir in unseren Häusern Tropenholz verwenden.«

»Mit dem Flugzeug fliegen darf man aber, oder auch nicht?« Acevedo drehte sich um und zwinkerte mir zu. »Der Regenwald ist wie ein junges Mädchen: Man darf ihn nicht anrühren.«

Rubén rutschte unruhig hin und her. Ich war es, der mit der Diskussion angefangen hatte.

»Niemand sagt, dass man ihn nicht anrühren darf. Aber die großen Unternehmen aus Japan, Europa und Nordamerika kaufen über Tochterfirmen in Amazonien riesige Waldgebiete, um sie großflächig abzuholzen, und entziehen sich so der staatlichen Kontrolle. Bei vernünftiger Nutzung könnte der Holzabbau eine unterstützenswerte, ökologisch unbedenkliche Industrie sein, aber die staatlichen Richtlinien werden nicht eingehalten, und es wird viel mehr Holz zerstört, als nachwächst.«

Rubén öffnete die Aktentasche, die auf seinen Knien lag, nahm eine blaue Mappe heraus, aus dieser wiederum einen Stoß Blätter.

»Hier: In der Gemeinde Itaparinga, ungefähr dreihundertfünfzig Kilometer von Manaus, ist in diesem Februar der Fall des Landbesitzers Antonio Rodrigues in die Schlagzeilen geraten. Rodrigues, auch der ›Doktor‹ genannt und Eigentümer von vierzig Hektar Land, steckte gemeinsam mit seinen beiden Brüdern acht Hektar Wald in Brand, um Pfeffer, Bananen, Zuckerrohr und Kaffee anzubauen. Sechs Monate zuvor hatten sie bereits zwei weitere Hektar brandgerodet, um Bohnen anzupflanzen. Die Behörden verhängten dreimal eine Geldbuße von hundertzehn Reais, weil sie ohne Genehmigung Brandrodungen durchgeführt hatten. Der ›Doktor‹ tobte vor Wut und erklärte der Presse: ›Anstatt die Leute zu behelligen, die Nahrungsmittel für die Bevölkerung produzieren, sollten die Behörden lieber die unter Druck setzen, die für die Abholzung riesiger Flächen in der Region verantwortlich sind. Was sind zwei Hektar Ackerland gegen die Tausende von Hektar, die die Holzunternehmen in unserer Region zerstören, um Edelhölzer zu gewinnen?‹ Der ›Doktor‹ meinte die Madereira Mill, die alleine am Rio Solimões, in seiner Gemeinde, ein Areal von schätzungsweise achtzigtausend Hektar besitzt, und das Gelände des Großgrundbesitzers Joair Pereira Marcondes, über eine halbe Million Hektar, auf denen Holz abgebaut wird.«

»Bist du Journalist?«, fragte Acevedo ihn.

»Blödsinn!«, entgegnete Rubén.

»Ich habe Bäume gefällt. Wirst du mich jetzt verhaften?«

»Was wäre die Alternative zur Holzwirtschaft? Keine Rodungen?«, fragte ich ihn.

»Die Alternative ist, dass man sich an die Gesetze hält ... und die Einführung von ökologischem Landbau, der den Regenwald nicht zerstört, so wie wir das empfehlen«, sagte Rubén. »Ein Freund von mir, der Agraringenieur Valter de Carvalho, leitet in Itaparinga ein Pilotprojekt, das Genossenschaften und Kooperativen bei der Umstellung auf eine Landwirtschaft unterstützt, die nicht die Umwelt zerstört. Die Produkte, einheimische Früchte, werden direkt exportiert, ohne Zwischenhändler.«

»Ah! Du bist vom Institut für Siedlungswesen und Agrarreform, stimmt's?«, sagte Acevedo. »Diese jungen Umweltschützer ... Ökologie hier, Ökologie da ...«

Rubén gab keine Antwort.

»Das große Übel hier am Amazonas sind die vielen Banditen ...«, behauptete Acevedo. »Und die Sittenlosigkeit ... Darum sollten sich die Behörden kümmern ... Und dann die Steuern ... Wir Arbeiter sind die einzigen, die hier zahlen. Ein Skandal.«

»Haben Sie mal was von dem Journalisten Carlos Mendes von der Zeitung *O Liberal* in Belém gelesen? Er hat an die Öffentlichkeit gebracht, dass das Reservat der *Kayapó*-Indianer zwischen dem Rio Xingú und dem Rio Fresco, ein Gebiet von über drei Millionen Hektar, letztes Jahr über falsche Papiere an eine amerikanische Firma verkauft wurde, die Worldwide Ecological, für einen Real zwanzig den Hektar. In dieser Region liegen die Hektarpreise bei 275 Reais. Wussten Sie das?«

»Nein«, antwortete ich.

Das *Kayapó*-Reservat? Ich bin dort gewesen«, schaltete sich Acevedo ein. »Eine herrliche Gegend, völlig unberührt. Es gibt keine Weißen. Ich hab ein paar ausländische Professoren hingeflogen, Anthropologen.«

»Das Areal, das die Amis kaufen wollten, ist so groß wie Belgien. Und zu dem Indianerreservat gehören die Orte Gorotire, Menkranoti und Kuben-Krakeen, in denen 2500 Indios leben. Auf den Karten vom Amazonas, auch auf der, die ich habe, ist das Gebiet ganz eindeutig als *Reserva do Kayapó* eingezeichnet, 1991 von der Funai demarkiert und ausgewiesen. Aber im Grundamt von São Felix do Xingú, wo die Bezirksverwaltung sitzt, ist es auf die *fazendas* Carpana und Santa Margarida eingetragen, die Jovelino Nunes Batista aus Belém gehören.«

»Das ist ja unglaublich! Das *Kayapó*-Reservat hat zwei Besitzer, das ist ja ein Unding!«

»In der Tat. Die amerikanische Firma, ein Partnerunternehmen der Allied Cambridge in New York, hat erklärt, man habe nichts von einem Indianerreservat gewusst und in bestem Glauben gehandelt. Ihnen zufolge habe man nichts anderes getan, als zwei *fazendas* zu kaufen, um dort ökologische Projekte durchzuführen und Dschungelpflanzen und -kräuter zur Herstellung von Medikamenten zu erforschen. Die Untersuchungen sollten in Zusammenarbeit mit den Universtiäten von Campinas und des Bundesstaates Pará durchgeführt werden. Dem Journalisten Carlos Mendes zufolge deckten meine Kollegen vom Instituto de Tierras del Pará (Iterpa) die Machenschaften auf. Aber obwohl der Verkauf eindeutig illegal war, ist bis zum heutigen Tage nichts darüber bekannt geworden, dass die Justiz tätig geworden wäre. Allerdings hat das Nationale Institut für Siedlungswesen und Landreform, kurz INCRA, die großen Latifundien aus den Grundbüchern gelöscht, insgesamt hundert Millionen Hektar, eine Fläche, die annähernd so groß ist wie Frankreich und Deutschland zusammen. Mit der Löschung der Grundbucheintragung will man verhindern, dass die Großgrundbesitzer Land verkaufen, überschreiben oder gegen Beteiligungen abtreten können – zumindest dann nicht, wenn es zu einer Untersuchung kommt.«

Rubén fügte hinzu, dass der Bundesstaat Amazonas mit der Hauptstadt Manaus bei den betrügerischen Landgeschäften in Brasilien mit vermuteten achtzehn Millionen Hektar an dritter Stelle stehe, hinter Mato Grosso mit zweiundzwanzig Millionen und Pará mit der Hauptstadt Belém mit einundzwanzig Millionen. Das Ministerium für Landverteilung habe die Bundespolizei aufgefordert, die Beteiligten genau zu überprüfen, da man hinter dem fiktiven An- und Verkauf von Land Geldwäsche vermutete. Eine Kommission des Incra hatte in acht Gemeinden im Inneren des Bundesstaates Amazonas Untersuchungen angestellt und herausgefunden, dass achtzehn Millionen Hektar staatlicher Landbesitz unrechtmäßig den Besitzer gewechselt hatten.

Die betrügerischen Bodenspekulationen beruhen auf dubiosen Gerichtsurteilen in Landvermessungsprozessen. Die Großgrundbesitzer nehmen Land für sich in Anspruch, für das die Incra später bezahlt, um Leute dort anzusiedeln. Einer der verdächtigen Großgrundbesitzer erhielt 800000 Dollar als Entschädigung für ein Areal, das eigentlich dem Staat gehörte. Dieses Land hatte er durch gefälschte Register für sich beansprucht.

Der Unternehmer Faub Farias ist der König der Bodenspekulanten in Amazonien. Alleine in Canutama ergaunerte er sich drei riesige Ländereien: die Kautschukplantage Palha, ursprünglich knapp fünfhundert Hektar groß, umfasste nach einem abgekarteten Landausgleichsverfahren in Rio Branco plötzlich 365000 Hektar; die *fazenda* Jadibaru, 419 Hektar groß, wurde nach einem ähnlichen Prozess in sechsundzwanzig Parzellen zu je zwanzigtausend Hektar aufgeteilt; und die *fazenda* Novo Destino mauserte sich von einer bescheidenen Besitzung mit fünfhundert Hektar zu einem Anwesen von 247000 Hektar, von denen hundertundvier Hektar an die ONG Amazon Forever Green verkauft wurden. Das heißt, dass sich der Unternehmer alleine im Verwaltungsdistrikt Canutama eine Million Hektar Land aneignete, die er dann gewinnbringend verkaufte. Die mittlerweile verstorbenen Manuel Joaquín Pereira und Manuel

Fernández de Souza ließen Hunderte ländlicher Parzellen in 83 Gemeinden des Bundesstaates auf ihre Namen eintragen, insgesamt neun Millionen Hektar, die ausnahmslos dem Staat gehörten. Das Kreditinstitut Almeida kaufte sieben Millionen Hektar Land an, aber bei einer Überprüfung stellte sich heraus, dass die Familie, die es der Gesellschaft verkauft hatte, dieses Land nie besessen hatte. Vier Millionen Hektar davon gehörten seit 1923 dem Bundesstaat Pará, zwei Millionen dem Incra, 199000 der Funai und 268000 der Armee. Die Regierung von Pará klagte auf Annullierung der Transaktion und bekam Recht. Das Land durfte nicht verkauft werden, konnte aber vor einem endgültigen Gerichtsentscheid auch nicht anderweitig genutzt werden.

Die ersten Stichproben, die zudem nicht umfassend in allen Gegenden Brasiliens durchgeführt wurden, förderten eine solche Menge an Irrtümern und Betrügereien zu Tage, dass es einem hohen Funktionär des Incra entfuhr: »Sollte eines Tages bei allen Latifundien überprüft werden, wie sie entstanden sind, dann ist zu befürchten, dass alle Richter und Gerichte des Landes nicht ausreichen werden, um die Betrüger zur Rechenschaft zu ziehen.«

»Wenn man in allen Distrikten Untersuchungen durchführen würde, kämen noch mehr Fälle ans Licht«, sagte Rubén.

Der allgegenwärtige Landbetrug hat seinen Ursprung in der Zeit der Kolonialisierung Brasiliens und Amazoniens durch die portugiesische Krone – es gibt kein zentrales Grundbuch, sondern Gemeinderegister, bundesstaatliche und staatliche Register, die nicht vereinheitlicht wurden, was eine staatliche Kontrolle erschwert. Außerdem legen die *grileiros* (so heißen die Spekulanten im Volksmund) mit dem stillen Einverständnis korrupter Beamter Fälschungen alter Urkunden vor, die ihren Anspruch auf das Land bestätigen. Linkspolitische Organisationen warfen Beamten der Grundämter vor, gegen zehn Kasten Bier Besitzurkunden zu beglaubigen.

»Der Regenwald ist sehr groß, und die geografischen Vermessungen sind nicht besonders genau ... Man muss Satelliten einsetzen ...«, erklärte Rubén. »Und außerdem gibt es nicht genügend Techniker und Behörden, um die Vermessungen zu kontrollieren.«

Wir ließen den Rio Madeira hinter uns und folgten nun der Bundesstraße von Porto Velho nach Rio Branco, der BR-319, fast sechshundert Kilometer Asphalt. Als sie in den Achtzigerjahren gebaut wurde, regte sich Protest, der linke Parteien, Naturschützer und Landarbeitergewerkschaften vereinte, darunter auch Chico Mendes. Die Zerstörung des Regenwaldes wog die möglichen wirtschaftlichen Vorteile nicht auf.

Aus der Luft betrachtet, sah die Landschaft nicht mehr amazonisch aus: sanfte Hügel mit lichtem Gras, kahle Felder und hier und dort ein paar Bäume. Man hätte meinen können, man flöge über die Kulturlandschaft Englands.

»Gibt es viel Koka hier in der Gegend?«, fragte ich Acevedo.

Im Flugzeug entstand ein unbehagliches Schweigen. Die beiden Passagiere auf den hinten Sitzen schliefen oder taten so, als ob sie schliefen. Unten sah ich das schmutzigbraune Wasser der Flüsse Andirá, Xapurí und Acre rund um Rio Branco. Die Bretterbuden und Slums lagen an den Ufern des Acre und gruben sich tief in die Stadt. Rund um den Flughafen war die Landschaft kahl, fast baumlos.

»Hab ich Sie gefragt, was Sie in Ihrer Tasche haben?«, antwortete Acevedo. »Ich interessiere mich nicht dafür, was jemand dabeihat, ich stelle keine Fragen. Wir Piloten sind nicht dafür verantwortlich, was unsere Passagiere transportieren.«

Acevedo war verärgert.

Neun

Ich fand das Gebäude der Gewerkschaft der Kautschukzapfer und Landarbeiter in der Rua do Palmeiral, einer unasphaltierten, schlammigen Straße am anderen Ende der eisernen Brücke, die über den Rio Acre führte. Es war ein Fußmarsch von vierzig Minuten, vorbei an räudigen Hunden, die sich um Abfallreste balgten, an frei laufenden Hühnern, niedrigen Häusern auf Stelzen, Imbissbuden, Geschäften ohne Ladenschilder und Schuppen, in denen Reifen repariert wurden. Ich erkannte die Gewerkschaft, ein einfaches Gebäude aus groben Holzbrettern auf hohen Holzpfählen, an dem schwarzen Schriftzug an der Fassade. Daneben lächelte das mit einer Schablone gemalte Gesicht von Chico Mendes.

Der faulige Geruch, der aus dem trüben braunen Wasser des Rio Acre aufstieg, über dem Wolken von Moskitos schwebten, drang bis zu dem Gewerkschaftsgebäude.

Ich ging die Holztreppe hinauf und betrat das Wartezimmer. Dort stand eine lange Bank an der Wand, und die einzige Dekoration bestand aus alten Plakaten von Chico Mendes, Informationstafeln gegen Infektionskrankheiten und einem Wahlaufruf. Zwei Männer und eine Frau saßen an einem Ende der Bank und schwitzten in der feuchten Hitze.

Ich wurde von Genossin Eteria empfangen, einer hageren Frau mit Brille.

»Der Erste Vorsitzende ist nicht da, aber der Zweite Vorsitzende hat Zeit für Sie.«

Sie führte mich in das zweite Zimmer, den Versammlungsraum, ein Zimmer ohne Möbel und mit schiefem Fußboden. Der Zweite

Vorsitzende, Francisco Aldemir Fiesca, saß in einer Ecke an einem winzigen Tischchen, das aussah wie ein Küchentisch, und blätterte in Unterlagen. An einer der Wände hing eine große Tafel, auf der mit Kreide geschrieben stand: »10:30, Juan *Marí,* spanischer Journalist«, sowie weitere Tagestermine und zu erledigende Aufgaben. Auf dem Tischchen stand das einzige Telefon der Gewerkschaft. Jedes Mal, wenn jemand anrief, mussten wir unser Gespräch unterbrechen.

Francisco Aldemir war sechsundvierzig Jahre alt und hatte bis zu seinem zweiundzwanzigsten Lebensjahr auf einer Kautschukplantage gearbeitet. Jetzt bewirtschafteten seine fünf Söhne, ebenfalls *seringueiros,* ihr eigenes Land von zwanzig Quintales. Sein breites portugiesisches Bauerngesicht wirkte wie aus dunklem, rauem Holz geschnitzt, aus dem die Augen hervorleuchteten.

Ich hatte mich nach dem Aufenthaltsort von Diodoro Souza erkundigt, und er sah in der Liste mit den neuen Gewerkschaftsmitgliedern nach, wobei er beim Umblättern der Seiten den Finger befeuchtete.

»Der Name Souza kommt mir bekannt vor. Aus Manaus, oder? Er ist vor kurzem in die Gewerkschaft eingetreten«, sagte Eteria.

Ich bestätigte das, und der Zweite Vorsitzende las weiter, während er die Lippen bewegte und mit dem Finger die Liste mit den Namen entlangfuhr. Francisco Aldemir hatte mit Hilfe der Gewerkschaft Lesen und Schreiben gelernt. 75 Prozent der Mitglieder waren Analphabeten, und eines der Ziele der Organisation bestand darin, ihnen in den Schulen, die die Links-Regierung von Acre einrichten wollte, das Lesen und Schreiben beizubringen – kein einfaches Unterfangen, denn die *Seringueiro*-Familien lebten in Gebieten von der Größe europäischer Länder verstreut, ohne Verbindung zur Außenwelt und sehr weit voneinander entfernt. 15 000 *Seringueiro*-Familien gab es in Acre.

Schließlich tauchte ein Name in der Liste auf.

»Hier ... Souza, aus Manaus ... Diodoro Souza.«

»Das ist er.«

»Es ist nicht häufig, dass jemand aus Manaus kommt ... Kautschukpflanzung *As Amazonas,* ungefähr fünfunddreißig Kilometer von Xapuri, fünfundzwanzig Quintales. Er hat eine Frau und vier Kinder dabei.

Niemand außer Diodoro würde eine Kautschukpflanzung *As Amazonas* nennen – die Amazonen.

»Ich wusste nicht, dass er vier Kinder hat.«

»Hier steht es ... vier Kinder. Seine Frau heißt Baldiza Alenzar de Souza. Wissen Sie, wir kämpfen für die Landverteilung«, erklärte Francisco Aldemir. »Jede Familie erhält bis zu fünfzig Quintales, wenn die Parzelle weitab von der nächsten Stadt liegt und viele Kinder da sind. Wenn eine Stadt in der Nähe liegt, bekommen sie zwischen zehn und fünfundzwanzig Quintales. Wir gehen nach derselben Methode vor wie die Bewegung der Landlosen: Wir besetzen brachliegende *fazendas.*«

»Werden Sie von der Regierung unterstützt?«

»Vor einem Jahr hat in Acre eine Volksfront aus elf Parteien die Wahlen gewonnen, angeführt von der Arbeiterpartei Lula da Silvas, dem Metallgewerkschaftler aus São Paulo. Die Regierung subventioniert jedes Kilo Kautschuk mit vierzig Céntimos. Der Marktpreis liegt bei sechzig Céntimos. Das heißt, an jedem verkauften Kilo verdienen unsere Mitglieder einen Real.«

»Und wie viel Kilo Kautschuk kann man an einem Tag gewinnen?«

»Kommt darauf an ... Nicht alle Bäume sind gleich ... nicht mal annähernd.«

»Auch die Leute sind nicht alle gleich. Manche arbeiten mehr, manche weniger«, sagte Genossin Eteria.

»Ja, klar. Aber so im Schnitt?«

»Etwa zehn Kilo am Tag; weniger ist unmöglich.«

»Das wären am Monatsende dreihundert Reais minimum. Reicht das für eine Landarbeiterfamilie?«

»Dreihundert Reais? Natürlich reicht das!«, beteuerte der Zweite Vorsitzende. »Sie kennen Brasilien nicht … und Amazonien schon gar nicht. Die meisten Familien im Land leben von hundertfünfzig Reais oder weniger im Monat.«

»Warten Sie, das kann der Genosse aus Spanien nicht wissen … Diese ganzen Subventionen gehen auf ein Gesetz zurück, das Gesetz Chico Mendes, das letztes Jahr von der Regierung verabschiedet wurde. Darin geht es um die Einführung der extrativistischen Reservate, etwas, wofür unsere Gewerkschaft seit fast zwanzig Jahren kämpft und wofür sich auch Chico eingesetzt hat. Wissen Sie, was das ist?«

»Nein.«

»Ein extrativistisches Reservat ist eine familiäre Produktionseinheit. Diese Einheiten sind zu Kooperativen zusammengeschlossen … und sie produzieren nicht nur *seringa,* also Kautschuk, sondern auch Paranüsse, Guarana, Bananen … was die Kooperative halt auf die Beine stellt … Und jede Familie hat ihren Nutzgarten, ihre Haustiere … und wenn es einen Fluss oder einen See in der Nähe gibt, fischen sie auch.«

»Das heißt also, dass dreihundert Reais genügen?«

»Es ist genug. In Brasilien verdienen dreißig Millionen Menschen keine hundert Reais im Monat.«

»Wenn ich Ihnen sagen würde, was ich verdiene …«, sagte Genossin Eteria.

Dreihundert Reais sind dreißigtausend Peseten. Aber ein feines Hemd im Mira Shopping, dem einzigen amerikanischen Einkaufszentrum in Rio Branco, kostet 156 Reais. Ein Kilo Fleisch auf dem Markt kostet zehn Reais, so viel wie eine große Pizza. Ein einfaches

Essen in einer Garküche bekommt man für zwei Reais, genau so viel, wie ein Bier kostet oder ein Erfrischungsgetränk. Aber ein Essen in einem richtigen Restaurant – und das muss kein Luxusschuppen sein – kostet mindestens dreißig Reais. Likör und Whisky sind nur in Städten wie Manaus, Belém oder Marabá ein Thema und werden nur in den gehobenen Kreisen konsumiert. Die einfachen Leute betrinken sich mit billigem Cachaça, einem *Pinga* für zwei Reais die Flasche, auch wenn es bessere und teurere gibt. In Manaus habe ich *caxiri* getrunken, das Getränk der Indios und Uferbewohner auf der Basis von Wasser und *manicuera,* vergorenem Maniok.

Die Kluft, die in Brasilien, und noch mehr in Amazonien, zwischen Arm und Reich und Armen und ganz Armen herrscht, ist größer als der Abstand der Erde zum Mond.

»Die Verabschiedung dieses Gesetzes, der Lex Chico Mendes, zur Subventionierung des Kautschuks war die erste Amtshandlung der Links-Regierung, als sie 1999 die Wahlen gewann. Unser Gouverneur Jorge Viana war ein Freund von Chico Mendes, der den Wahlkampf für ihn organisiert hat«, warf Genossin Eteria mit einem Lächeln ein.

Dann erklärte sie, dass Acre immer ein gesetzloser Bundesstaat gewesen sei, regiert von einer korrupten Verwaltung, örtlichen Kaziken und bezahlten *pistoleiros,* die still und leise Gewerkschaftsführer und Linksaktivisten ermordeten, die sich gegen die Zustände auflehnten.

»Und jetzt ist es anders?«

»Es beginnt sich zu ändern ... auch wenn es schwierig ist, sehr schwierig, hier in Amazonien etwas zu ändern ... Die Regierung hat die gesamte Bevölkerung gegen Gelbfieber, Dengue und Malaria geimpft und ist dabei, die Polizei und die Behörden zu säubern ...«

Sie wollte mir noch mehr über die Regierung der Volksfront erzählen, aber das Telefon klingelte. Es hatte bereits dreimal geklingelt. Nach einer Weile legte Genossin Eteria die Hand auf den Hörer und fragte:

»Wollen Sie eine Landbesetzung sehen?«

Ein paar Stunden später saß ich in einem klapprigen Jeep neben Nelson, einem Mitglied der Gewerkschaft, und zwei weitere Personen, einem Mann und einer Frau, sauber gekleidet und stumm wie Statuen. Es waren die Abgesandten der Landbesetzer. Der Mann hieß Joselino Aramayo und war ausgemergelt wie ein indischer Fakir; die Frau, Dorotea Camõens, trug Shorts aus einer abgeschnittenen alten Hose ihres Mannes und Markenturnschuhe, die sie, wie sie sagte, in der Mülltonne eines reichen Haushalts gefunden habe.

Sie erzählte mir, dass sie vierundzwanzig Jahre alt sei und zwei Kinder habe. Ich war überrascht. Ich hätte sie auf vierzig geschätzt.

Der Jeep fuhr über die unasphaltierten Straßen von Barackensiedlungen, vorbei an baufälligen Hütten und Bretterbuden, vor denen Männer in Lumpen auf dem Boden hockten. In den Türen oder unverglasten Fensteröffnungen lehnten magere, barfüßige Frauen und sahen schweigend zu, wie wir an ihnen vorbeifuhren. Nackte Kinder spielten zwischen Schweinen und Hunden im Morast. Hier und dort waren Hühner zu sehen, die mit einem Seil an den Hüttentüren festgebunden waren. Kurz darauf bog der Jeep in die schlammigen Dschungelpisten ein.

Ich erfuhr, dass die Besetzung der *fazenda* Bauru, die einem gewissen Elvando Alburquerque gehörte, auch »Auto-Noel« genannt, bereits vor zwei Monaten stattgefunden hatte, aber in der vergangenen Woche hatte Richter Oldair Longuini zugunsten des Besitzers entschieden, und daraufhin war die Polizei angerückt und hatte die vierzig Familien, die das Land besetzt hatten, vertrieben.

»Dieser Herr, der Eigentümer, ›Auto-Noel‹, hat auf der *fazenda* Viehzucht betrieben, so vor zwanzig Jahren mag das gewesen sein, aber der Boden verdorrte, und er überließ das Land dem Dschungel. Seit über zwanzig Jahren liegt es brach. Dieser Herr besitzt noch viel mehr Ländereien in Sena Madureira, und außerdem handelt er auch mit Autos und hat viel Geld auf der Bank«, erklärte mir Dorotea. »Ich weiß nicht, was wir ihm Böses getan haben; auf dieser *fazenda* gibt es nichts als Gestrüpp. Sie werden sehen, Senhor.«

Joselino war wortkarger als Dorotea und nickte zu allem, was sie sagte. Er hatte sehr dunkle Haut, die fast schwarz war von der ständigen Sonne, und ein hageres Gesicht, in dem die Haut über den Knochen spannte. Seine Augen glühten wie Kohlen.

»Wir Armen haben immer das Nachsehen. Nichts als Mühsal und Plackerei«, ergänzte er.

Sobald die Polizei abgerückt war, waren die vierzig Familien wieder auf die *fazenda* zurückgekehrt. Aber nach einigen Tagen bekamen sie unerwarteten Besuch von einer Truppe von elf oder zwölf *yagunzos,* die randvoll mit Cachaça und bis an die Zähne bewaffnet waren und die Hütten niederbrannten und die Saat vernichteten. Sie sagten, dass sie niemanden mehr dort sehen wollten, oder es werde Tote geben. Sie drohten damit, alle an Ort und Stelle umzubringen. Aber sechs Familien hatten die Warnung in den Wind geschlagen und harrten in der Nähe aus, in einer Baracke aus grob zusammengezimmerten Brettern.

Die Leute von der Gewerkschaft fürchteten um das Leben dieser Verrückten. Auch wenn die neue Regierung ihren Wählern Unbestechlichkeit und Transparenz versprochen hatte, war ein Menschenleben nach wie vor sehr wenig wert in Amazonien. In jeder Kneipe konnte man einen *pistoleiro* engagieren, einen *yagunzo.* Nicht mitgerechnet die mehr oder weniger legalen Trupps von privaten Leibwächtern, die jedermann unterhalten konnte.

»Viele *pistoleiros* sind gleichzeitig Polizisten«, sagte Nelson, der sich die Namen der sechs hartnäckigen Familien aufschreiben wollte, um zu verhindern, dass die *yagunzos* ihre Morddrohung wahr machten. »Unter der neuen Links-Regierung ist es ein bisschen besser geworden, aber gelöst ist die Sache nicht. Der Regenwald ist voll von Dieben, Mördern, Deserteuren und Goldsuchern, die für ein paar Münzen zu allem bereit sind. Du kannst in zwei Stunden eine Armee von *yagunzos* zusammentrommeln, wenn du die richtigen Orte kennst.«

»Sie hatten Gewehre ... Maschinengewehre ... Pistolen ... sie haben uns aus unseren Häusern getrieben und angefangen, Feuer mit Benzin zu legen«, erzählte Dorotea weiter. »Wir konnten kaum etwas retten.«

»Sie haben meine Schweine getötet ... Drei kleine Schweinchen hatte ich ... die haben sie mitgenommen ...«, beteuerte Joselino.

»Die Hühner, die Schweine, unsere Häuser. Wir haben alles verloren«, ergänzte Dorotea. »Was sollen wir jetzt tun?«

Der Jeep hielt am Waldrand, und Dorotea und Joselino zogen die Schuhe aus und hängten sie sich an den Schnürsenkeln um den Hals. Unter Wolken von Moskitos stapften wir in der brütenden Hitze über einen morastigen Pfad durch mannshohes Dickicht. Manchmal tauchten vereinzelte Baumgruppen auf.

Nach einer Dreiviertelstunde Marsch begegneten wir einem barfüßigen Mann mit einem Jungen, die blanke Machete in der Hand. Ohne einen Gruß setzten sie ihren Weg fort, bis sie lautlos im Dickicht verschwanden.

Der Himmel wurde bedrohlich dunkel. Ich hatte mich mit Mückenschutzmittel eingerieben, aber ich konnte um mich herum Schwärme von Moskitos sirren hören, die manchmal zwischen meine Brille und meine Augen gerieten. Kurz darauf gab es einen dieser plötzlichen Wolkenbrüche, die typisch sind für Amazonien. Ich zog mein Hemd aus und verstaute es in dem wasserfesten Rucksack. Ich wusste nicht, wohin wir gingen.

Plötzlich sahen wir durch den dichten Regen hindurch die Baracke. Sie bestand aus einem palmgedeckten Dach, das auf Holzpfosten ruhte und vollständig ohne Wände auskam. Ein Zinkdach auf Holzpfählen schützte eine Holzfeuerstelle vor dem Regen. In der Baracke drängten sich etwa dreißig Personen, Männer und Frauen jeden Alters. Sie sahen uns mit starren Blicken an. Eine Gruppe von barfüßigen, halbnackten Kindern spielte neben einigen ausgehungerten Hunden im Schlamm und im Regen. Mehrere Frauen hatten Säuglinge auf den Armen.

Als sie Nelson erkannten, standen sie auf und empfingen uns lachend und schulterklopfend, als wären wir die Heiligen Drei Könige. Sie boten uns Reis und Bohnen an, die ihnen die Kirche gebracht hatte, und begannen sich mit Nelson zu unterhalten. Der machte sich gleich daran, die Namen der Familienoberhäupter sowie sämtlicher Personen zu notieren, für die sie verantwortlich waren. Ich hörte, wie einer der Männer zu Nelson sagte:

»Wir sind bereit zu sterben. Wir gehen nicht von hier weg.«

Es gab Hängematten und Matratzen mit Wolldecken, die eine kirchliche Organisation vorbeigebracht hatte. Diese dreißig Menschen hatten ihre gesamte Habe bei sich, die sich auf Wäschebündel und ein paar Ackergeräte beschränkte. Niemand, der in diesem improvisierten Lager übernachtete, hatte ein anderes Zuhause als dieses; genauso wenig wie die übrigen der vierzig Familien.

Dorotea erzählte mir, dass sie, ihr Mann und die beiden Kinder aus Minas Gerais über Porto Velho nach Rio Branco gekommen seien. In Rio Branco hatten sie zur Untermiete in einer Hütte im Slum Cidade Nova gewohnt und als fliegende Händler für Textilien gearbeitet. Gelegentlich waren sie auch putzen gegangen. Die Hütte, die sie gemietet hatten, war ein Verschlag von drei mal drei Metern gewesen, dessen Dach aus Teerpappe bestand, die sie von einer Pfarrei bekommen hatten. Darauf legten sie Palmblätter. Da sie nie in dem Verschlag waren, den sie ihr Zuhause nannten, wurde ihnen die Teerpappe gestohlen, und in der Pfarrei wollte man ihnen keine neue geben, weil man annahm, dass sie sie verkauft hätten. »Wir lebten einige Tage auf der Straße, bis wir von der Besetzung der *fazenda* Bauru hörten«, erzählte mir Dorotea.

Der Regen hörte auf, und Dorotea und Alcides, ein alter Mann, der von seiner Schwester María da Conceição begleitet wurde, erklärten sich bereit, mich zu den Resten des Dorfes in der Nähe des Cigana-Sees zu führen, zwei Kilometer vom Lager entfernt. Wir stapften schweigend durch den Schlamm, einen Trampelpfad entlang. Drei Kinder liefen uns hinterher, aber Alcides befahl ihnen, zu den anderen zurückzukehren.

Sie erzählten mir, dass sich die vierzig Familien in zwei Gruppen aufgeteilt hatten, die einen halben Kilometer voneinander entfernt wohnen. Alcides sagte:

»Jede Familie bekam eine Unterkunft und eine kleine Parzelle zur persönlichen Nutzung, und dann hatten wir die Gemeinschaftsfelder ... Wir haben auch darüber nachgedacht, nach und nach Vieh anzuschaffen, zwei oder drei Kühe wegen der Milch für die Kinder.«

»Haben alle beim Bau der Häuser geholfen?«, fragte ich Alcides.

»Die Bäume haben wir gemeinsam gefällt, weil viele Familien weder Äxte noch Sägen hatten. Dann baute jede Familie ihr Haus ... aber wir haben alle mitgeholfen ... Wir haben auch eine Schule gebaut, mit Bänken und allem Drum und Dran. Eine Schule für achtundvierzig Kinder. Ein paar Nonnen haben uns eine Tafel und Hefte versprochen.

»Und Bücher ... na ja, halt das, was man so braucht, um Lesen zu lernen, wissen Sie. Stifte, Hefte, Bücher«, ergänzte Dorotea.

Maria da Conceição, die Schwester des alten Alcides, bekreuzigte sich.

»Diese Verbrecher haben alles in Brand gesteckt.«

Alcides und seine Schwester trugen alte Straßenschuhe. Dorotea und Joselino waren immer noch barfuß. Ein Schwarm Aras flog über unsere Köpfe hinweg nach Westen. Riesige Schmetterlinge flatterten ziellos durch das Unterholz. Wir befanden uns nicht im Regenwald, auch wenn es den Anschein hatte. Diese Gegend war bereits vor über zwanzig Jahren mehrmals gerodet worden. Ich sagte ihnen, dass womöglich weniger die *yagunzos* das Problem seien als vielmehr die Entscheidung des Richters, die *fazenda* Bauru zu »nicht verlassenem Land« zu erklären.

Nelson erzählte mir, dass die unorganisierte Besetzung von Land oder von leerstehenden Gebäuden in den Städten eine übliche Praxis sei. Viele Grundbesitzer hofften förmlich auf die Besetzungen, nachdem sie das Land gerodet und ausgelaugt hatten, um es zu überteuerten Preisen an den Staat zu verkaufen. Der Staat übereignete es dann den Besetzern, sofern sie sich in Kooperativen organisierten.

Nelson, der Anwalt werden wollte, räumte ein, dass es auch zu Gaunereien unter den Landbesetzern kam. Manchmal warteten sie, bis ihnen das Land gehörte, um es dann weiterzuverkaufen und woanders mit der gleichen Masche erneut ihr Glück zu versuchen.

»Leider gibt es viele Underdogs in den Städten, die Wind von dem Geschäft bekommen haben. Außerdem tragen die unorganisierten Besetzungen zur Verslumung und dem Chaos in den Städten bei ... Man kann überall eine Hüttensiedlung ohne irgendwelche sanitären Anschlüsse bauen. Das zieht wiederum weitere Besetzer an, und in weniger als einem Jahr gibt es ein Elendsviertel mit Prostitution, Drogen, Ausgrenzung, Seuchen, Raub und Morden ... Es ist nicht so einfach.«

»Das hört sich so an, als ob euch spontane, unorganisierte Besetzungen nicht sehr recht sind.«

»Ja, das passt uns nicht. Das stimmt. Die Stärke der Gewerkschaftsbewegung sind Einigkeit und Organisation. Sieh dir die Landlosen an: Die sind beneidenswert gut organisiert.«

»Arbeitet ihr mit der Bewegung der Landlosen zusammen?«

»Manchmal.«

Nichts ist einfach in Amazonien. Aber für die einen ist es einfacher als für die anderen.

Wir erreichten eine Lichtung, die die Familien der Siedler mit ihren Macheten gerodet hatten, und vor uns tauchte die erste niedergebrannte Hütte auf. Dorotea, Alcides und Maria da Conceição blieben davor stehen. Die Hütte war nicht größer als zwanzig Quadratmeter, ohne Fenster und Türen ... Sie war gerade einmal halbwegs vor dem Regen geschützt. Aber für einen, der nichts hatte, buchstäblich nichts, musste das viel sein. Das jedoch, was nach dem Besuch der *yagunzos* übriggeblieben war, war noch weniger, es war nichts weiter als ein Haufen verkohlter Pfosten, versengter, Palmwedel.

Der Nutzgarten war verwüstet, zertrampelt, Mais, Bohnen, Zwiebeln und Maniok wuchsen darin ... Nicht weit davon standen Bananenstauden, grüne und gelbe Bananenbüschel hingen bis fast auf die Erde. Maria da Conceição begann leise zu weinen, ihr Bruder Alcides schämte sich und ging rasch auf dem Pfad weiter.

Die Reste der verbrannten Hütten, sechzehn insgesamt, standen entlang des Weges. Sie sahen alle gleich aus, mit Ausnahme der Schule, die größer war. Dort hatten die *yagunzos* ganze Arbeit geleistet; bevor sie sie mit Benzin übergossen hatten, hatten sie mit Äxten die Tische zerschlagen, die als Pulte hatten dienen sollen.

Dorotea nannte mir die Namen der Familien, denen die Hütten gehört hatten. Es begann erneut zu regnen, und ich zog das Hemd wieder aus. Die drei schien der Regen nicht zu stören, der ihnen ins Gesicht schlug.

Zehn

Acre ist einer der jüngsten Bundesstaaten in der Geschichte Brasiliens. Er wurde, ähnlich wie Alaska, im Jahre 1906 für die Summe von zwei Millionen Pfund Sterling von Bolivien erworben. Ein Umstand, der den Behörden nicht sonderlich zu gefallen scheint, denn er taucht nicht in den Geschichtsbüchern auf, mit denen die Kinder in der Schule lernen. Acre ist 152 589 Quadratkilometer groß und hat etwa 400 000 Einwohner, von denen die Hälfte in der Hauptstadt Rio Branco lebt, die 1877 unter dem bolivianischen Namen Puerto Alonso gegründet wurde und seit 1912 Stadtstatus besitzt. Während des Kautschukbooms gab es in der Region riesige Kautschukplantagen, deren Besitzer die eingeborenen Völker und die Einwanderer aus dem Nordosten Brasiliens, die vor der Armut und der Dürre geflohen waren und als Tagelöhner auf den *seringuales* arbeiteten, gnadenlos ausbeuteten und zugrunde richteten.

In der öffentlichen Bibliothek fand ich keine Studien über das Ausmaß des Genozids an den Indios in Acre. Nicht einmal in den offiziellen Publikationen zum hundertsten Jahrestag der Unabhängigkeit im Jahr 1999, dem Jahr, in dem die Volksfront gerade an die Regierung gewählt worden war, wird das Massaker erwähnt. Dafür wird der Demütigungen und der Misswirtschaft gedacht, die von der fernen Hauptstadt Brasiliens ausgegangen waren.

Jorge Viana, der derzeitige Gouverneur von Acre und ein bekannter Linksaktivist, erklärte in einer offiziellen Publikation: »Wir wollen die Erinnerung an dieses großartige Ereignis [gemeint ist die Gründung des unabhängigen Bundesstaates Acre] zum Anlass nehmen, um Brasilien einen neuen föderativen Pakt vorzuschlagen. Die

Bundesstaaten dürfen nicht länger bevormundet werden. In Acre, das während seiner hundertjährigen Geschichte die meiste Zeit in der demütigenden Situation eines von der Zentralregierung verwalteten Territoriums war, weiß man, dass Abhängigkeit zu Unrechtsverhältnissen führen kann, die eine Aushöhlung der regionalen Wirtschaft und eine chronische Rückständigkeit zur Folge haben.«

Vor der Eröffnung der Bundesstraße von Porto Velho nach Rio Branco im letzten Drittel des 20. Jahrhunderts war Acre praktisch von Brasilien und dem Rest der Welt abgeschnitten. Die Region war nur unter großen Schwierigkeiten auf dem Wasserweg von Manaus oder Bolivien zu erreichen. Durch die Straße ist Acre zur letzten Zuflucht der Besitzlosen Brasiliens geworden, die auf der Suche nach Land in Scharen herbeiströmen. Die Straße beginnt in Cuibá, in Mato Grosso, führt über Porto Velho und Rio Branco nach Cruceiro do Sul und dann über die peruanische Grenze bis Pucallpa. Es ist geplant, sie bis zu den Seehäfen und dem Markt im Osten auszubauen. Trotz der Kredite aus Japan, Brasilien und von internationalen Institutionen hat die peruanische Regierung diese Straße, die den Produkten aus Amazonien den Markt in Fernost öffnen würde, noch nicht zu Ende gebaut.

Während des Kautschukbooms war diese abgelegene Gegend, in der die Oberläufe der großen Nebenflüsse des Amazonas wie der Purús, der Juruá und der Javarí liegen, der größte Kautschukproduzent Amazoniens. Fünfzig Prozent des Ertrags kamen aus Acre. Jetzt versucht die Regierung durch Subventionen den Kautschuk wieder aufzuwerten, kombiniert mit Projekten zur Produktion von Kakao, Kaffee, Guarana und vor allem Holz.

Die große, heruntergekommene Praça Plácido de Castro ist das Zentrum von Rio Branco. In den Grünanlagen, die nicht allzu viel

Schatten spenden, kann man sich während der kurzen tropischen Abenddämmerung an Verkaufsständen und Getränke- und Imbissbuden die Zeit vertreiben. Die Kaserne der Militärpolizei liegt dort und weiter unten das Gebäude der Telefongesellschaft, der Gouverneurspalast und die Zentrale der Bank von Brasilien.

Um halb sieben wurde es schlagartig dunkel auf der Praça. Als hätte jemand einen Schalter umgelegt. Dann schlossen die Getränke- und Imbissstände, und auch der ambulante Fotograf machte Feierabend. Wenn man Geld hatte, konnte man in die Restaurants der Stadt gehen, die bis zehn Uhr geöffnet hatten, oder in das einzige Einkaufszentrum, das Mira Shopping, das ebenfalls an der Praça liegt – ein Symbol der Moderne, die sich ihren Platz erkämpft. Wenn man kein Geld hat, geht man am besten nach Hause. Alle warnten mich davor, abends durch die Stadt zu laufen.

Das Mira Shopping wurde vor allem von Jugendlichen frequentiert. Sie bummelten durch die zwei, drei schicken Boutiquen und die flippigen Schuhgeschäfte oder statteten dem Juwelier, dem Burgerladen und den zwei kleinen Schnellrestaurants, wo nach Gewicht bezahlt wurde, der Eisdiele und der Cafeteria einen Besuch ab, dem einzigen Ort in der Stadt, wo man Expresso trinken konnte. Im Obergeschoss gab es eine Bowlingbahn.

Ich saß an einem der beiden Tische des Imbissstands »São Sebastião« auf der Praça Plácido de Castro. Ich trank Bier und hatte gerade Spaghetti mit Reis und Maniok von einem Mehrweg-Plastikteller gegessen. Es war sechs Uhr abends, und die schwüle Hitze drang einem in jede Pore. Die meisten Verkaufsstände und Imbisswagen waren dabei zu schließen, und die Dämmerung legte sich über den Platz. Außer mir befand sich nur noch ein weiterer Gast im »São Sebastiãno«, ein hagerer Bursche mit Hut, Schnurrbart und auffälligen Stiefeln. Er hatte schon vier Brahma-Bier intus.

Eine Indiofamilie lief an uns vorbei in Richtung Hafen. Der Mann, eine schmächtige Gestalt mit Hut und Jeans, ging voran; ihm folgte die Frau mit einem Stoffbündel auf dem Kopf und einem Kleinkind auf dem Arm. Sie war sehr klein, hatte geflochtene Zöpfe und lief barfuß. Ich sah zu, wie sie über den Platz gingen. Ich hatte nichts Besseres zu tun.

»Da laufen sie, diese Hurensöhne«, entfuhr es dem Typ mit den Stiefeln. Er sah mich an. Ich erwiderte den Blick, ohne ihm zu antworten. Er sprach weiter: »Sie wirken harmlos, aber es sind Wilde; allesamt verhurte Diebe und Säufer ... Wenn sie können, bringen sie dich um und rauben dich aus ... Diese Arschlöcher haben meinen Freund umgebracht, meinen Bruder.«

Er stand auf und begann ihnen hinterherzubrüllen:

»Ihr Wilden, ihr Teufel, ihr Hurensöhne, ich bring euch um!«

Die Indiofamilie tat so, als ob sie nicht gemeint sei, und ging zügig weiter. Bald war sie in der Dunkelheit verschwunden. Da ich ihm nicht antwortete, wandte sich der Betrunkene an den Wirt des »São Sebastiãno«:

»Es sind Wilde. Ich mag die Indios nicht. Das sind gottlose Mörder.«

»Sie sind Kinder Gottes«, entgegnete der Wirt.

Der Typ wandte sich wieder an mich.

»Nein ... sie sind Hurensöhne ... Hundesöhne ... das sind sie.«

»Mach keinen Ärger, der Herr ist Tourist.«

»Tourist ...« Er sah mich erneut an. »Aber sie haben meinen Freund umgebracht und sein Gewehr mitgenommen ... Wie ein Bruder war er für mich ... Ich hab sie alle kopfüber aufgehängt und ihnen die Kehlen durchgeschnitten ... Sie sind Diebe, Mörder, Teufelskerle, das sind sie.«

Ich wusste nicht, was ich darauf sagen sollte, und gab keine Antwort. Der Wirt hatte wohl beschlossen, ebenfalls nichts mehr zu sagen, und räumte weiter den Stand auf. Ihm war anzumerken, dass er Feierabend machen und nach Hause gehen wollte. Aber ich hatte mein Bier noch nicht ausgetrunken.

Ich musste an Darcy Ribeiro denken: »Der Laie, der sich für die Indianer Brasiliens interessiert, muss sich mit einer schmalen, von Vorurteilen und Unkenntnis zeugenden Bibliografie zufrieden geben. Trotz des Medieninteresses an den Indianern in den letzten fünfundzwanzig Jahren beschränkt sich das, was man aus den Zeitungen und dem Fernsehen über die Indios erfährt, auf Bruchstücke, oberflächliche Geschichten und folkloristische, stark simplifizierende Bilder.«

An diesem Tag hatten die Zeitungen berichtet, dass am Oberlauf des Taraucá, an der Grenze zu Peru, etwa zwanzig Kilometer von der Ortschaft Jordán entfernt, vier Gruppen von *Pano*-Indianern entdeckt worden seien, nach Schätzungen der Funai bis zu sechshundert Menschen. Diese Indios hätten noch nie Kontakt mit Weißen gehabt.

Die Siedler am oberen Taraucá nennen die traditionell lebenden, nicht akkulturierten Indianer »Wilde«. Der Anthropologe Manuel Pereira Neto, Leiter der Funai in Acre, erklärte in der Zeitung, dass er dafür plädiere, sie von der Zivilisation fernzuhalten und ein Reservat von 142600 Hektar mit einem Umfang von 239 Kilometern auszuweisen, um eine Begegnung mit Weißen zu verhindern.

»Wir wollen keinen Kontakt zu diesen Indios herstellen«, erklärte der Anthropologe, »denn mit ihm kommen die Grippe, die Malaria und die Armut. Wir wollen diese Gruppe in Ruhe lassen. Das Ziel der Funai ist es, ihre Rechte zu schützen, und das werden wir tun. Wir müssen eine Vereinbarung mit der Regierung treffen, um eine Struktur zu schaffen, die ihre Isolierung garantiert. Wir wussten seit 1997, dass unbekannte Indiostämme die Siedler am oberen Taraucá angreifen. Vorher lebten dort etwa vierhundert

Siedler; jetzt sind es keine fünfzig mehr. Offenbar benutzten diese Indios bei ihren Angriffen Gewehre, die sie aus den Camps von Abenteurern entwenden, die sich in die Gegend vorwagen. Diese Ansiedlungen unabhängiger Indios sind eine Bereicherung für die Menschheit, und die ganze Bevölkerung von Acre sollte sich dafür einsetzen, sie zu schützen.«

Vor dem *Lanchonete Rocambole* standen immer zwei Tische auf dem Gehsteig, darüber eine Markise, die vor dem Regen schützte. Das Lokal befand sich direkt neben meinem Hotel an der Ecke Rui Barbosa/Getulio Vargas, gegenüber dem Platz, auf dem es jetzt stockfinster war. Ich wartete auf Marcelo Días, Universitätsdozent für Spanisch und Mitglied des Komitees Chico Mendes.

Am Tisch nebenan saßen vier Beamte aus São Paulo und lachten, was das Zeug hielt. Ein bisschen weiter unten, an der Kreuzung vor dem Hotel Inacio Palace, das mit drei Sternen das beste der Stadt war, standen vier oder fünf Frauen und unterhielten sich. Sie waren weder aufdringlich, noch stellten sie sich zur Schau; sie standen einfach nur da. Ich betrachtete die Statue von José Plácido de Castro, dem größten Helden jenes Ereignisses, das als die Revolution von Acre in die Geschichtsbücher einging. Mit anderen Worten war es darum gegangen, ob die Kautschukpflanzungen Bolivien oder Brasilien zustanden. Die Ursache des Konflikts war die ungenaue Demarkierung der westlichen Grenze Brasiliens, eine Folge der Aufteilung der Neuen Welt zwischen Spanien und Portugal im 15. Jahrhundert.

Solange es dort nur unwirtlichen Urwald gegeben hatte, hatte es keinerlei Probleme gegeben. Die Spannungen begannen im 19. Jahrhundert mit der Kautschukgewinnung und dem unerwarteten Reichtum durch den Export nach Europa und in die Vereinigten Staaten. Der Abtransport des Kautschuks musste über die brasilianischen Flüsse nach Manaus oder ins peruanische Iquitos erfolgen.

Also schlossen die bolivianischen Kautschukpflanzer ein geheimes Abkommen mit den Vereinigten Staaten, das ihnen die größten Kautschukreserven Amazoniens und folglich der ganzen Welt zusicherte. Andererseits waren die portugiesischstämmigen Kautschukbarone nicht bereit, Zölle zu zahlen. In dem riesigen Gebiet lebten gerade einmal 17000 Weiße, Tagelöhner, Vorarbeiter und Verwalter der sechzig gezählten Kautschukplantagen. Zusammen mit einer Handvoll Matrosen, Abenteurern und Händlern, die an einigen wenigen Stellen entlang der Flüsse siedelten, bildeten sie die weiße Bevölkerung.

Und so entstand der Wunsch nach Unabhängigkeit. Bereits am 1. Mai 1899 hatten die Besitzer der Kautschukplantagen einen Anwalt aus Manaus kommen lassen, José de Carvalho aus Ceará, der zusammen mit einem Trupp Landarbeiter die kleine bolivianische Garnison aus Puerto Alonso vertrieb (so hieß Rio Branco damals) und einen Revolutionären Zentralrat einsetzte. Aber damit war die Unabhängigkeit noch nicht erreicht. Nachdem der an Malaria erkrankte José de Carvalho nach Manaus zurückgekehrt war, rückten die Bolivianer wieder in Puerto Alonso ein. Nun ruhten die Hoffnungen der Kautschukbarone auf einem Spanier aus Cádiz, Luis Gálvez Rodriguez de Arias, der als Journalist in Belém die geheimen Abkommen zwischen Bolivien und Nordamerika in den Zeitungen öffentlich gemacht hatte.

Luis Gálvez traf am 14. Juli desselben Jahres mit seiner Truppe in Puerto Alonso ein, einem bemerkenswerten Bataillon von Can-Can-Tänzerinnen, Säufern und Musikern. Die bolivianische Garnison ergriff die Flucht, und Gálvez, der als guter Jakobiner den Jahrestag des Sturms auf die Bastille gewählt hatte, begann unverzüglich mit der Errichtung eines unabhängigen Staates mit fortschrittlichen Gesetzen. Puerto Alonso, das damals weniger als dreitausend Einwohner hatte, hieß nun Puerto Acre, und die Regierung Gálvez begann sich um internationale Anerkennung zu bemühen, die sie nicht erhielt. Aber die Kautschukbarone brauchten keinen Jakobinerstaat und enthoben Gálvez am 28. Dezember 1899 seines Amtes. Sie finanzierten einen weiteren Feldzug unter der Leitung von Floriano Peixoto, der am 29. Dezember 1900 mit einer Truppe von Bohemiens, Künstlern und Schauspielern in Puerto Alonso eintraf. Sie wurden von der bolivianischen Garnison geschlagen, und die Bohemiens kehrten Hals über Kopf nach Manaus zurück. Einen Tag später rief man erneut nach Gálvez, der ein weiteres Mal zum Präsidenten der unabhängigen Republik Acre gewählt wurde. Aber Brasilien wollte keinen Konflikt mit Bolivien, das mit den Vereinigten Staaten verbündet war, und schickte im März ein Kriegsschiff, das Gálvez' Traum endgültig zunichte machte. Nachdem ihm in Recife der Prozess gemacht worden war, kehrte er nach Cádiz zurück.

Die brasilianische Regierung gab Puerto Acre an die Bolivianer zurück.

Auf dieser Geschichte basiert Márcio Souzas amüsante Erzählung *Gálvez, Kaiser von Amazonien.*

Am 11. Juli 1901 wurde publik, dass Bolivien Acre an das amerikanisch finanzierte Unternehmen Bolivian Syndicate verpachtet hatte, wodurch die lokalen Kautschukbarone ihre Pfründe zu verlieren drohten. Diesmal stellten sie es besser an und wandten sich an José Plácido de Castro (den von der Statue), einen früheren Kommandanten der Armee und Gaucho aus Rio Grande do Sul, der sich wegen Vermessungsarbeiten in der Gegend aufhielt. Plácido de Castro, ein revolutionärer, leidenschaftlicher Geist und hervorragender Soldat, organisierte eine Miliz aus den Arbeitern der Plantagen, die von den Kautschukbaronen bewaffnet und ausgerüstet wurden.

Unter Plácido de Castro wurde aus dem Kampf ein Volksaufstand, der am 6. August 1902 in Xapurí begann und bis zum 24. Januar 1903 dauerte, dem Tag der Einnahme von Puerto Alonso, nachdem das bolivianische Heer geschlagen worden war. Im November desselben Jahres wird Bolivien finanziell entschädigt und die Angliederung an Brasilien beschlossen, allerdings nicht als Bundesstaat, sondern als »Verwaltungsgebiet«. Kurz darauf wird Acre zum vollwertigen Bundesstaat.

Mit dem Ende des Kautschukmonopols ließ das Interesse an Acre nach. In einer Region, in der die Verkehrsverbindungen unsicher waren und es noch immer sind und die Macht des Staates relativ ist, hatten nie die Beamten aus dem fernen Rio de Janeiro oder Brasilia das Sagen, sondern die lokalen Kaziken. Nicht umsonst hing Acre der Ruf an, ein hartes, gesetzloses Land zu sein.

»Du musst das mit der Gewalt nicht übertreiben. So schlimm ist es auch wieder nicht«, entgegnete mir Marcelo Díaz, der auf der großen Terrasse des *Agua da Boca* mit mir ein Bier trank. Dort saßen die Angehörigen des neuen amazonischen Mittelstands. Ihre Kinder trugen Markenklamotten, die unter großen Schwierigkeiten zu überhöhten Preisen aus Europa importiert wurden.

»Ich bin nicht derjenige, der übertreibt, sondern deine Landsleute. Ich bin zur Busstation gegangen, um die Fahrkarte nach Xapurí abzuholen, und ein Sicherheitsbeamter hat mir gesagt, dass ich vorsichtig sein soll, weil die Reisebusse häufig überfallen würden.«

»Übertreibungen.«

»Er hat mir auch erzählt, dass die Lastwagenfahrer Sicherheitsleute anheuern, die den Transport mit dem Auto begleiten.«

»Das gibt es in Rio de Janeiro.«

»Willst du mir erzählen, dass es hier keine *pistoleiros* gibt?«

Ich hatte es gewusst. Die Intellektuellen am Amazonas mochten es nicht, wenn man von weither kam, um ihnen zu sagen, was Sache war und was sie tun mussten. Wohl zu Recht ertrugen sie es nicht, dass man sie wie Exoten behandelte, und Touristen, die aus einer Welt mit Air Condition, sozialer Absicherung und Gewichtsproblemen kamen, über die ökologischen Katastrophen richteten und die Notwendigkeit betonten, den Regenwald zu schützen. Wenn es schon ein Unglück war, ein lateinamerikanischer Intellektueller zu sein, dann wollte ich gar nicht daran denken, was das in Brasilien bedeutete ... nicht zu sprechen von Amazonien.

»Können wir über etwas anderes sprechen?«

Ich erinnerte mich an die Gespräche, die ich mit Professor Leonel in São Paulo, mit Rubén Fonseca in Rio, mit Darcy Ribeiro in Havanna und mit so vielen anderen brasilianischen Freunden in Madrid oder anderswo geführt hatte ... Alle hatten die politische und soziale Situation ihres Landes mit großer Klarheit erkannt und analysiert, aber gleichzeitig empfanden sie ein vages Gefühl von Scham und Unzufriedenheit und wurden ein wenig ungehalten, wenn der Kritiker ein Ausländer war. Sie schienen sagen zu wollen: »Ihr braucht uns nicht zu sagen, was los ist, das wissen wir selbst. Das ist nicht das Problem; das Problem ist, Lösungen zu finden, ohne dass hier ein blutiger Bürgerkrieg ausbricht.«

Sie wussten genauso gut wie jeder andere, der Augen und Ohren im Kopf hatte, dass die hungernden Massen Bäckereien und Lebensmittelläden überfielen, dass die Arbeiter unter sklavenähnlichen Bedingungen und ohne Rechte für Hungerlöhne schufteten, dass zahllose Männer, Frauen und Kinder wie Tiere in den Slums vor sich hin vegetierten, während unmittelbar nebenan unglaublicher Überfluss und Verschwendung herrschten; dass sie im Schatten von Diebstahl und Korruption lebten. Es war eine Situation, die eine ungewöhnlich brutale soziale Gewalt hervorrief, die sich in Todesschwadronen, ungesühnten Morden an Führern der Linken, Überfällen, Morden und Landbesetzungen äußerte.

Es war nicht viel anders als im übrigen Lateinamerika, abgesehen von zwei, drei Nuancen und vielen anderen Ausnahmen.

»Natürlich. Entschuldige.«

»Wir wissen doch, dass es beschissen ist.«

»Lass uns über Chico Mendes reden, okay?«

Er rutschte unruhig hin und her. Der Preis für das, was wir beide im *Agua da Boca* tranken, entsprach dem Wochenlohn jedes der Kellner, die uns bedienten.

»Das Komitee Chico Mendes besteht aus insgesamt fünfunddreißig Organisationen, Gewerkschaften, linkspolitischen Parteien, kirchlichen Gruppen etc.«, erklärte Marcelo. »Wir haben zwei, drei Zielsetzungen. An erster Stelle wollen wir verhindern, dass Chico Mendes' Vermächtnis verblasst und er zu einer Ikone oder einem Touristenmotiv wird oder seine Ziele verfälscht werden. Für uns bleibt Chico Mendes eine lebendige Botschaft dafür, dass Fortschritt ohne Zerstörung möglich ist, dass sich die Arbeiter in Gewerkschaften, Kooperativen und Produktionsgruppen organisieren müssen ... was auch immer die Suche nach Lösungen erfordert. Chico ist ein Vorbild auf dem Weg zu einer gerechteren Gesellschaft mit mehr Gleichheit. Denn man darf nicht vergessen, dass Chico immer ein Gewerkschafter war, ein militanter Politiker, ein Vorkämpfer für den Sozialismus. Und in diesem Kontext ist sein ökologisches Modell der extrativistischen Reservate zu sehen.«

»Kannst du das ein bisschen genauer erklären?«

»Nun, dieses Modell geht nicht nur auf ihn zurück, sondern auf die gesamte Landarbeitergewerkschaft, und ich würde sagen die linkspolitischen Organisationen und Parteien überhaupt ... Ein extrativistisches Reservat ist eine in Kooperativen organisierte familiäre Produktionseinheit, die den Regenwald und die Menschen respektiert, die in ihm leben, seien es Indios, Kautschukzapfer, Flussanwohner oder Kokos- und Paranusssammler ... Es handelt sich also um ein Entwicklungsmodell, das sich radikal von dem unterscheidet, das zur Zeit praktiziert wird.«

»Bei der Gewerkschaft hat man mir davon erzählt.«

»Ja, Chicos Positionen sind weit verbreitet.«

Ich bestellte noch zwei Bier. Die Nachricht von der Ermordung Chico Mendes' am 22. Dezember 1988 durch gedungene Mörder der Großgrundbesitzer ging, verbreitet von den Medien, um die Welt. Plötzlich erfuhr die ganze Welt von den schrecklichen Lebensbedingungen der brasilianischen Landarbeiter. Hollywood drehte bald einen Film darüber, und Chico erhielt im Pantheon der Linken einen Platz neben Che. Die Geschichte dieses Mordes, die nur eine weitere Geschichte der Verbrechen an jenen war, die Geschichte von unten erlebten, wird in dem exzellenten Reportageroman *Wege der Freiheit* meines Freundes Javier Moro erzählt. Auch Márcio Souza, Schriftsteller aus Manaus und zur Zeit Präsident der nationalen Kunststiftung Funarte, hat ein Buch mit dem Titel *Die Verschwörung gegen Chico Mendes* geschrieben, das ebenso hervorragend ist wie alle seine Bücher.

Chico Mendes wurde von zwei gedungenen Killern der Viehzüchtergewerkschaft in seinem Haus in Xapurí ermordet. Er war der wichtigste und bekannteste Linksaktivist, der einem Mord zum Opfer fiel, aber seit 1980 bezahlten insgesamt fünfhundert Männer und Frauen mit ihrem Leben, da sie die Allmacht jener in Frage gestellt hatten, die immer und überall das Sagen haben. Wilson Pinhero, Präsident der Gewerkschaft der Kautschukzapfer und Landarbeiter und ein Freund von Chico, starb 1980. Vielleicht stirbt gerade jetzt der Nächste.

Chico Mendes tauchte nicht aus dem Nichts auf, sondern stand in einer langen Tradition von sozialen Auseinandersetzungen und Aufständen in Amazonien, die mit der Erhebung der *cabanos* im Jahre 1835 und dem Widerstand des *Omagua*-Häuptlings Ajuricaba angefangen hatte. Diesem war es 1723 gelungen, die Indiostämme am Rio Negro zu einen und sich mit den Holländern zu verbünden, von denen er Waffen und Munition erhielt. In der Folge griff er die portugiesischen Garnisonen an. Nach blutigen Kämpfen und systematischer Verfolgung wurde Ajuricaba 1728 geschlagen und nach Belém gebracht, wo er Selbstmord beging, indem er sich in den Fluss stürzte. Es folgten weitere, blutig niedergeschlagene Indioaufstände, aber die Ältesten der Indianer geben heute noch mit leiser Stimme die Legende von Ajuricaba weiter.

Der kleine Chico Mendes wurde als Sohn einer *Seringueiro*-Familie auf einer Kautschukplantage geboren und durchlebte die Kindheit eines armen brasilianischen Landarbeiterkindes, das ohne Schulbildung von klein an auf den Feldern mitarbeitete, in seinem Fall beim Kautschuksammeln. Tagelöhner wie die Familie Mendes waren gezwungen, sämtliche Lebensmittel in der *barracão* des Patrons zu kaufen, wodurch sie sich immer weiter verschuldeten. 1950 lag die brasilianische Kautschukindustrie am Boden. Die großen brasilianischen Reifenfirmen kauften den Kautschuk in Malaysia und sogar in Mittelamerika ein; gleichzeitig legten sie im Süden von Bahia ihre eigenen Plantagen an und diktierten so den Besitzern der *seringuales* immer niedrigere Preise.

Nach Chicos Aussage geschah 1962 etwas, das sein Leben völlig veränderte: »Ich weiß nicht, ob es eine glückliche Fügung war«, erzählte Chico, »jedenfalls tauchte auf der Kautschukpflanzung, auf der wir lebten, eines Tages ein Mann auf, der anders war als die anderen Kautschukzapfer: Er war ein Tagelöhner, ein *seringueiro,* aber sein Auftreten und seine Sprache unterschieden sich völlig von denen der übrigen. Dieser Mann kam eines Tages zufällig an unserem Haus vorbei, als wir gerade von den Kautschukpfaden gekommen waren und den Latex über dem Feuer räucherten. Er begann ein Gespräch mit uns. Und ich begann mich für seine Art zu reden zu interessieren, für die Art und Weise, wie er sich ausdrückte. Er hatte eine Zeitung dabei, aber ich hatte noch nie eine gesehen und wusste nicht, was das war. Ich interessierte mich dafür. Anscheinend hat er mein Interesse bemerkt. Und so war es nach diesem Gespräch mit meinem Vater und mir eine ausgemachte Sache, dass ich ihn in seiner Baracke besuchen würde.«

Chico war dem kommunistischen Aktivisten und ehemaligen Leutnant der Armee Euclides Fernández Távora begegnet. Er würde ihm das Lesen und Schreiben beibringen, das Klassenbewusstsein in ihm wecken und damit die Grundlagen für jenen Chico Mendes legen, der später der Anführer der Landarbeiterbewegung von Acre werden sollte.

»Er sprach viel mit mir«, erzählte Chico, »und unterrichtete mich über den Aufbau der Gewerkschaftsbewegung im Land. Er sagte, dass uns in Anbetracht des unbarmherzigen, unterdrückerischen Systems noch mindestens zehn, fünfzehn, zwanzig Jahre schlimmer Diktatur bevorstünden, aber es würden neue Gewerkschaften entstehen, neue Organisationen, Gruppen, Vereinigungen. Denn auch wenn man sie zerstöre, demütige und vernichte, könne man doch nie die Wurzeln ausreißen; sie würden immer neue Keime treiben. Sosehr man sie auch unterdrücke, irgendwann würde die Saat aufgehen.«

»Wir organisieren Seminare, Kurse ... beraten bei rechtlichen Fragen. Wir haben eine juristische Beratungsstelle, die den Arbeitern beisteht, die eines Verbrechens beschuldigt werden und im Gefängnis sitzen ... wie im Fall von José de Castro und Raimundo Lino, dem Vorsitzenden der Landarbeitergewerkschaft von Taraucá, der 1991 in einem politischen Prozess zu vierzehn Jahren Gefängnis verurteilt wurde, nachdem man ihn fälschlich beschuldigt hatte, die Ermordung eines Großgrundbesitzers veranlasst zu haben. Nach fünfjähriger Haft haben wir einen zweiten Prozess angestrengt, und er wurde freigesprochen ... Du kannst dir nicht vorstellen, wie viele solcher Fälle es gibt, und das nicht nur in Acre, sondern im ganzen

Land ... da laufen Scheinprozesse, da gibt es arbeiterfeindliche Richter ... Aber es ist nicht alles verloren ... Wir und viele andere kämpfen dafür, dass die Dinge besser werden.«

Ich musste an Dorotea denken, wie sie ihre Turnschuhe um den Hals trug, und an María da Conceição, wie sie still vor sich hin weinte. Als ich später mit dem Kultursekretär des Bundesstaates Antonio Alves sprach, einem seriösen, engagierten Linkspolitiker, wusste der nicht einmal, dass die Landlosen die *fazenda* Tauru besetzt hatten und dass ihre Hütten von *yagunzos* in Brand gesteckt worden waren, obwohl es in der Presse gestanden hatte. »Ja? Das wusste ich nicht«, antwortete er und las die Zeitungsmeldung, die ich ihm zeigte. Dann begann er mir zu erzählen, was die Regierung alles erreicht hatte und was sie in Zukunft erreichen wollte.

Der Anavilhanas-Archipel: ein gigantisches Flusslabyrinth am Unterlauf des Rio Negro

Nahe Manaus: Zusammenfluss von Rio Negro und Rio Solimões zum Rio Amazonas

Siedlerhütten am Dschungelrand der ehemaligen Fernstraße BR-319
zwischen Manaus und Porto Velho

Abendstimmung am Hafen von Manaus

Caboclo-Siedler vor der Fähre am Rio Tupana

Im Hafen von Pucallpa am Rio Ucayali, einem Oberlauf des Amazonas im östlichen Peru

Abendstimmung am Rio Madeira in der Nähe von Porto Velho

Morgendlicher Flussnebel auf dem Rio Urubamba, einem Quellfluss des Amazonas im östlichen Peru

Elf

Das Taxi setzte mich vor dem Eingang zum Hotel ab. Der Taxifahrer bestand darauf, zu warten, bis ich hineingegangen sei.

»Es gibt viele Verbrecher, Senhor.«

Ich sagte ihm, dass es nicht nötig sei, und er fuhr los. Auf dem Platz war es noch dunkler; das Hotel war um elf Uhr abends verriegelt und verrammelt. Als ich nach einem Zimmer gefragt hatte, hatte man mich im Voraus bezahlen lassen; mein spärliches Gepäck machte mich nicht vertrauenswürdig.

Ich hörte ein Geräusch auf dem Platz; es kam von einem Schemen, der auf dem Boden lag und vor sich hin schimpfte. Der Schemen trug einen Hut und Cowboystiefel. Er rappelte sich mühsam auf, machte mir ein Zeichen und rief mir etwas zu, das ich nicht verstand. Dann schwankte er langsam auf mich zu. Ich erkannte ihn wieder; es war der Betrunkene, der die Indios beschimpft hatte.

»Wohnen Sie hier?«, fragte er mich.

»Ja, ich wohne in diesem Hotel. Und Sie?«

»Ich auch. Aber sie lassen mich nicht rein. Kann ich mit Ihnen kommen?«

»Ja, natürlich.«

Von Nahem sah er sehr jung aus, fast wie ein Teenager. Ich klingelte einmal, zweimal, viermal. Beim fünften Mal öffnete uns ein schlaftrunkener Mann mit einer Pistole im Gürtel. Er forderte uns auf, uns auszuweisen. Das taten wir, und er händigte uns an der Rezeption unsere Schlüssel aus.

»Sind Sie aus dem Mutterland?«, fragte mich der Typ mit den Stiefeln auf Spanisch.

»Ja … also ich bin aus Spanien.«

»Ein Gringo aus Spanien, das ist gut. Das müssen wir feiern, mein Freund. Ich bin Peruaner.« Er packte mich am Arm und sagte an den Portier gewandt: »Ein Bier für meinen Freund und für mich!«

»Es gibt kein Bier.«

»Ich glaube nicht, dass wir hier Bier bekommen«, sagte ich zu ihm. »Weshalb trinken wir keinen Guarana?«

Der Portier warf dem Peruaner einen verächtlichen Blick zu, aber er gab uns zwei Flaschen Guarana, mit denen wir uns auf das Sofa in der Halle setzten. Der Peruaner hieß Manuel García und war siebenundzwanzig, so alt wie mein ältester Sohn. Er zückte ein Bündel brasilianischer Scheine, um die beiden Flaschen Guarana zu bezahlen, die uns der Portier brachte. Von meiner Einladung wollte er nichts hören.

»Sie werden einen schlechten Eindruck von uns mit ins Mutterland nehmen. Ich meine, wegen dem, was ich vorhin über die Wilden gesagt habe. Ich will Ihnen diesen schlechten Eindruck nehmen.«

»Machen Sie sich deswegen keine Sorgen.«

»Sehen Sie, mein Freund, ich war traurig, sehr traurig, weil ich an meinen Bruder Zeca Mario gedacht hab. Er war Portugiese, ein *caboclo* von hier, aus Rio Branco; wir waren ein Herz und eine Seele, und dann ist er gestorben … Die Wilden haben ihn umgebracht; drei Jahre ist es her. Es kommt mir vor wie gestern. Ich bin in Pucallpa aufgewachsen, einer großen Stadt am Rio Ucayalí – kennen Sie die, mein Freund?«

Ich verneinte.

»Mein Alter war Bootshändler … Er bereiste mit seinem Kanu den Ucayalí, den Urubamba und verkaufte seine Waren … Er fuhr nach Requena, und von dort nach Huallaga, nach Iquítos … Mein Alter war viel unterwegs; ich begleitete ihn und meinen älteren Bruder Alfonso … Manchmal kamen wir nach Brasilien, nach Bolivien … Die

Flüsse kennen keine Grenzen ... Wir verkauften Stoffe, Transistorradios, Macheten, Nähnadeln, Garn, Geschirr, Gläser, Kaffee, Reis, Cachaça, Bohnen, Schuhe, Lampen ... und Waffen, obwohl das verboten ist, mein Freund ... aber manchmal lieferte mein Vater auf Bestellung eine Winchester mit Munition, Aspirin, Brautkleider ... Ich bin auf den Flüssen aufgewachsen, immer war ich unterwegs. Ich hab im Unterholz geschlafen, an den Stränden ... Wir handelten mit den Flussbewohnern, den Siedlern und den Goldsuchern, die an den Fluss kamen, um dort auf uns zu warten ... mit den Indios ... ja, mit zivilisierten Indios und mit den anderen, den Wilden, die in ihren Booten auf uns warteten, um Cachaça zu kriegen ... Die Indios sind ganz verrückt nach Cachaça, Macheten, Kochtöpfen ... Manchmal wurden wir von Flusspiraten überfallen, die uns ausrauben wollten, und mein Alter und mein Bruder Alfonso mussten mit den Gewehren auf sie schießen, während ich nachlud ... Da lag ich flach in dem Boot, ein kleines Kind, und lud die Remingtons und hörte die Schüsse über meinem Kopf hinwegzischen ... Ich wollte größer werden, um auch schießen zu können. Jetzt, wo ich erwachsen bin, denke ich, dass das damals ein schönes Leben war ... voller Abenteuer ... aber dann ist mein Alter an Malaria gestorben, und mein Bruder Alfonso hat das Boot verkauft und einen Laden in Pucallpa aufgemacht – Pucallpa heißt in der Indiosprache so viel wie »rotes Land«, weil das Wasser und die Erde diese Farbe haben. Pucallpa ist heute eine große Stadt, da sollten Sie mal hinfahren; es gibt ein Aquädukt, Holz- und Papierindustrie, Hotels und Ölfelder ... Es ist nicht mehr die Stadt, die ich als Kind kannte oder die, die mein Vater kannte ... Ich liebte meinen Bruder Alfonso sehr, aber ich weiß nicht, er fing an, mich schlecht zu behandeln, er war nicht nett zu mir, und ich kriegte eine seltsame Wut auf ihn, komisch ... Ich haute ab aus dem Laden und ging nach Brasilien, nach Puerto Catay, wo eine Tante von uns lebte ... Dort bin ich zur Schule gegangen, aber es gefiel mir nicht, und ich bin auf die Schiffe durchgebrannt, wo ich als Matrose und Träger arbeitete. Ich wollte *garimpeiro* werden, Goldsucher; die hatte ich gesehen, als ich mit dem Kanu gefahren war. Damals lernte ich Zeca kennen. Langweile ich Sie?«

»Nein.«

»Soll ich weitererzählen?«

»Ja.«

»Zeca war auch Matrose und fuhr auf demselben Schiff wie ich, der *Regina Victoria*. Wir wurden Freunde und sprachen oft darüber, in die Minen zu gehen und Goldsucher zu werden, und so verließen wir das Schiff und gingen nach Rondônia in eine Minengegend bei Ariquemes, von der es hieß, dass dort das Gold förmlich auf der Erde liege. Wir blieben drei Jahre, bis wir zwei Kilogramm Gold beisammen hatten, die wir in Porto Velho verkauften. Die Idee war, uns ein kleines Boot zu kaufen und auf eigene Rechnung Transportfahrten zu machen, aber der Anblick von so viel Geld blendete uns, und wir verjubelten es mit Frauen und Feiern. Das Geld war schnell aufgebraucht. Aber bei den Saufgelagen lernten wir einen wichtigen Herrn kennen, Dom Eduarte Efraim, der uns als Sicherheitskräfte bei sich arbeiten ließ. Er hatte eine *fazenda* für Holz und noch viele andere Geschäfte und war sehr einflussreich; er flog in seinem eigenen Flugzeug nach Belém, Rio de Janeiro und São Paulo – er hatte drei davon, dazu jeweils einen Piloten, einer von ihnen war ein Gringo aus Amerika. Wir, Zeca und ich, waren seine Leibwächter, wenn er auf Geschäftsreise zu seinen *fazendas* war, die überall verteilt waren. Die Arbeit war leicht, aber eintönig, und irgendwann beschlossen Zeca und ich, Dom Eduarte auf Wiedersehen zu sagen und wieder auf Goldsuche zu gehen. Man hatte uns erzählt, dass am oberen Taraucá bei Foz do Jordán das Gold auf dem Boden liege und man einfach so drauftreten könne. Aber es war eine einsame Gegend, wo es keine Weißen gab, nur Wilde.«

»Wann war das?«

»So vor drei Jahren.«

»Und damals haben die Indios deinen Freund umgebracht?«

»Ja, ich erzähl's Ihnen ... Es kommt mir vor wie gestern. Wir hatten ein Motorboot, Benzin und Werkzeug gekauft und waren dorthin gefahren. Wir brauchten gar nicht zu graben; das Gold lag tatsächlich an den Ufern der *igarapés*. In der ersten Woche fanden wir über zweihundert Gramm ... Wir waren außer uns vor Freude. Aber eines Tages, so gegen Abend, hörten wir einen Tapir, und ich sagte zu Zeca, dass ich ihn jagen wolle, er solle Feuer machen, und ich ging mit dem Gewehr davon. Ich wollte mich nicht weit vom Lager entfernen, um nicht in die Dunkelheit zu geraten, aber das verdammte Tier hielt mich zum Narren, und ich verlief mich. Die Sache war die, dass ich immer wieder im Kreis lief, ohne den Tapir zu erwischen, dann wurde es dunkel, und ich beschloss zurückzugehen. Ich brauchte ein bisschen länger, weil ich mich immer wieder verlief. Als ich zum Lager kam, gefror mir das Blut in den Adern. Alles war zerstört, geplündert; sie hatten mit der Axt das Boot leck geschlagen, die Kleider lagen überall verstreut, alles andere hatten sie gestohlen: Werkzeug, Lebensmittel, die Waffen, Munition ... Und das Gold – es war nichts mehr von dem Gold da, das wir gesammelt hatten. Mein Bruder Zeca war nackt an einen Baum gefesselt, mit durchgeschnittener Kehle und Unmengen von Pfeilen im Körper, er sah aus wie der heilige Sebastian. Ich drehte durch, ich feuerte auf die Bäume, in die Dunkelheit, ich brüllte diesen Verbrechern hinterher ... Ohne dass ich es merkte, wurde es Tag, und ich begrub meinen Bruder. Ich irrte eine Woche durch den Dschungel, bis ich in Jordán ankam, fieberkrank, von Insekten zerfressen, mehr tot als lebendig. Es dauerte einen Monat, bis ich mich erholt hatte ... Na ja, und jedes Mal, wenn ich einen Indio sehe, denke ich an meinen Freund Zeca und ...«

»Erzähl dem Herrn nicht solche Lügengeschichten!«

Der Portier hatte sich auf den Tresen gestützt; er sah wütend aus.

Manuel sprang auf.

»Ich erzähle keine Lügen – die Wilden haben meinen Bruder Zeca umgebracht!«

»Das ist deine Version!«

»Es ist die Wahrheit, die reine Wahrheit!«

»Was du nicht sagst!« Der Portier senkte die Stimme und zeigte mit dem Finger auf ihn. »Du bist ein Frauenjäger ...«

»Sie haben meinem Bruder die Kehle durchgeschnitten.«

Manuel sah aus, als würde er gleich heulen. Er war viel betrunkener, als es zunächst den Anschein gehabt hatte.

»Frauenjäger?«, fragte ich.

»Ja«, antwortete der Portier. »Der da und sein Freund haben Indianerfrauen geraubt und sie zu den Goldsuchern gebracht. Schweine!«

Manuel stand auf und klappte den Mund auf und zu, als wollte er etwas sagen, aber er ließ es bleiben und ging schwankend davon. Ich sah ihm hinterher, wie er die Treppe hinaufging. Der Portier kam hinter dem Tresen hervor.

»Hören Sie nicht auf ihn – alles, was er erzählt hat, war gelogen. Er ist ein Lügner. Den kennen wir bestens.«

»Mir ist es eigentlich egal.«

»Er beklaut Touristen. Jetzt wird er in Ihrem Zimmer sein und Sie beklauen.«

Der Portier griff nach der Pistole und ging vor mir die Treppe hinauf in den ersten Stock, wo sich mein Zimmer befand. Er wartete, bis wir festgestellt hatten, dass meine kleine Kamera und das Messer an ihrem Platz waren. Das Geld trug ich im Gürtel bei mir.

»Fehlt Ihnen nichts?«, fragte er noch einmal.

»Alles in Ordnung, danke.«

»Seien Sie vorsichtig mit ihm.«

»Ist gut. Vielen Dank.«

»Wir müssen den Tourismus schützen. Er ist alles, was wir haben.«

»Ja, natürlich. Gute Nacht.«

Xapurí, das Dorf, in dem Chico Mendes lebte und starb, liegt 180 Kilometer von Rio Branco entfernt. Ich brauchte fast fünf Stunden in einem klapprigen Bus, der immerhin über eine asphaltierte Straße – die BR-317 – fuhr.

Der Busbahnhof von Xapurí ist neu und liegt an der Praça, einem baumlosen Platz, auf dem man ein großes Plakat mit dem Foto von Chico Mendes aufgestellt hat. Er ist zu einer Touristenattraktion geworden. Der gepflasterte Platz ist sauber und ordentlich, aber man fragt sich, ob er zu irgendetwas nutze ist, so ganz ohne Schatten. Mehrere Straßen des Dorfes, dem die Ermordung von Chico Mendes ein bisschen Fortschritt gebracht hat, sind ebenfalls gepflastert.

Das Dorf mit seinen ungefähr fünftausend Einwohnern liegt an einem Flussbogen zwischen dem Rio Acre und seinem Zufluss Xapurí, dessen Wasser schmutzigbraun ist. Wie alle Dörfer und Städte in Amazonien ist Xapurí ringsum von Regenwald umgeben, in dem alle Straßen unvermittelt enden. Das kleine Dorf tauchte am 22. Dezember 1988 auf der Weltkarte auf, als der junge Darci Alves und ein *yagunzo*, angestiftet von den Großgrundbesitzern und dem alten Darli Alves, den revolutionären Führer niederschossen.

Ich lief in der feuchten Hitze die Hauptstraße entlang, vorbei an der neuen Kaserne der Militärpolizei, an den gepflegten, frisch gestrichenen, niedrigen Holzhäuschen, hinter denen der Regenwald zu sehen war. Der Verein Chico Mendes war in einem neuen, modernen einstöckigen Holzgebäude untergebracht.

An der Tür erwartete mich Manuel Custodio da Silva Fillo, sechsundsechzig Jahre alt und mit einer Mütze auf dem Kopf. Er war

Vorsitzender des Vereins, ehemaliger Kautschukzapfer und Gewerkschaftsmitglied. Es war geplant, aus dem Vereinsgebäude ein Museum mit den persönlichen Gegenständen, Fotos und internationalen Ehrungen und Diplomen von Chico Mendes zu machen. Im Moment standen lediglich einige leere Vitrinen in zwei nebeneinander liegenden Räumen, auf dem Boden stapelten sich ein paar Habseligkeiten von Chico. Es war unschwer zu erkennen, dass Chico nicht allzu viele irdische Güter besessen hatte.

Dann führte mich Manuel Custodio in den Versammlungsraum, der hundert Zuhörer fasste und in dem schon offizielle Veranstaltungen und Konferenzen stattgefunden haben. Er erzählte mir, dass das Vereinsgebäude ein Jahr zuvor eingeweiht worden war, als die Linken die Wahl gewonnen hatten.

»Früher sind mehr Journalisten nach Xapurí gekommen«, sagte Manuel Custodio. »Manchmal kommen auch Touristen; wir haben ein Gästebuch, in das sie sich eintragen. Wollen Sie es sehen?«

Manuel Custodio hatte nichts anderes zu tun, als dort im Schatten zu sitzen, kaltes Wasser zu trinken und den Besuchern das Vereinsgebäude zu zeigen. Die meisten Touristen, die sich in das Buch eingetragen hatten, waren aus Brasilien, aber es waren auch ziemlich viele Deutsche und Holländer darunter. Das Haus von Chico Mendes lag auf der gegenüberliegenden Straßenseite, und Manuel Custodio brachte mich hin, begleitet von Densamar, der Frau von Chicos Bruder Zuza.

Densamar, vierzig Jahre alt und Mutter von vier Kindern, war die Zwillingsschwester von Elzimar, Chicos Witwe. Sie erklärte mir, dass sie zwei Schwestern seien, die zwei Brüder geheiratet hätten.

Das Haus war eine ganz bescheidene Holzhütte, genau wie die anderen in der Straße, und stand auf den allgegenwärtigen Holzpfählen. Klo und Dusche befanden sich in einem Holzverschlag im Hof, ein paar Meter von der Küchentür entfernt. Das Haus war nicht größer als fünfzig Quadratmeter, Bilder oder irgendwelchen Zierrat gab es nicht, mit Ausnahme der Fotografien und Diplome, die nun auf dem Fußboden des Vereins lagerten und darauf warteten, in Museumsstücke verwandelt zu werden.

Es gab zwei Schlafzimmer, das Elternschlafzimmer mit Bett, Schrank und Nachttischchen, und das der beiden Kinder, eine Küche und eine Art kleines Wohnzimmer beim Eingang. Die Zimmer waren mit Trennwänden unterteilt, die nicht bis zur Decke reichten, damit die Luft zirkulieren konnte. In dem sogenannten Wohnraum stand ein winziger Fernseher in einem Bücherschrank mit etwa dreißig Büchern. Ich erkannte eine Geschichte Brasiliens in mehreren Bänden, Bücher über die Arbeiterbewegung und Romane, unter anderen *Shogun* von James Clavell. Dem Bücherschrank gegenüber standen ein schlichtes Sofa und zwei Sessel aus Holz.

In der schmucklosen Küche spielte sich das soziale Leben ab. Der Tisch, der dort stand, war derselbe, an dem Chico am Abend seiner Ermordung gesessen und Domino mit den beiden Polizisten gespielt hatte, die ihn bewachten. Seine Frau Elzimar war dabei gewesen, das Abendessen vorzubereiten. Densamar erzählte mir, dass sie bis kurz vor dem verhängnisvollen Moment bei ihrer Schwester gewesen sei.

»Um halb sechs sagte Chico zu den Polizisten, dass er duschen gehen wolle. Er nahm ein Handtuch und öffnete die Tür zum Hof. Als er gerade die Stufen hinuntergehen wollte, schossen ihm die beiden Mörder, die sich hinter dem Badezimmer postiert hatten, mit ihren Gewehren in die Brust. Mein Schwager Chico taumelte in die Küche zurück und brach blutüberströmt zusammen. Er sagte, dass man auf ihn geschossen habe. Fünf Minuten später war er tot.«

Der Verkauf der Filmrechte an Chicos Leben brachte der Familie Geld und verursachte den einen oder anderen Streit. Offensichtlich passte das nicht allen. Chicos Kampfgefährten waren der Ansicht, dass man seine politischen Überzeugungen verfälscht hatte, indem man ihn auf einen Umweltschützer reduzierte, der sich für den Erhalt des Regenwaldes einsetzte. Elzimar eröffnete ein Esslokal, heiratete wieder und lebte nun mit ihren Kindern außerhalb von Acre. Die Geschwister kauften sich neue Autos und Häuser und wurden zur »Familie des Helden«.

Ich ging mit Densamar, die ihr neues Fahrrad neben sich herschob, durch eine gepflasterte Straße mit bunt angemalten, gepflegten Holzhäuschen. Der Besucherstrom aus Esoterikern, Umweltschützern aller Couleur und einfachen Neugierigen hatte Xapurí verändert. Würde es wieder so weit kommen, dass die *pistoleiros* der Gutsbesitzer in den Kneipen prahlten und am Sitz der Gewerkschaft vorbeizogen?

José Zuza Mendes, einer von Chicos Brüdern und Densamars Ehemann, glaubte nicht daran. »Aber der Kampf geht weiter«, sagte er, während er auf seinem neuen, schweren Motorrad saß. Als Zweiter Vorsitzender der Gewerkschaft der Kautschukzapfer von Xapurí arbeitete er nun in einer bundesstaatlichen Behörde, die sich mit der Agrarreform befasste.

»Der Sieg der Arbeiterpartei an der Spitze einer Volksfront im vergangenen Jahr eröffnet der Arbeiter- und Bauernbewegung in Acre sehr gute Perspektiven, was nicht bedeutet, dass wir nicht weiterhin dieselben Ziele verfolgen, für die mein Bruder sein Leben gegeben hat.«

»Um den Kampf von Chico Mendes zu verstehen, seine Ermordung durch diejenigen, die den Mördern den Auftrag gaben, und den Hass, der den *fazendeiro* dazu bewegte, dem jungen Wortführer der *seringueiros* den Tod zu schwören, muss man sich vor Augen führen, was in den letzten zwanzig Jahren in Amazonien und Brasilien geschehen ist«, schrieb Márcio Souza in *Die Verschwörung gegen Chico Mendes.* »Da war einerseits das Wirtschaftsprojekt der brasilianischen Militärdiktatur, die davon träumte, Brasilien durch große Investitionen zu einer bedeutenden Wirtschaftsmacht zu machen, ohne die Folgen zu bedenken [...] und andererseits muss man sich vorstellen, was es für einen Jungen, der gerade das Leben entdeckt, bedeutet, zu erfahren, dass seine Welt kurz vor dem Untergang steht, dass die Kautschukbäume und der Regenwald verschwinden werden, um einer intensiven Landwirtschaft und Exportviehzucht zu weichen.«

»Die behutsame Nutzung des Regenwaldes in sogenannten extrativistischen Reservaten ist sogar lukrativer als die riesigen Rinderfarmen«, erklärte Zuza Mendes. »Der Wald bringt wesentlich mehr ein als die Rinder, die zudem den Regenwald zerstören. Der Regenwald bietet viele Produkte, die von größerer Bedeutung sind als Rinder, den Kautschuk zum Beispiel oder die Paranuss, die einen enormen Eiweißgehalt hat; die Palmfrucht Patauá, die ein ähnliches Öl gibt wie die Olive, Andiroba-Öl, das bei der Wundheilung hilft, Guarana, Copaba ... Dazu kommt noch eine Vielzahl von Heilpflanzen, die noch nicht genutzt werden.«

Der Ökotourismus hatte zum Gedeihen eines bescheidenen Angebots an Unterkünften in Xapurí beigetragen. Einige Dorfbewohner hatten ihre Häuser in Pensionen umfunktioniert oder vermieteten Zimmer mit Klimaanlage oder Ventilator, je nach Preis. Außerdem gab es ein einfaches Hotel.

In der Großbäckerei Cazula am Rio Xapurí, dem modernsten Unternehmen des Ortes, trank ich ein paar gepresste Säfte aus den ungewöhnlichen Früchten des Amazonas. In der Mitte der Straße, die durch Moskitoschwärme hindurch am Fluss entlangführte, lag die Praça São Sebastião. Dort stand eine bunt bemalte Holzfigur des heiligen Sebastian, Schutzpatron des Ortes. Sie erinnerte an eine Prozessionsfigur und zeigte ihr schmerzverzerrtes Gesicht.

Der Flussabschnitt, der an die Praça grenzte, war als »Zaire-Strand« bekannt. Ich konnte mir nicht vorstellen, dass jemand in diesem schmutzigbraunen, verdreckten und moskitoverseuchten Wasser schwimmen sollte, in dem sich Ratten tummelten, so groß wie kleine Kaninchen. Die Geschäfte, der Markt und die Kneipen und Lokale, die sich wie immer um sechs leerten, wenn es dunkel wurde, lagen am Fluss. Jungen und Mädchen auf Fahrrädern fuhren auf und ab und stellten ihre Bauchnabel zur Schau.

Die drückende, klebrig feuchte Hitze ließ nicht nach, während ich mich zu einem offenen Imbiss nicht weit vom Markt reiben ließ. Josilda, die kleine Kellnerin des *Lanchonete,* in dem ich alleine zu Abend aß, erklärte mir, in Xapurí gebe es keinen Komfort, dafür aber Gastfreundschaft. Samstags sei Tanz für die Älteren und sonntags für die Jungen. Sie träume davon, nach Rio Branco zu gehen, zu ihrer verheirateten Schwester. Am liebsten würde sie an den Schaufenstern im Mira Shopping entlangbummeln und ins Kino Jean Paul gehen, das einzige in der Stadt, wo mit Sicherheit *The Beach* mit dem fantastischen Leonardo di Caprio lief. Aber sie müsse bis zu den Ferien warten und sparen. Wenn man fünfundzwanzig Reais in der Woche verdiene und das Kino sieben Reais koste, müsse man ordentlich sparen.

Um neun Uhr war es absolut still im Dorf. Keine Menschenseele war mehr auf den schwach beleuchteten Straßen, alle Läden hatten geschlossen. Von weit her drang Hundegebell herüber, das war alles. Unter der Stille schienen die Widersprüche, die Armut und die Ausbeutung, der Landhunger der großen Mehrheit zu brodeln. 1990 waren zum ersten Mal in Brasilien unter einem Großaufgebot an Journalisten, Schaulustigen und Fernsehkameras ein Großgrundbesitzer, Darli Alves, und Darci, einer seiner Söhne, zu vierzehn Jahren Gefängnis verurteilt worden. Das Gericht befand sie des Mordes an Chico Mendes für schuldig. Die beiden entkamen 1993 ohne Probleme aus dem Gefängnis in Rio Branco. Im Juni 1996 wurden sie dorthin zurückgebracht und nach Brasilia überstellt.

Zwölf

Der Jeep holperte und schlingerte über die Urwaldpisten. Am Steuer saß Schwester Shirley Fátima Santos, eine Heilig-Geist-Schwester aus São Paulo. Sie war eine stämmige, rotwangige Ordensfrau, die Lebensmittel, sonstige Waren und zwei weitere Schwestern, Edna und Margarita, beide aus Bolivien, zu einer abgelegenen Mission nicht weit von Assis Brasil brachte. Die drei waren Fans von Sebastião Tapajós, dem Gitarristen aus Santarém, der die Musik zu dem Film *Leyendas Amazónicas* von Ronaldo Passarinho geschrieben hatte. Wir lauschten den wunderbaren Gitarrenklängen von Tapajós, der auf die ein wenig melancholisch angehauchte Musik der *caboclos* zurückgreift. Die drei Nonnen waren schon lange in Amazonien und hatten alles Mögliche gesehen.

»Hier wird man zu einer Linken«, sagte Schwester Shirley, die Älteste der drei, während sie mit hochgekrempelten Ärmeln das Steuer herumriss.

Bis vor kurzem war Schwester Shirley in Boa Vista gewesen, der Hauptstadt des Bundesstaates Roraima, aber Schwester Edna erzählte, dass der Orden sie dort abberufen habe, weil ihr Leben in Gefahr gewesen sei.

Ich fragte, was in Boa Vista vorgefallen sein, und Schwester Shirley antwortete, das Übliche.

»Was ist das Übliche?«

»Die *fazendeiros* ... die Großgrundbesitzer«, sagte sie.

Ich bat die Schwestern, mir die Geschichte zu erzählen.

»Sie nehmen den Indios das Land weg ... das Holz ... sie beuten die Arbeiter aus. Sie unterhalten Privatarmeen ...«

»*Pistoleiros*«, erklärte Schwester Margarita.

»Schwester Shirley«, erzählte Edna, »war mit zwei weiteren Schwestern in der Gegend von Amajarí unterwegs, etwa zweihundertfünfzig Kilometer von Boa Vista. Sie waren auf dem Weg nach Ananáis im Reservat der *Makuxi*-Indios, als sie an der Brücke über den Rio Ereu in einen Hinterhalt von dreißig *pistoleiros* gerieten, die in den Diensten der Großgrundbesitzer standen. Sie wurden aus dem Jeep gezerrt und der Wagen von der Brücke gestürzt. Die Männer drohten, ihn das nächste Mal samt Insassen in die Tiefe zu stürzen.«

»Der örtliche Leiter der Funai, Walter Blós, musste Boa Vista verlassen. Er erhielt Morddrohungen.«

»Die Lage in Roraima ist kompliziert«, erklärte Schwester Shirley. »Die Gegend um Raposa Serra do Sol wird zur Zeit offiziell als Indianer-Gebiet ausgewiesen, und den Großgrundbesitzern passt das nicht.«

»Und es wimmelt nur so von *garimpeiros,* Goldsuchern«, ergänzte Schwester Margarita. »Tausende von Goldsuchern überall … Sie ermorden die Indios … und kämpfen gegen die Großgrundbesitzer.«

Schwester Shirley lachte auf. Ich fragte:

»Und wie sieht es hier in Acre aus?«

»Nun ja … die Linken sind seit einem Jahr an der Macht … Es ist noch zu früh.«

»Sie haben es schwer«, bestätigte Schwester Edna. »Gerade wurde die ganze Bevölkerung gegen Gelbfieber geimpft.«

»Aber die Leute sterben immer noch an Hunger … an Infektionen, Epidemien … Amazonien ist ein schwieriges Land … Es ist nicht dieser schöne, unberührte Dschungel, den man in den Filmen sieht oder der den Touristen in Manaus oder Belém vorgeführt wird.«

Sie ließen mich an einer Weggabelung aussteigen, die ihnen zufolge eine halbe Stunde von der Kautschukpflanzung »As Amazonas« entfernt war. Der Jeep fuhr davon, und die Schwestern winkten zum Abschied. Plötzlich fühlte ich mich einsam und verlassen. Diese Frauen hatten mir ein Gefühl von Stärke und Zuversicht gegeben. Ich verfügte über eine rudimentäre Karte, die sie mir aufgezeichnet hatten, und eine genaue Beschreibung, wie man zu der Kautschukplantage gelangte: Rechts vom Weg sollte ich nach einem Steinhaufen mit dem Schild »As Amazonas« Ausschau halten. Von dort würde ein Pfad abzweigen, der mich direkt zu Diodoros Haus führen sollte.

Ich stapfte auf einer schlammigen Piste durch den Dschungel, der sich vor mir öffnete wie eine dichte grüne Schlucht. Eine regelrechte unüberwindliche Mauer aus Lianen, Baumstämmen und riesigen Blättern. Heerscharen von Vögeln veranstalteten einen Heidenlärm. Ich sah auf die Uhr: Die halbe Stunde war verstrichen, ohne dass ich einen Wegweiser gesehen hätte, und der Himmel hatte sich verfinstert. Aus der halben Stunde waren fünfundvierzig erstickend heiße Minuten geworden.

Plötzlich begann es zu regnen, ein heftiger, warmer Schauer mit dicken Tropfen. Ich zog mich aus und stand in Unterhosen und Stiefeln da, wahrlich ein schöner Anblick, falls mich jemand zu Gesicht bekam. Sollte ich in den Wald gehen, um mich unterzustellen? Ich hatte Wolkenbrüche von einer halben Minute und solche von anderthalb Stunden Dauer erlebt. Wie lange würde dieser anhalten? Durch den Regen beschlug meine Brille, sodass ich den Weg nicht mehr erkennen konnte. Es regnete so heftig, dass die Landschaft verschwamm und es so dunkel wurde, als wäre es Nacht. Der Schlamm schwappte über meine Stiefel und machte ein Weiterkommen unmöglich. Ich beschloss, mich im Wald unterzustellen.

Ich betrat ein baumloses Gelände, das mit übermannshohem Gras bewachsen war. Ich wusste nicht, wohin ich trat, und tappte blindlings umher, die Brille in der einen Hand und den wasserdichten Rucksack in der anderen. Der Schlamm wurde immer tiefer, und ich begann zu befürchten, einer meiner Stiefel könnte darin stecken bleiben. Ich beschloss, auf die Straße zurückzukehren – was machte es schon, wenn ich nass wurde? Ich begann auf dem gleichen Weg zurückzugehen, von dem ich glaubte, dass ich auf ihm gekommen sein. Nach ungefähr fünfzehn Minuten merkte ich, dass ich eine andere Richtung eingeschlagen haben musste, denn die Straße tauchte nicht auf. Ich hatte die Orientierung verloren. Ich setzte die Brille auf, aber ich hätte mir genauso gut eine Augenbinde umlegen können. Ich verfluchte meine Kurzsichtigkeit, den Regen, den Amazonas, Rafa González vom Verlag Espansa, die Tatsache, dass ich ein armseliger Stadtmensch war, der sich im Dschungel überhaupt nicht auskannte.

Ich versuchte mich zu beruhigen. Dass man sich im Urwald verirrte, gab es nur im Film, im wirklichen Leben passierte so etwas nicht ... und mir schon gar nicht. Das mochte anderen passieren, aber nicht mir ... Ich hatte mich nicht verlaufen, ich musste nur abwarten, bis der Regen aufhörte, und mich orientieren. Sobald ich die Brille aufsetzte, würde ich wieder klar sehen. Außerdem befand ich mich nicht wirklich im Regenwald, sondern lediglich in einem verwilderten Brachland. Ich musste einfach ganz ruhig bleiben und durfte nicht nervös werden. Das war alles.

Alles auf der Welt hat einmal ein Ende, und so hörte auch der Regen nach fünfzehn Minuten auf. Aber die Sonne kam nicht heraus, der Himmel blieb dunkelgrau, und die Hitze wurde wieder drückend und stickig. Eine brütende Hitze war das. Aber wenigstens sah ich etwas. Ich hatte die Brille auf, und in der wasserdichten Tasche hatte ich trockene Kleidung, eine Ersatzbrille, ein Fahrtenmesser, eine Kladde mit Ledereinband, zwei schwarze Bic-Kugelschreiber – meine Lieblingsstifte –, das Buch *Abenteuer Amazonas,* das die Chroniken von Gaspar de Carvajal, Pedrarias de Almesto und Alonso de Rojas zusammenfasst, außerdem *Voyage sur l'Amazone* von Charles Marie de La Condamine in der Ausgabe von Maspero aus dem Jahr 1981; den *Illustrierten Führer der Flora und Fauna Amazoniens* von W. Thompson, drei Müsliriegel, eine Flasche Málagawein, die ich seit dem Abflug aus Madrid als Geschenk für Diodoro mit mir herumschleppte, und eine Tüte Bonbons aus dem Mira Shopping in Rio Branco für Diodoros Kinder.

Des Weiteren waren da der Pass in einer wasserdichten Hülle, eine kleine Kamera von Spion, deren Verschluss durch die Feuchtigkeit klemmte, und mein ganzes Geld, das ich im Inneren meines Ledergürtels versteckt hatte, einer Handarbeit aus dem Sanatorium in der Calle San Bernardo 42.

Das war nicht schlecht.

Dennoch musste ich jetzt aus dem Dickicht herausfinden, weg von der grünen Dschungelwand. Ich zerteilte vorsichtig das Gestrüpp und machte einen Schritt vorwärts. Der Stiefel versank in einer zähen, scheinbar bodenlosen Masse. War das Treibsand? Aber das konnte nicht sein ... Mir fielen die unzähligen Filme aus meiner Kindheit ein, in denen ein Mann verzweifelt schrie und mit den Armen ruderte, während er erbarmungslos von einer wabernden Schlammmasse verschluckt wurde. Ich war jetzt wieder trocken, aber der Schweiß rann mir den Körper hinunter. Ich würde denselben Weg zurückgehen, den ich gekommen war. Es war kinderleicht ... Ich musste nur meinen eigenen Spuren folgen. Wegen des Regens sah man die Fußabdrücke nicht, aber das machte nichts, ich würde gleich hier rausfinden, ich musste irgendeine Spur in dem hohen Gestrüpp hinterlassen haben. Ich brauchte ihr nur zu folgen.

Aber warum sank ich dann ein? Vorher war ich nicht so tief eingesunken. Es konnte nicht sein, dass ich von Treibsand umgeben war. Los, vorwärts. Diesmal sank ich bis fast zu den Knien ein, ich schwöre es. Ich zog ein Bein heraus, machte einen weiteren Schritt und sank erneut ein; ich klammerte mich an den Ästen fest und versuchte mich nicht zu bewegen ... meine achtzig Kilo unbemerkt zu machen ... leicht zu sein wie ein kleines Vögelchen.

Ganz langsam arbeitete ich mich aus dem Matsch heraus, den ich für ein Schlammloch hielt. Ich betrachtete den Himmel, es sah nach weiterem Regen aus ... möglich, dass es wieder anfing. In Amazonien regnete es dauernd, ich musste mich beeilen ... Ich wollte nicht wieder mit beschlagener Brille dastehen.

Meine Fußstapfen im Dickicht erfüllten denselben Zweck wie die Brotkrumen für Hänsel und Gretel. Ich stieß wieder auf die Straße und atmete auf: Ich war nicht verloren. Ich begann laut zu singen: *A la lima y al limón, a ti no hay quien te quiera, a la lima y al limón, te vas a quedar soltera,* und setzte meinen Weg fort, wobei ich so gut es ging versuchte, dem Schlamm auszuweichen. Auf der Straße war etwas zu erkennen, das wie alte Auto- und Lastwagenspuren aussah, sodass ich annahm, auf dem richtigen Weg zu sein. Aber hatten die Nonnen nicht gesagt, dass ich nach einer halben Stunde Fußmarsch zu einem Hinweisschild kommen würde?

Ich blieb stehen, um nachzudenken, als ich an einer Wegbiegung in etwa zweihundert Metern Entfernung die Gestalt eines Mannes erkannte. Der Mann kam mir entgegen. Er trug einen Hut, ein blaues Hemd und vielleicht einen Bart und hatte etwas auf dem Rücken. Er kam immer näher. Es bestand kein Zweifel, dass er mich gesehen hatte. Auf einmal fiel mir ein, dass ich immer noch in Unterhosen und Stiefeln war; ich öffnete den Rucksack und zog die kurzen Hosen über. Unterdessen war der Mann in fünfzig Metern Entfernung stehen geblieben und beobachtete mich. Er trug tatsächlich einen Bart in seinem hageren Gesicht; die Haare reichten ihm bis auf die Schultern und quollen unter einem zerfransten, schmutzigen Strohhut hervor. Die Jeans waren zerrissen, und die Gummistiefel, die er trug, waren jeweils mit einer Kordel an den Knöcheln festgebunden. In seiner rechten Hand blitzte eine Machete. Das, was er auf dem Rücken hatte, war ein riesiger Korb, den er nun absetzte. Ein Goldsucher? Ein Wegelagerer?

Ich ging ein paar Schritte vorwärts und grüßte ihn:

»Guten Tag. Bin ich hier richtig auf dem Weg nach ›As Amazonas‹?«

Er antwortete nicht, sodass ich noch ein paar Meter näher heranging, dabei freundlich lächelnd, um zu signalisieren, dass ich nichts Böses im Schilde führte und nicht bewaffnet war. Der Mann hob die Machete vor die Brust. Sie war riesig, und er umklammerte sie mit aller Kraft. Ich sah, wie seine Knöchel hervortraten. Er hatte flackernde Augen, wie ein Verrückter, und bewegte keinen Muskel.

Nach etwa zwanzig Metern blieb ich stehen und grüßte ihn erneut. Er antwortete wieder nicht und rührte sich nicht von der Stelle.

»Ich bin auf dem Weg zu der Kautschukplantage ›As Amazonas‹. Da entlang?« Ich zeigte geradeaus.

Mit dieser Machete brauchte er nur näher zu kommen und mir die Kehle durchzuschneiden. Er würde mir die Kleider und die Stiefel wegnehmen und die Flasche Wein trinken, die ich für Diodoro mitgebracht hatte. Vielleicht dachte er gerade über diese Möglichkeit nach. Allerdings gab ein fast glatzköpfiger, kurzgeschorener, bebrillter Typ ohne Hemd wohl keine besonders attraktive Beute für einen guten Straßenräuber ab. Aber man wusste nie. Wenn er mich in den Dschungel schleppte oder mich im Gestrüpp liegen ließ, würde niemand meine Leiche entdecken. Und falls doch, hätten mich die Geier und die Raubtiere in ein paar Tagen sauber bis auf die Knochen abgenagt.

Plötzlich streckte er den Arm mit der Machete aus und deutete hinter mich. Es dauerte einen Moment, bis ich kapierte.

»Da hinten? Ich bin vorbeigegangen? Ich suche die Kautschukplantage ›As Amazonas‹.«

Er deutete erneut mit der Machete in dieselbe Richtung. Er hatte wirklich die Augen eines Besessenen.

»Da hinten? Ich bin vorbeigelaufen?«

Er nickte. Ich bedankte mich und ging den Weg wieder zurück. Nach ein paar Metern drehte ich mich um; der Kerl stand immer noch reglos da, hatte aber die Machete sinken lassen. Ich ging weiter. Verstohlen öffnete ich den Rucksack, nahm das Messer mit der Hülle heraus und befestigte es mit dem Trageriemen unter der linken Achsel. Dann zog ich das Hemd über, ohne es zuzuknöpfen. In der Ferne tobte ein Gewitter, weit hinter der grünen Dschungelwand war Donnergrollen zu hören, während in Richtung der untergehenden Sonne Blitze durch die Wolken zuckten. Mir blieb noch eine Stunde Helligkeit, vielleicht ein bisschen weniger. Dann würde es dunkel werden. Ich hatte noch nie eine Nacht im Dschungel verbracht. Und das hatte ich auch nicht vor, ohne Hängematte und ohne Schlafsack. Wenn ich Diodoros Plantage nicht fand, würde ich versuchen, zu Fuß nach Xapurí zurückzugehen.

Aber am meisten Sorgen machte mir der Kerl mit der Machete, der sich wieder in Bewegung gesetzt hatte und immer ungefähr dreißig Meter Abstand zu mir hielt.

Wenn ich schneller ging, ging er auch schneller. Die Papageien begannen wie wild zu krächzen, Zeichen dafür, dass es bald Nacht wurde. Später, wenn es dunkel war, würden alle Geräusche verstummen, es würde eine Stille eintreten, als hätte ein Dirigent den Einsatz dazu gegeben, und dann würden die geheimnisvollen Geräusche beginnen, das Flattern der riesigen Fledermäuse, die Rufe der Nachtvögel, das Rascheln der Blätter.

Plötzlich tauchte das Schild auf, von dem die Nonnen gesprochen hatten. Ich war daran vorbeigegangen, ohne es zu bemerken. Es war ein Brett, das neben der Straße an einem Steinhaufen lehnte. Darauf hatte jemand mit weißer, vom Regen und der Sonne ausgeblichener Farbe geschrieben: »*Seringal* As Amazonas.«

Ich drehte mich um und winkte zum Abschied. Der Unbekannte erwiderte meinen Gruß, indem er die Machete über dem Kopf schwenkte. Ich ging durch dichtes Gebüsch hindurch, und ein kleiner Hund kam aus dem Wald gelaufen und begann mich anzukläffen. Das Gebell klang für mich wie Himmelsglocken; der Hund stand auf einem Trampelpfad, der in die grüne Wand hineinführte. Ich bezweifle, dass ich ihn gefunden hätte, wenn der Hund nicht gewesen wäre.

Es war ein Mischlingsköter, der verschwand, als er bemerkte, dass ich ihm folgte. Ich ging tiefer in das Dickicht hinein, unter einer tiefgrünen Kuppel hindurch, einem Tunnel aus dicken, knorrigen Baumstämmen, um die sich gewaltige Lianen wanden und sie zu ersticken schienen. Es musste sich um einen alten Kautschukpfad handeln. Es herrschte eine bleierne, beklemmende Stille, nur durchbrochen von dem Kläffen des Hundes, der vorauslief, mich anbellte und wieder verschwand. Ich entdeckte einige *Hevea brasiliensis,* den Gummibaum. Nicht, dass ich etwas von Bäumen verstünde, aber die Bäume wiesen die typischen, an menschliche Rippen erinnernden Einschnitte auf, aus denen der Latex austrat. Mit einer speziellen Axt wird ein Längsschnitt in die Rinde gemacht, dann werden weitere Kerben rechts und links davon geschlagen, die ebenfalls von oben nach unten verlaufen, sodass sie in den zentralen Einschnitt münden. Unter diesem wird ein Eimer oder ein Tongefäß befestigt, in das dann der Latex fließt.

Ich zählte mindestens sechs dieser riesigen Gummibäume, während ich weiter den Pfad entlangging, bis ich eine Lichtung erreichte, die fast so groß wie eine Stierkampfarena war. Darauf standen eine einfache Pfahlhütte und ein Unterstand aus Palmblättern mit einem Zinkkessel, in dem der Latex geräuchert wurde. Beim Räuchern wurde der Latex langsam erhitzt und mit Hilfe einer Stange zu Kugeln geformt, den *pélas*. Diese hatten die Form von Rugbybällen und waren auf einer Seite des Unterstandes gestapelt. Aus einem steinernen Kamin, der ebenfalls eine Abdeckung aus Palmzweigen hatte, stieg weißer Rauch auf und verschwand in den Wolken.

Rund um das Haus waren Beete mit Maniok, Mais, Zwiebeln und Tomaten angelegt; sie waren umgeben von Vogelscheuchen und Obstbäumen. Ich erkannte Yuca, Maracuja, Bananen, Ananas, Okras ... Der Hund verkroch sich unter der grob gezimmerten Treppe zu der Hüttentür, in der zwei barfüßige Mädchen in verblichenen Kleidern erschienen. Die eine war ungefähr zwölf, die andere konnte nicht älter als sieben sein. Die beiden musterten mich ohne jedes Anzeichen von Angst. Der Hund kläffte immer wütender. Ich grüßte die Mädchen und fragte sie nach Diodoro.

Die Ältere antwortete:

»Er ist nicht da.«

Dann fragte ich nach ihrer Mutter. Sie war auch nicht da. Sie sei in der Kautschukpflanzung, genau wie ihr älterer Bruder. Ich sagte ihnen, dass ich ein Freund ihres Vaters aus Spanien sei, dass ich einen weiten Weg hinter mir hätte und gerne hier auf ihn warten wollte, falls sie nichts dagegen hätten. Das ältere Mädchen streichelte den Hund, der sofort aufhörte zu bellen, und verschwand in der Hütte. Ich ging durch den Garten und setzte mich auf die Stufen zu der Kleinen, die mich aus großen Augen fasziniert ansah. Ich gab ihr die Tüte mit den Bonbons, die ich in Rio Branco gekauft hatte, und sie riss sie sofort auf und begann zu essen.

Sie erzählte, dass sie Carmezia heiße und ihre ältere Schwester Ziralda. Der Hund, der an meinen Händen schnüffelte, heiße Gringo.

Ihr älterer Bruder Xosé sei ebenfalls bei den Kautschukbäumen und werde bald zurückkommen, wenn es dunkel werde. Sie gehe in die Schule in Xapurí; sie werde jeden Tag von einem Lastwagen hingebracht und wieder abgeholt. Ich versuchte aus ihr herauszubekommen, wo der Lastwagen hielt, aber ich konnte mich nicht verständlich machen. Noch schwieriger wurde es, als es darum ging, wo Diodoro steckte und ob er ihr Vater war.

Auf die erste Frage antwortete sie, dass sie es nicht wisse, und auf die zweite, dass er ihr Vater sei, ja. Ich beschloss, sie nicht länger auszufragen, und sah entspannt zu, wie es Abend wurde, sonderbar froh darüber, dass die wahnwitzige Suche nach Diodoro ein Ende hatte.

»Kennst du Geschichten über den Urwald, Carmezia?«

Das Mädchen nickte.

»Warum erzählst du mir nicht eine?«

»Welche?«

»Eine, die dir gefällt.«

Sie lutschte nachdenklich ein Bonbon.

»Als Gringo angefangen hat zu bellen, hab ich gedacht, du wärst ein *mapinguari*.«

»Ist das eine schöne Geschichte?«

»Nein, die ist gruselig.«

»Dann erzähl mir lieber eine schöne, bis deine Eltern kommen.«

»Kennst du die vom *curupira*?«

»Nein.«

»Der *curupira* lebt ganz, ganz tief im Wald und ist ein Junge, der die Füße verkehrt herum hat. Er hat einen haarigen Körper, und wenn du ihm im Wald begegnest und er dich ansieht, bist du wie gelähmt. Der *curupira* ist den ganzen Tag im Wald und tritt ganz laut gegen die Bäume, damit alle wissen, dass er der Herr des Waldes ist. Er passt auf, dass niemand ein Tier tötet, ohne hungrig zu sein, und dass niemand grundlos einen Baum fällt. Wenn das passiert, wird der *curupira* böse und hext dem Missetäter Krankheiten in den Körper, die nie heilen, und den Jäger straft er mit der Sünde der Völlerei. Wenn jemand einen *curupira* totschießt, sieht er anstelle des toten *curupira* den Menschen, den er am liebsten hat.«

Xosé war ein kräftiger, hoch aufgeschossener Bursche, über dessen Oberlippe ein dünner schwarzer Flaum spross. Als er zum Haus kam, hatte er eine *poronga* auf dem Kopf befestigt, die Kerosinlampe, die die Kautschuksammler benutzen, weil sie schon vor dem Morgengrauen losziehen, um die Einschnitte in die Bäume zu machen. Außerdem trug er fünf ineinandergestapelte Latexgefäße, die Axt am Gürtel und eine Machete in der Hand. Er warf mir einen flüchtigen Blick zu, als ob es vollkommen normal wäre, dass Fremde zu dem Haus kamen, brachte die Gefäße zum Unterstand und ging die Treppe hinauf, nicht ohne mich zu grüßen.

»*Boas noites.*«

»*Boas noites,* guten Abend«, antwortete ich.

Baldiza Alenzar de Souza war einundsechzig Jahre alt, schlank, drahtig, sie hatte tabakfarbene Haut und kurze schwarze Haare. Kaum angekommen, verschwand sie in dem türlosen Verschlag, der Klo und Dusche zugleich war, und streifte ihr verblichenes, fadenscheiniges Kleid ab. Ich musste wegschauen: Sie hatte kleine Hängebrüste mit großen, dunklen Warzen. Ihre Scham war ein großer, schwarzer Fleck, der fast bis zum Nabel reichte. Während das Wasser aus dem Reservoir plätscherte, das sich auf dem Dach befand, sagte sie zu mir, dass ich ins Haus gehen solle, es gebe gleich Abendessen. Meine Frage nach Diodoro beantwortete sie nicht.

Im trüben Schein einer Kerosinlampe auf zwei langen Bänken sitzend, aßen wir schweigend *beiju*, einen runden, flachen Kuchen aus geraspeltem und in der Pfanne geröstetem Maniok, Dörrfleisch und frittierte Bananen. Auf dem groben Holztisch stand die Flasche Wein aus Málaga, die ich aus Spanien mitgeschleppt hatte. Niemand rührte sie an. Und alle meine Versuche, ein Gespräch über Diodoro zu beginnen, schlugen fehl. Schweigend machte sich die Familie über das Essen her, und so hielt auch ich den Mund. Das Haus bestand aus zwei Räumen. Der eine diente als Esszimmer, Küche und Schlafzimmer, den Haken an den Wänden nach zu urteilen, die dazu dienten, die Hängematten aufzuspannen. In dem anderen, dem Elternschlafzimmer, befanden sich eine große Hängematte und ein einfacher Schrank. Es gab keine Türen, und die Räume waren durch eine Bretterwand abgetrennt, die nicht bis zur Decke reichte. Ich bezweifle sehr, dass es dort so etwas wie Intimität gab.

Der Mittelpunkt des Zimmers war der gusseiserne Herd, der auf enormen Füßen ruhte. Es gab eine primitive Anrichte für das Geschirr der Familie und die Küchengeräte; darauf stand ein großes, tragbares Radio, flankiert von zwei Stapeln mit Kassetten. An den Wänden standen drei große, eisenbeschlagene Kisten. An einem Haken hing eine neue, geölte zweiläufige Flinte und daneben ein Herz-Jesu-Bildchen in bester Kitsch-Tradition sowie ein Druck von Raimundo Ireneo Serra.

Nachdem Baldiza das Geschirr in einer Blechschüssel gespült hatte, nahm sie ein Päckchen Drehtabak und Blättchen und sagte zu mir, dass wir uns doch nach draußen setzen sollten.

Während sie geschickt eine Zigarette drehte, sagte sie zu mir:

»Wissen Sie ... meine Töchter haben Sie für den *Mapinguari* gehalten und sich furchtbar erschreckt.« Als sie mein verständnisloses Gesicht sah, erklärte sie: »Der *Mapinguari* ist ein Ungeheuer, das durch den Wald streift und Verirrte auffrisst. Er ist zwei Meter groß und hat ein einziges Auge mitten auf der Stirn und seine Füße sind verkehrt herum. Er kommt auf einen zu und sagt ›He! He! Ich habe mich verirrt, ich habe mich verirrt, hilf mir!‹, und dann verschlingt er einen. Niemand kann ihn fangen, denn weil seine Füße verkehrt herum stehen, weiß man nie, in welche Richtung er läuft ... Einige glauben an ihn, andere nicht.«

»Baldiza ... Wo ist Diodoro?«

»Diodoro ist fortgegangen ... Das hier war nichts für ihn.« Sie lächelte mich an.

»Moment mal ... du willst sagen, er ist nicht hier?«

»Er hat mir gesagt, dass er nach Cobija will, um im Transport zu arbeiten ... Ein Freund von ihm hat ein kleines Flugzeug ... ein Lufttaxi.«

»Cobija«, murmelte ich. Ein bolivianisches Dorf mitten im Dschungel, nur mit dem Flugzeug zu erreichen. Es gab keine Straßen und keine Schiffswege, die dort hinführten. Von Brasileia aus, einer Grenzsiedlung in Acre, konnte man über den Fluss nach Cobija übersetzen. Für manche, vor allem für die amerikanische Drogenbehörde DEA, war es eines der Hauptanbaugebiete für Koka. Was Diodoro dort wohl machte?

»Hast du die Adresse?«

»Ja. Der Freund heißt Obadias García und die Firma Porto Seguro ... Weißt du, er sagte mir, dass du vielleicht vorbeikommen würdest; er hat mir von dir erzählt ... Er sagte, dass ihr die Stadt der Amazonen suchen wolltet ... Er hatte Pläne, Bücher ... Unterlagen ...«

»Hast du sie hier, Baldiza?«

»Nein, er hat all seine Sachen mitgenommen.« Sie stieß den Rauch aus. »Er ist regelmäßig in einem Hotel in Brasileia, dem *Victoria Regia.* Der Besitzer ist ein Freund von ihm ... Ich kann noch Kinder kriegen, weißt du ... ich blute noch. Meine Mutter hat mich mit fünfundsechzig gekriegt.« Sie sah mich eindringlich an; ich konnte ihren Blick nicht deuten. »Hier fehlt ein Mann.«

»Ich gehe morgen. Ich habe einen Vertrag, um ein Buch über die Stadt der Amazonen zu schreiben. Ich muss Diodoro finden.«

Ich lächelte, aber nicht einmal ich selbst wusste, ob es ein trauriges oder ein bestürztes Lächeln war.

Der Lastwagen, der Carmezia abholte, hatte ein Verdeck, wofür ich sehr dankbar war, denn es regnete in Strömen, als mich das Mädchen morgens um halb sechs bei der Hand nahm und über den Pfad zu der Dschungelpiste führte. Sie war ordentlich angezogen, mit Schuhen, Ranzen und Regenschirm. Sie war die Einzige in der Familie, die lesen und schreiben konnte. Auf dem Lastwagen setzte ich mich zwischen die Jungs und Mädchen, die von den benachbarten Gehöften kamen und zur Schule nach Xapurí fuhren. Sie hockten auf hölzernen Pritschen, die man in dem Lastwagen angebracht hatte. Sie würden in der Schule frühstücken und zu Mittag essen und um vier Uhr nachmittags wieder nach Hause kommen. Das war die neue Generation von Kautschukzapfern, die ernsthaftesten und besterzogenen Jungen und Mädchen, die ich je gesehen hatte.

Bis Xapurí war es nicht weit, kaum dreißig Kilometer, aber über die schlammigen Pisten brauchten wir eine lange Stunde. Im Heimatort von Chico Mendes würde ich einen Bus nach Brasileia nehmen. Der größte Teil der Strecke war asphaltiert.

Ich hatte nicht gut geschlafen auf dem Boden der Hütte. Ich hatte Albträume gehabt, in denen ein in den *Mapinguari* verwandelter Diodoro auftauchte. Ich musste ihn töten, bevor er mich auffraß, aber dazu musste man den *Mapinguari* der Legende nach ins Auge treffen oder in den Bauchnabel, und ich schoss daneben. Als ich um halb fünf schweißgebadet aufwachte, waren Baldiza und ihr Sohn Xosé schon zu den Kautschukpflanzungen gegangen. Ziralda hatte Kaffee gekocht, und Carmezia saß über ihren Schulbüchern.

Baldiza war gegangen, ohne sich zu verabschieden.

Dreizehn

Der Boden des Busses, mit dem ich nach Brasileia fuhr, war lehmverschmiert von den Stiefeln der Landarbeiter, die von den *fazendas* kamen. Ich sah sie beladen mit Bündeln, Kisten und Eimern am Straßenrand stehen. Hin und wieder sah ich Gruppen von schweigsamen Indios mit gesenkten Köpfen. Es sind etwa sechzig Kilometer von Xapurí nach Brasileia, aber wir brauchten zwei Stunden. Durch die Fensterscheibe betrachtete ich die monotone Abfolge von Palmen: die Tucuma-Palme, die *Uxi-Coroa,* aus deren Früchten man Öl gewinnt; die *Pupunheira* mit ihren rötlich-gelben, sehr faserigen Früchten, die zu Marmelade oder Früchtebrot verarbeitet werden. Wenn sie jung sind, geben sie ein ausgezeichnetes Palmmark.

Immer häufiger wich der Regenwald offenen Grasflächen, auf denen die hässlichen Buckelrinder Amazoniens weideten. Ein Coati, ein Nasenbär mit hundeähnlicher Schnauze und einem rötlichen, schwarz gestreiften Fell, schien mich zu beobachten, die spitzen Klauen in den Stamm einer Parauá-Palme gekrallt. Es mussten noch mehr in der Nähe sein, denn Coatis leben gerne in Rudeln.

Die Luft im Bus war unerträglich. Ich beschloss, noch einmal nachzulesen, was La Condamine über die Amazonen sagt:

»Während unserer Reise befragten wir allerorten die Indianer verschiedener Stämme und versuchten vorsichtig aus ihnen herauszubekommen, ob sie etwas über die kriegerischen Weiber wüssten, welche Orellana getroffen und bekämpft zu haben behauptete, und ob es wahr sei, dass sie keinen Umgang mit Männern pflegten und jenen nur einmal im Jahr erlaubten, unter ihnen zu weilen. Alle beteuerten, dass sie es so von ihren Vätern gehört hätten, und nannten eine Vielzahl von Einzelheiten, welche zu lang sind, um sie hier wiederzugeben, und welche bestätigten, dass es auf diesem Kontinent eine Republik von Frauen gab, die für sich lebten, ohne einen Mann zwischen sich zu dulden, und die sich über den Rio Negro oder einen der anderen Flüsse, die sich am selben Punkt in den Marañón ergießen, weiter nach Norden zurückzogen.

Ein Indianer aus São Joaquim de Omaguas erzählte uns, dass wir womöglich in Coarí noch einen Alten antreffen könnten, dessen Vater die Amazonen gesehen habe. In Coarí erfuhren wir, dass der Indianer, den man uns genannt hatte, gestorben sei, doch sprachen wir mit seinem Sohn, einem Mann von etwa siebzig Jahren, welcher den übrigen Indianern jenes Dorfes vorstand. Dieser versicherte uns, dass sein Großvater tatsächlich besagte Frauen an der Mündung des Rio Cayamé gesehen habe, welcher, von Süden kommend, zwischen Tefé und Coari in den Amazonas fließe. Er sei mit vieren von ihnen zusammengetroffen, von denen eine einen Säugling bei sich gehabt habe; er nannte uns den Namen einer jeden von ihnen und erklärte weiter, dass sie von Cuchivara aus den großen Strom überquert hätten und den Rio Negro flussaufwärts verschwunden seien. Ich lasse einige, wenig glaubwürdige Einzelheiten aus, die indes den Kern der Frage nicht berühren. Unterhalb von Coari erzählten uns die Indianer dasselbe, mit einigen nebensächlichen Abweichungen, im entscheidenden Punkt indes waren sie sich einig.

Insbesondere die *Topayo,* auf welche ich an geeigneter Stelle besonders eingehen möchte, besitzen einige grüne Steine, die unter dem Namen ‚Amazonensteine' bekannt sind. Ihnen zufolge sind sie ein Erbe ihrer Väter, welche die Steine von den *cuñantesecuima* erhalten hätten, was in ihrer Sprache so viel heißt wie ›männerlose Frauen‹, welche diese Steine in großer Zahl besäßen.

Ein Indianer, der in Mortigura lebte, einer Mission nahe Pará, erbot sich, mir den Fluss zu zeigen, auf welchem man ganz in die

Nähe des Landes gelangen könne, welches die Amazonen augenblicklich bewohnten. Dieser Fluss trägt den Namen Irijo, und ich kam später an seiner Mündung vorbei, zwischen Macapá und dem Cabo Norte gelegen. Den Angaben desselben Indianers zufolge musste man, um in das Land der Amazonen zu gelangen, von der Stelle aus, an welcher der Fluss wegen der Stromschnellen nicht länger befahrbar ist, viele Tage durch die westlichen Wälder wandern und ein Gebirge überqueren.

Ein bereits betagter Soldat aus der Garnison Cayena, der heute nahe der Stromschnellen am Rio Oyapoc lebt, versicherte mir, dass eine Truppe, der er angehört habe, im Jahre 1726 ausgeschickt worden sei, um die Umgebung zu erforschen, und auf die *Amicuanos* getroffen sei, ein Volk von Großohren, welches jenseits der Quellen des Oyapoc am Ursprung eines weiteren Flusses lebte, der in den Amazonas münde. Dort habe er gesehen, dass die Frauen und Mädchen Halsketten aus denselben grünen Steinen trugen, welche ich eben erwähnte. Auf seine Frage, woher sie diese hätten, hätten diese Indianer geantwortet, dass sie aus dem Land der ›männerlosen Frauen‹ stammten, deren Reich im Westen liege, sieben oder acht Tagesreisen entfernt. Das Volk der Amicuano lebt fernab vom Meer in einer hochgelegenen Gegend, in welcher die Flüsse wegen ihrer geringen Wassermenge noch nicht schiffbar sind; folglich können sie diese Sitte wohl kaum von den Indianern am Amazonas übernommen haben, mit denen sie keinen Umgang pflegten; sie kannten nur die Völker umliegender Gebiete, aus welchen die Franzosen der Garnison von Cayena ihre Führer und Dolmetscher rekrutierten.

Es bleibt also festzuhalten, dass die Aussagen, welche ich hier wiedergebe, und andere, die ich unerwähnt lasse, sowie die Berichte zweier spanischer Gouverneure der Provinz Venezuela aus dem Jahre 1726 und darauffolgenden Jahren allesamt in der Frage der Amazonen übereinstimmen. Bemerkenswert ist auch, dass, obwohl die verschiedenen Berichte den Rückzug der amerikanischen Amazonen auf verschiedenen Wegen beschreiben, die einen von Osten, die anderen von Norden und wieder andere von Westen, alle übereinstimmend das Zentrum des Berglands von Guayana als Zielort nennen, ein Gebiet, in welches weder die Portugiesen aus Pará noch die Franzosen aus Cayena bislang vorgedrungen sind.«

Ich unterbreche meine Lektüre von La Condamine. Die Region, von der der französische Gelehrte spricht, ist das Gebiet von Yanomami, in Wirklichkeit das Territorium von vier verschiedenen Ethnien, die man unter dem Namen Yanomami oder *Guaribas blancos* zusammenfasst und die erst zwischen 1532 und 1542 aus Peru kamen, von wo sie vor den Massakern der Brüder Pizarro geflohen waren.

Noch heute existieren Zweifel und widersprüchliche Meinungen über den Ursprung der Amerindios; was man sicher weiß, ist, dass vor siebentausend Jahren Völker aus den Anden in die Amazonasregion kamen, über Wege und Routen, die noch während der ersten spanischen Conquista bekannt waren. Um 1532 machte sich zusammen mit vielen anderen Flüchtlingen eine Gruppe sogenannter »Jungfrauen der Sonne« aus Cuzco auf den Weg, Mädchen, die als Priesterinnen oder Vestalinnen in den Tempeln gefangen gehalten wurden und die als die schönsten Mädchen des Inkareiches galten. Diese Frauen flohen vor Gefangenschaft und Vergewaltigung über die Andenpässe und zogen sich an die westlichen Nebenflüsse des Amazonas zurück. Möglicherweise hatten viele von ihnen bei ihrer Flucht ihre von Spaniern gezeugten Bastarde dabei. Den Zeugnissen zufolge, die Koch-Grünberg zwischen 1911 und 1913 bei den Taulipang-Indianern sammelte und die mit den Angaben La Condamines übereinstimmen, teilte sich der Zug in drei Gruppen: Die erste Gruppe gelangte in die Serra Parima, im heutigen Bundesstaat Roraima, und bildete eine Gemeinschaft der Yanomami oder *Guaribas blancos*; die zweite erreichte über einen Seitenarm des Rio Trombetas und dann des Amazonas die Serra Tumucumaque, wo sie 1532 mit der Expedition von Francisco de Orellana zusammentraf; die dritte Gruppe erreichte den Rio Içana an der Mündung des Rio Vaupés, heute als Boca do Perro bekannt, wo sie den Mythos von den »Jungfrauen von Izy« begründete.

Überdies hat der Chilene Roland Stevenson, ein Experte für indianische Legenden, in seinem Werk *Una luz sobre los misterios amazónicos* (Manaus 1994) durch eine Gemeinschaftsexpedition mit dem Geologen Gert Woeltje nachgewiesen, dass der Norden von Roraima, heute eine 80000 Quadratkilometer große Ebene, ursprünglich der Grund eines riesigen Sees war, dessen Wasser aufgrund eines geologischen Phänomens namens »positive Epirogenese«, einer beständigen Aufwölbung der Erdkruste, in den Rio Uraricoera und von dort in den Rio Branco, einen Nebenfluss des Amazonas, abfloss.

Die älteren Yanomami nennen die Berge der Sierra in diesem ehemaligen See immer noch »Inseln« und erzählen von einer steinernen Stadt, die am Ufer des Sees gelegen habe. Gert Woeltje datiert den Abfluss des Wassers in eine noch nicht weit zurückliegende Epoche, auf Ende des 16. Jahrhunderts, was, wenn die Legenden stimmen, erklären würde, warum die sagenhafte steinerne Stadt der Amazonen, von denen jener gefangene Indio Kapitän Orellana 1542 so ausführlich berichtete, nie gefunden wurde. Hatte Diodoros Mutter Pläne von dem Weg durch die Anden besessen? Oder den Lageplan der alten Amazonenstadt?

Brasileia ist ein großes Dorf, 1910 am Ufer des Rio Acre gegründet, mit langen, trostlosen, zumeist gepflasterten Straßen. Träge brütet es in der Hitze vor sich hin. Wie in allen Städten und Dörfern am Amazonas ist der Regenwald allgegenwärtig. Die Straßen enden entweder am Fluss oder im Dschungel. Hier wurde 1975 die Gewerkschaft der Kautschukzapfer gegründet, mit Chico Mendes als Zweitem Vorsitzenden. Erster Vorsitzender war Wilson Pinheiro, der 1980 erschossen wurde. Es gab zwei oder drei billige Absteigen, aber das Hotel, das ich suchte, das *Victoria Regia* – benannt nach der berühmten Amazonas-Wasserpflanze – war neu, mit Klimaanlage und Kabelfernsehen. Ich erfuhr, dass in dem Hotel nur ein einziger Gast wohnte, ein amerikanischer Botaniker namens Louis Lewis Figueredo, der für den internationalen Pharmakonzern Glaxo Welcome arbeitete.

Fernando Oliveira, der Besitzer, ein großer, schlanker, weißhaariger Mann, empfing mich mit offenen Armen, denn das Hotel hatte zehn Zimmer, allesamt mit Fernseher ausgestattet, exklusiv »für die kultivierten Leute, die hierherkommen«.

Ich fragte ihn nach Diodoro, und er erzählte mir, dass er fast jedes Wochenende mit seinem Freund Obadias zum Essen ins Hotel komme, »weil in Cobija nichts los ist«.

»Er war länger nicht mehr da«, sagte mir Senhor Oliveira. »Aber heute kommt er bestimmt – es ist Freitag.«

Das Zimmer zwar zweckmäßig und klein, aber es gab ein Badezimmer mit Dusche, eine Klimaanlage ... und den Fernsehapparat. Nachdem ich geduscht hatte, ging ich über die glutheiße Straße, auf der die Feuchtigkeit verdampfte, in den Speisesaal des Hotels, der gegenüberlag. An einem Tisch saßen vier Männer beim Essen, sie trugen saubere Hemden und Hüte und sahen aus wie mittlere Angestellte einer staatlichen Landwirtschaftsbehörde. An einem anderen saß, alleine, der Amerikaner, ein Milchbubi um die fünfundzwanzig. Er hatte gerade den Inhalt von drei Konservendosen verzehrt, die noch geöffnet auf dem Tisch standen.

Als ich beim Kaffee angelangt war, war Diodoro immer noch nicht aufgetaucht, und ich setzte mich zu dem Amerikaner. Ich erfuhr, dass die Glaxo Welcome mit einem Marktwert von 189 Milliarden Dollar eines der größten Pharmaunternehmen der Welt war und kürzlich mit Smith Kline Beecham fusioniert hatte.

Der Junge gehörte zu einer Gruppe von Wissenschaftlern, die zweihundert Kilometer von Brasileia entfernt im Mamoadate-Reservat ein Camp eingerichtet hatten, um medizinische Pflanzen zu sammeln. Bioprospektion nannte er das. An den Wochenenden fuhr Louis bis Brasileia, um in einem Hotel zu schlafen, fernzusehen und kaltes Bier zu trinken.

»Dort im Dschungel haben wir alles ... Zelte, Duschen ... Lebensmittel ... aber ich vermisse den Fernseher.«

Man hatte ihn unter vielen anderen für diesen Job ausgewählt, weil er aus einer portugiesischen Familie stammte und Portugiesisch und Spanisch sprach. Er erzählte mir, dass er nur amerikanische Konserven aß – die Dosen, die auf dem Tisch standen –, weil er Angst vor einer Darminfektion hatte.

»Die hygienischen Bedingungen lassen arg zu wünschen übrig«, sagte er und lächelte mich mit seinem amerikanischen Jungen-Gesicht an. »Beim Bier mache ich eine Ausnahme.«

Dann erzählte er weiter:

»Wir investieren dreieinhalb Millionen Dollar in Forschungen. Dabei werden wir von der brasilianischen Universität unterstützt – ein vorbildliches Beispiel für die Zusammenarbeit einer privaten Firma mit staatlichen Institutionen. Die Kräuter und Pflanzen schicken wir an die Zentrale – Extracta heißt sie –, ein aus der Universität hervorgegangenes Institut für Biotechnologie mit Sitz in Rio de Janeiro.«

Bei dem Namen musste ich an geheime Aktionen à la James Bond denken, aber das sagte ich ihm nicht.

»Unser Ziel ist es, eine Datenbank mit mindestens dreißigtausend aus Kräutern und Pflanzen gewonnenen Medikamenten zu erstellen. Weißt du, dass die Indios nach wie vor viele der Pflanzen, die wir sammeln, als Heilmittel verwenden?«

Ich war nicht besonders bei der Sache. Das Warten auf Diodoro hatte mich ungeduldig gemacht. Also fragte ich ihn:

»Und was haben die Indios von dem Ganzen?«

»Wir sind wirklich sehr um ökologischen Fortschritt und die Zukunft der indigenen Populationen bemüht. Extracta, das Institut der Universität, wird drei Prozent der Einnahmen erhalten, wenn die Medikamente auf den Markt kommen. Es ist bereits vereinbart, dass diese Einnahmen wieder in Bildungs- und Entwicklungsprojekte in den Regionen gesteckt werden, in denen die Wirkstoffe gewonnen wurden.«

»Und gibt es hier viele Firmen wie deine?«

»In den Vereinigten Staaten gibt es 270 Pharmaunternehmen. Mehr als die Hälfte davon erforscht natürliche Wirkstoffe in den tropischen Regenwäldern. Vor allem das nationale Institut für Krebsforschung. Aber wir sind die Marktführer.«

»Sehr interessant.«

Seine Augen begannen zu leuchten.

»Weißt du, dass in den Vereinigten Staaten fünfundzwanzig Prozent aller Medikamente aus Pflanzen gewonnen werden?« Ich sagte nichts, und er erzählte weiter: »Zehn der zwanzig meistverkauften Medikamente 1998 bestanden aus natürlichen Rohstoffen. Darin siehst du, wie wichtig die Erforschung von Pflanzen und Kräutern ist. Amazonien ist die Region mit den meisten medizinischen Pflanzen weltweit. Die meisten davon sind noch nicht entdeckt.«

»Zum Kotzen ist das.«

»Wie bitte?«

»Ihr kommt in den Regenwald und benutzt die Schamanen und die Indios, damit sie euch sagen, wo die medizinischen Pflanzen zu finden sind ... Ihr engagiert indianische Träger und Guides ... Ihr schickt die Pflanzen an ein staatliches Institut der brasilianischen Universität, das die Forschungen übernimmt .. und dann nehmt ihr die Ergebnisse fix und fertig mit in die Staaten. Im Gegenzug tretet ihr drei Prozent der Einnahmen ab? Ist es so?«

Jetzt sah er mich ernst an.

»Worauf willst du hinaus?«

»Das ist schlicht und einfach Diebstahl.«

»Ach so, du bist Kommunist.«

Der Typ war einer von der Sorte, die in den letzten dreißig Jahren an den Universitäten herangezüchtet worden war. Da wurden Leute in die Welt entlassen, die schwierige Projekte durchführen konnten, aber nicht in der Lage waren, über ihren Tellerrand hinauszusehen.

Ich gab vor, eine Verabredung zu haben, und wir waren beide froh, das Gespräch beenden zu können.

Um nach Bolivien zu gelangen, musste man nur durch die glühende Sonne die Straße hinuntergehen und den Fluss überqueren. Brücken gab es nicht, die Bootsbesitzer übernahmen den Transport über den Rio Acre und kassierten dafür einen halben Real. Hier verlief die Grenze, aber es gab keine Zöllner und keine Polizei, niemand verlangte den Ausweis. Ich stieg hinter einer Kaserne der bolivianischen Marine in Cobija aus und wurde gleich von den Motorrad-Taxis überfallen. Du steigst hinten auf, und sie bringen dich überallhin. Sie nahmen auch brasilianisches Geld.

Wir fuhren durch den Ort, der verlassen dalag, wie vergessen in einer endlosen Siesta. Kleine, zierliche Indios mit dem typischen Andenhut auf dem Kopf und in bunten Ponchos huschten an düsteren Spelunken vorbei, wo zollfreie Waren verkauft wurden. Es gab nur ein paar asphaltierte Straßen.

»Hier lässt sich's gut leben«, sagte der Motorradfahrer zu mir. »Wir haben Karaoke, Bars, und es gibt sehr hübsche Mädchen.«

Und Koka, dachte ich, schwieg aber.

»Bleiben Sie länger?«

»Mal sehen«, antwortete ich.

»Ich kann Ihnen alles besorgen, was Sie wollen ... Uhren, Kassettenrecorder, Whisky, Radios ... Sind Sie aus São Paulo?«

Es war nicht das erste Mal, dass ich das gefragt wurde.

»Nein.«

Wir verließen das, was man als Ortszentrum bezeichnen konnte, und fuhren auf einer asphaltierten Piste durch den Regenwald. Cobija, ein Ort mit fünftausend Einwohnern und Zentrum des bolivianischen Distrikts Pando, liegt in einer der einsamsten Regionen Amazoniens. Man erreichte den Ort nur von Brasileia aus über den Rio Acre oder mit dem Flugzeug.

Der Flughafen bestand aus einem Schuppen, einem kleinen Tower und zwei Pisten auf einem Gelände, das aussah, als wäre es erst kürzlich gerodet worden. Nicht weit davon erhob sich die tiefgrüne Masse des Urwalds, so als kämpfte dieser darum, das Terrain wiederzugewinnen, das man ihm abgerungen hatte. Eine Boeing 727 der LAB (Líneas Aéreas Bolivianas) stand an einem Ende der Piste, ein riesiger silberner Vogel. Das Motorrad-Taxi brachte mich hinter das Hauptgebäude, wo zwei große Hangars standen, in denen mehrere klein gewachsene Männer ölverschmiert und mit freiem Oberkörper zwischen sechs oder sieben geparkten Kleinflugzeugen herumwuselten.

Der Motorradfahrer wandte sich an den ersten, der uns begegnete. Es war ein Typ, der Kisten mit bolivianischem Tuchana-Bier in eines der Kleinflugzeuge lud.

»He, Kumpel, wo is'n Obadías García?«

»Lufttaxis Porto Seguro«, ergänzte ich.

Der Mann wischte sich mit einem schmutzigen Lappen den Schweiß von der Stirn und zeigte auf einen Typen, ebenfalls mit freiem Oberkörper, der auf einer Handleiter stehend den Rumpf eines Kleinflugzeugs wusch, das in der Tür eines der Schuppen stand.

»Der da ist Obadías.«

Ich bezahlte meinen Fahrer, der laut knatternd davonfuhr. Ich ging mit klopfendem Herzen zu Obadías. Endlich war ich am Ziel meiner Mühen: Ich würde den gottverfluchten Diodoro treffen.

Bei dem Flugzeug handelte es sich um eine funkelnagelneue Piper und bei Obadías García um einen kleinen, unglaublich kräftigen Mann in kurzen Hosen, ehemals Armeehosen, die er mit der Schere abgeschnitten hatte. Er stand mit dem Rücken zu mir und wusch das Flugzeug so liebevoll wie eine Mutter ihr neugeborenes Baby.

Ich blieb hinter ihm stehen und sagte guten Tag.

Er drehte sich um und sah dabei nicht sehr freundlich drein.

»Es ist geschlossen«, sagte er.

»Ich bin Juan Madrid«, sagte ich.

Sein plattes, breites Gesicht verzog sich zu einem Lächeln, das sich über das ganze Gesicht ausbreitete. Er machte einen Satz und fiel mir in die Arme. Es fehlte nicht viel, und er hätte mich in zwei Teile zerrissen. Aber er war noch kleiner, als es zunächst den Anschein gehabt hatte. Sein Kopf reichte mir kaum bis zum Kinn.

»Juan Madrid! Juan Madrid!«

Nur mühsam konnte ich mich aus seinen Bärenpranken befreien.

»Ja, ich bin's ... Endlich bin ich hier. Wo ist Diodoro?«

»Junge, ich dachte, du wärst eine von Diodoros Lügen! Und da stehst du nun! Es gibt dich wirklich!«

»Ja, schon ... doch, es gibt mich wirklich ... und ich habe eine weite Reise hinter mir.«

»Lass uns ein Bierchen zischen!«

Er schob mich zu dem Schuppen, von dem ich annahm, dass dort die Flugzeuge untergebracht waren. Er war riesig groß und ein regelrechter Backofen – das machten die tropische Hitze und das

Wellblech, aus dem er gebaut war. Zwei Männer versuchten lautstark den Motor eines zerlegten Flugzeugs zu reparieren. Entlang der Wände gab es Verschläge, die durch ölverschmierte Regale mit Ersatzteilen, Aktenordnern und Unterlagen voneinander abgetrennt waren. Obadias setzte sich auf einen Stuhl, deutete auf einen zweiten und nahm zwei brasilianische Antárctica-Biere aus einem schmutzigen Kühlschrank.

»Auf dein Wohl!« Er öffnete die Flaschen, und wir tranken.

Diodoro war nicht da. Letzte Woche hatten sie eine *garimpeira* nach Marabá gebracht – ich hatte nicht gewusste, dass es auch Goldsucherinnen gab, aber Obadías bestätigte mir das –, und Diodoro hatte sich unsterblich in eine Indianerin verliebt und war mit ihr durchgebrannt. Er wusste nicht, wie die Frau hieß, noch ob sie die Sache wert war. Ich konnte meine Enttäuschung nicht verbergen und begann zu fluchen.

Obadías beruhigte mich und überreichte mir einen Brief, den Diodoro mir geschrieben hatte. Den Brief habe ich verloren, also zitiere ich ihn aus dem Gedächtnis. In groben Zügen sagte er mir, dass er bis Sonntag, den 21. April, in Marabá im Hotel Itacaiunas auf mich warten würde, dort sei er abgestiegen; wenn ich diesen Brief las, sollte ich im Hotel anrufen und Bescheid sagen, dass ich da war. Sonntag war vorgestern gewesen.

»Hier steht nichts von der Indianerin«, sagte ich zu Obadías.

Er las den Brief und kratzte sich am Kopf.

»Hm ... stimmt. Aber mir hat er erzählt, dass er mit dieser Indianerin weggehen wollte. Weißt du, was wir machen? Wir gehen zum Flughafen rüber und rufen in dem Hotel an. Was hältst du davon?«

Ich antwortete ihm, dass ich die Idee sehr gut fände.

Um sieben, es war schon dunkel, war ich wieder in Brasileia, in der Kneipe O Mirador, in der sich außer mir nur noch ein betrunkener

Gast befand. Es war eine schummrige Freiluftkneipe mit bunt zusammengewürfelten Tischen und Stühlen; der Wirt betrachtete gelangweilt die Büste des Präfekten Rolando de Paula Moreira in der Mitte der unasphaltierten Straße, die am Rio Acre entlangführte. Ich trank ein Bier, und der Betrunkene amüsierte sich mit zwei barfüßigen Mädchen in bauchnabelfreien Tops.

Drei Stunden zuvor hatte ich mit einem überraschten Diodoro gesprochen, der im Hotel Itacaiunas in Marabá seine Siesta gehalten hatte. Er war außer sich gewesen vor Freude, was meinen Ärger ein bisschen besänftigt hatte. Er bestätigte mir, dass er im Besitz der Dokumente über die letzte heilige Stadt der Amazonen sei, die seine Mutter ihm hinterlassen hatte. Er behauptete, den genauen Ort zu kennen, im Norden, in der Serra Tapirapecó an der Grenze zu Venezuela, mitten im Yanomami-Gebiet.

Ich sagte ihm, dass es unmöglich sei, dorthin zu gelangen, dass die Yanomami allen Goldsuchern Brasiliens den Krieg erklärt hätten und Hackfleisch aus uns machen würden.

»Hast du vergessen, dass ich einer von ihnen bin, ein Yanomami?«

»Ein Yanomami aus Málaga«, ergänzte ich. »Sie würden uns trotzdem töten.«

»Du willst doch das Buch schreiben, oder?«

Für ihn war alles ganz einfach, aber von Brasileia waren es über dreitausend Kilometer bis Marabá.

»Ich bring dich hin«, versprach mir Obadias. »Pass auf, morgen früh fliegst du mit mir nach Porto Velho, ich hab eine Lieferung Nähmaschinen für Novo Aripuanâ am Rio Madeira; von dort krieg ich bestimmt was nach Itaituba oder Altamira am Rio Xingú, und von da ist es nur noch ein Katzensprung nach Marabá. Wenn ich keine Passagiere finde, berechne ich dir nur das Benzin.«

Am Flughafen von Cobija hatte sich alles ganz einfach angehört, aber jetzt, während ich das Geschäkere des Betrunkenen beobachtete, sah die Sache ein wenig komplizierter aus. In einem Kleinflugzeug kreuz und quer durch Amazonien zu fliegen war etwas anderes, als in Madrid in die Metro zu steigen und zu meinem Bruder Luis nach Aluche hinauszufahren. Und noch schwieriger war es, in Yanomami-Gebiet einzudringen. Mein Freund Professor Leonel hatte mir bereits erzählt, wie grausam die Yanomami waren und welche Probleme die Beamten der Funai hatten, einen Kontakt zu ihnen herzustellen.

Die barfüßigen Mädchen ließen den Betrunkenen sitzen, schwangen sich auf ihre Räder und radelten über die Rua Rolando Moreira davon. Der Betrunkene begann Verwünschungen vor sich hin zu murmeln, und der Wirt entschied, dass es Zeit war zu schließen. Es war noch keine acht Uhr abends. Ich ging auf die verwaiste, stockfinstere Straße hinaus und stellte fest, dass keine radfahrenden Mädchen mehr unterwegs waren. Wenn es Abend wird in den Dörfern Amazoniens, beleben sich die teils unasphaltierten, stets unzureichend beleuchteten Hauptstraßen mit Jungen und Mädchen, die auf ihren Fahrrädern auf und ab fahren, eine rituelle Form der sexuellen Annäherung, die mich an die Dorfplätze meiner Kindheit erinnerte, auf denen unermüdlich die Spaziergänger auf und ab flanierten.

Das Lanchonete Primavera schloss erst um zwei Uhr morgens. Es war ein großes, heruntergekommenes Lokal, in dem zu laute Musik lief. Als ich reinkam, plärrte eine Stimme auf Spanisch »Wer heilt mein gebrochenes Herz«. In der Kneipe befanden sich vier Männer mit nacktem Oberkörper, die laut lärmend Billard spielten, und ein alter Indio, der alleine in einer Ecke saß und Cachaça trank. Eine einsame Kellnerin sah gelangweilt an die Decke; sie trug enge, zartlila Stretchhosen. Ich fragte mich, wie sie das bloß aushielt bei der Bruthitze der bleiernen amazonischen Nächte.

Ich setzte mich in die Nähe des Indios und trank, während ich in meine Kladde schrieb, ein eiskaltes Bier, das mich allerdings noch stärker zum Schwitzen brachte. Als ich das Bier ausgetrunken hatte, war mein T-Shirt völlig durchgeschwitzt. Ich rief die träge Kellnerin und sagte dem Indio, wenn er noch einen trinken wolle, würde ich einen ausgeben. Er nickte, und ich sagte zu ihm:

»Ich bin Spanier.«

Der Indio gab mir keine Antwort. Er trug ein langärmeliges Karohemd und schien nicht zu schwitzen. Die Kellnerin brachte die beiden Flaschen, und ich bezahlte. Der Indio trank die Flasche Bier in einem Zug aus, ohne mit der Wimper zu zucken, stand auf und ging grußlos davon. Er hatte einen großen, mit Stricken verschnürten Sack dabei, den er sich über die Schulter warf.

»Er ist ein *Pano*-Indianer«, sagte die Kellnerin. »Sie kommen aus Peru, aus dem Reservat Madre de Dios. Sind Sie mit den Amerikanern hier?«

Ich verneinte und sagte ihr, dass ich ein spanischer Tourist sei, was sie genauso erstaunte wie die Tatsache, dass ich dem Indio ein Bier ausgegeben hatte. Der Sohn des Kneipenbesitzers, ein junger Bursche namens Alcides, der ein Goldkettchen um den Hals trug, schaltete sich in das Gespräch ein.

»Die Indios sind alle Diebe und Mörder ... sie leben vom Stehlen. Sie überfallen die *fazendas*. Nehmen Sie sich vor den Indios in Acht.«

Er war nicht der Erste, der mir gegenüber so von den Indios sprach.

Um zehn Uhr ging ich zu meinem Hotel. Vor dem Eingang saßen zwei Indianerinnen mit angemalten Lippen. Die eine trug Schuhe, die andere nicht. Der Nachtportier war ein Zuhälter, der sich für cleverer hielt, als er war. Er zwinkerte mir zu.

»Ich habe kaltes Bier da. Wollen Sie eins?«

»Ja, gut. Geben Sie mir eins.«

»Laden Sie die Mädchen ein?«

»Okay, bringen Sie drei.«

Ich setzte mich auf den freien Stuhl zu den Indianermädchen. Der Zuhälter brachte sofort die drei Bier und blieb neben uns stehen.

»Bedankt euch bei dem Herrn.«

»Obrigado, muito obrigado, senhor«, sagten sie gleichzeitig, ohne mich richtig anzusehen.

»Sie sind hübsch, stimmt's?«

Sie waren nicht hübsch, und es hätte mich auch nicht interessiert, wenn sie es gewesen wären. Ich begann mich unwohl zu fühlen, wie auf einem Viehmarkt. Die Indianerinnen hielten die Flaschen so, als wüssten sie nichts damit anzufangen. Sie hatten den Blick gesenkt und wippten mit den Beinen. Man konnte nicht sagen, ob sie jung waren oder blutjung.

»Gefällt Ihnen Brasileia? Ist sehr schön hier, oder? Haben Sie schon die Praia do Adolfo gesehen? Das ist ein Strand ungefähr zwei Kilometer von hier ... den müssen Sie sehen ... dichte Bäume ... feiner Sand ... Im Juli findet dort ein Festival mit Musik aus Acre statt ... Es kommen viele Touristen. Wenn Sie wollen, kann ich einen Ausflug für Sie organisieren ... Wir können ihnen sagen, dass sie mitkommen sollen.« Er deutete auf die Indianerinnen. »Wir hätten viel Spaß.«

»Hören Sie, lassen Sie mich in Ruhe mein Bier trinken.«

»Entschuldigung.«

Er ging in die Hotelhalle, und ich lehnte mich in meinem Stuhl zurück. Ein streunender Hund trottete auf der gegenüberliegenden Straßenseite entlang, und mir fiel auf, dass nur in wenigen der niedrigen Holzhäuser Licht brannte. Wenn die Sonne am Horizont verschwand, blieb das Leben in Brasilien stehen.

Dann sah ich den Indio, den ich zum Bier eingeladen hatte. Er lag schlafend auf der anderen Straßenseite und hielt den Sack umklammert, den er bei sich hatte.

Ich ging nach oben in mein Zimmer. Bevor ich den Schlüssel ins Schloss steckte, hörte ich ein Geräusch an der Tür von Louis, dem Amerikaner, und sah, wie eine Indianerin herausschlüpfte. Sie war auch barfuß und trug ein verblichenes blaues Kleid. Sie sah mich nicht an, als sie geräuschlos die Treppe hinunterhuschte.

Am Morgen wurde ich von einem Anruf von Obadías geweckt. Er war auf dem Flughafen von Cobija, bereit, mich nach Marabá zu fliegen, wo Diodoro auf mich wartete.

Vierzehn

Die Odyssee, die ich mit Obadías García in seinem Kleinflugzeug unternehmen musste, war nichts anderes als eine böse Reise nach nirgendwo. Von Cobija flogen wir nach Rio Branco, wo wir drei Stunden Aufenthalt hatten, und dann ging es weiter nach Porto Velho. Von dort flogen wir Novo Aripuanâ an, eine Siedlung am Rio Madeira, die ich bereits von Bord der *Rio Mamoré* aus gesehen hatte: die üblichen steinernen Gebäude am Fluss, dann die Hütten und der Urwald. Dort aßen wir zu Mittag und hielten eine Siesta in einem Hotel mit Namen *La Felicitá.* Der Besitzer hieß Figueredo und zeigte uns mit der Überschwänglichkeit eines österreichischen Zeremonienmeisters das Zimmer, zwei Betten in einem kahlen Raum. Es gab keine Nachttischchen, keine Fußmatten, keine Aschenbecher und keines dieser kitschigen Bilder, mit denen Hotels so gerne dekoriert werden. Immerhin hing an einer der Wände eine Klimaanlage, und es gab eine Dusche.

Bevor es dunkel wurde, machten wir uns wieder auf den Weg, diesmal nach Itaituba am Rio Tapajós. Wir hatten drei Passagiere an Bord: Senhor Odiney und seinen Sohn Charli, die zu der Beerdigung eines Verwandten wollten, und Joaquim Nucio, einen jungen Beamten der Funai, der beruflich unterwegs war.

Obadías' nicht enden wollende Gesprächigkeit wandelte sich während der Reise in eine Art monotones, eindringliches Lamento über die Kosten und Unannehmlichkeiten, die mein Flug nach Marabá ihm verursachten.

Es begann mit mehr oder minder verschleierten Andeutungen und endete mit Aussagen wie:

»Das Benzin ist sehr teuer … na ja, und ich hab eine Rückfracht nach Rio Branco … und von Rio Branco ist immer irgendwas nach Peru zu bringen, nach Alto Huallaga …«

Ich sagte ihm, er könne mich in Itaituba absetzen, ich würde schon irgendwie nach Marabá kommen. Ihm schien eine Last von den Schultern zu fallen, er klopfte mir auf den Rücken und wünschte mir Glück bei meiner Suche nach Diodoro.

Itaituba war einmal ein kassisches Amazonas-Dorf gewesen, drei Straßen am Rio Tapajós und einige Seitenstraßen, die im Dschungel endeten. Aber wie man mir erzählte, hatte sich der Ort durch die Goldsucher, die in Scharen in die Region geströmt waren, nachdem man in den Flüssen im Umland Gold entdeckt hatte, binnen kürzester Zeit zu einer Stadt mit über 30 000 Einwohnern entwickelt. Die Transamazônica, die kaum befahrbar war wegen des Schlamms und der Banditen, die Busse, Autos und Lastwagen überfielen, hatte ebenfalls zum raschen, chaotischen Wachstum der Stadt beigetragen.

Ich beschloss, die Nacht dort zu verbringen und mich am nächsten Tag nach einer Transportmöglichkeit umzusehen. Die erste Überraschung war, dass in den zwei oder drei kleinen Hotels der Stadt kein einziges Bett frei war, sodass ich in einem *dormitorio* absteigen musste, wie es sie in den Ortschaften Amazoniens häufig gibt. Normalerweise bestehen sie aus einer Reihe von Gemeinschaftsschlafräumen, in denen man manchmal seine Hängematte aufhängen kann oder in denen vier oder mehr Betten stehen. In der Regel gibt es ein paar kleine Fensterchen, die geschlossen bleiben, damit kein Ungeziefer hereinkommt.

In der Nähe der Travesa 13 de Mayo fand ich in einem Schuppen auf Betonpfählen ein solches *dormitorio*. Es nannte sich *Dormitorio Parentins* und bestand aus drei hintereinanderliegenden Zimmern an einem Flur und einem Klo mit Dusche in einem Verschlag im Hof, der so groß war wie ein kleiner Aufzug. Die Wirtin war eine unglaublich fette Frau, die in einem Korbsessel saß, der wahrscheinlich extra für sie angefertigt worden war. Ein pockennarbiger Bursche, der einem nie in die Augen sah, war dafür zuständig, einem die Zimmer zu zeigen.

Ich bezahlte fünfzehn Reais im Voraus, doppelt so viel, wie es eigentlich kosten sollte, und bekam das einzige freie Bett in einem der Zimmer, zusammen mit vier mir unbekannten Goldsuchern, die gerade aus dem Urwald kamen. Die Betten waren einfache Pritschen mit zwei rauen, ungewaschenen Laken und einem verschwitzten Kopfkissen ohne Bezug. Die Wände und der Fußboden bestanden aus grob zusammengenagelten Brettern, sodass man durch die Ritzen hindurch die Erde sehen konnte.

Ich ließ meine kleine Tasche nicht dort. Keiner meiner Zimmergenossen hatte das getan; ich beschränkte mich darauf, »besetzt« auf einen Zettel zu kritzeln und ihn auf die Schaumgummimatratze der Pritsche zu legen.

Auf der First Street, der mit Mangobäumen gesäumten Straße, die parallel zum Tapajós verlief, wimmelte es von *garimpeiros*, Taxis, Geschäften, Agenturen zum An- und Verkauf von Gold und grell geschminkten Frauen in engen Stretchklamotten. Flussdampfer in allen Größen schaukelten auf dem trüben, öligen Wasser. Viele hatten Scheinwerfer im Heck entzündet, die die Straße noch heller erleuchteten und den Eindruck einer fröhlichen, unbeschwerten Stadt vermittelten.

Joaquim Nucio, der junge Beamte von der Funai, und ich aßen gemeinsam im Restaurant des Hotels *Juliana Park.* Nucio studierte Anthropologie.

Während wir aßen, erzählte ich ihm, was ich gesehen hatte: junge Indianermädchen in Bordellen, betrunkene, ausgegrenzte Indios ... Ich sprach ihn auf die landläufige Überzeugung an, dass die Indios Faulenzer, Diebe und Mörder seien.

»Schon möglich, dass es in den Bordellen Indianerinnen gibt, aber das sind sehr wenige ... vielleicht sind es Mestizinnen. Was die Ausgrenzung der sogenannten »friedlichen«, also der assimilierten Indios angeht, so ist diese sehr groß. Die Indios sind immer noch eine Randgruppe in Brasilien, trotz allem, was sich in den letzten fünfzig Jahren getan hat. Kennst du Rondon?«

Ich bejahte. Cândido Mariano da Silva Rondon, der es bis zum Oberst brachte, war legendär für seinen Einsatz für die Indios. Er hatte 1910 den SPI, die Vereinigung zum Schutz der Indios, gegründet, den Vorgänger der Indianerschutzbehörde Funai, die wiederum 1967 ins Leben gerufen wurde. Ihm zu Ehren erhielt der letzte Bundesstaat am Amazonas, der in die brasilianische Föderation eingegliedert wurde, den Namen Rondônia. Ich brachte die Rede auf die Vorwürfe, dass die Beamten korrupt seien und die Indios ausbeuteten, die immer wieder von der brasilianischen Presse und den Wortführern der Indianer erhoben wurden. Ja, gewiss, entgegnete er, aber man könne nicht alle Beamten der Funai der Korruption bezichtigen. 1999 wurde eine parlamentarische Untersuchungskommission zur Überprüfung der Funai eingesetzt. Der Bericht dazu sollte ein Jahr später immer noch ausstehen.

Er erzählte mir, dass in Brasilien ungefähr 350 000 Indios lebten, die 272 unterschiedlichen Ethnien angehörten und 175 verschiedene Sprachen sprächen, von denen einige noch nicht untersucht seien. Von diesen 350 000 Indios lebten fast 100 000 in Amazonien.

»Die Indios leben in Armut, sie sind die Ärmsten der Armen in Brasilien«, erklärte Nucio. »Sie leben von primitiver Landwirtschaft, vom Kunsthandwerk ... Einige, wie die *Sateré-Maué,* beliefern den europäischen Markt mit Guarana-Pulver, das, wie du weißt, eine anregende Wirkung hat. Vor kurzem ist in Manaus das erste Touristenprojekt mit den *Tucans* entstanden. Dort sollen die Urlauber die Indios sehen, wie sie wirklich sind ... Die Funai muss aufhören, die

Indios zu schützen, und stattdessen ihre Rechte garantieren, wie dies der Präsident der Funai, Carlos Federico Marés, dargelegt hat. Wir müssen die Indios als Mitbürger behandeln. Die Verfassung von 1988 erklärt sie zu Staatsbürgern mit allen Rechten ... auch wenn das Indio-Statut noch nicht im Senat verabschiedet wurde ...«

»Warum nicht?«

»Nun ja, da werden Anträge gestellt, Änderungen beantragt, Anfragen eingereicht ...«

»Wenn ich ein Indio wäre, wäre ich nicht besonders zufrieden.«

»Ich weiß nicht ... Es gibt immerhin noch etwa 53 isolierte Stämme ohne Kontakt zur Zivilisation.« Ich erwähnte die *Pano*, die man während meines Aufenthalts in Acre entdeckt hatte, und er fuhr fort: »Ja, das sind die Letzten gewesen ... Wir schätzen, dass es ungefähr sechshundert sind. Das Hauptproblem ist die Demarkierung der Reservate, die immer noch nicht abgeschlossen ist ...«

»Und wenn das Gebiet ausgewiesen ist, wird es ihnen von den Großgrundbesitzern weggenommen, die Goldsucher dringen ein, die Holzfäller verwüsten die Landschaft, und die Ami-Botaniker kommen und sammeln Pflanzen. Ist es nicht so?«

Er nickte stumm. Er aß *Pato Tucupi*, in Jambu-Blätter gewickelte Ente mit Maniok, und ich gebratenen Pirarucú mit Tomatenscheiben. Ich nannte noch einige Daten aus dem Jahr 1995 bezüglich des Gesundheitszustands der Indios, die ich vom Institut für Tropenmedizin in Manaus erhalten hatte. Der Studie zufolge lag die Lebenserwartung der Amazonas-Indianer bei 42,6 Jahren, während sie bei den übrigen Brasilianern 67 Jahre betrug. 1996 war die Zahl der Erkrankungen im Vergleich zum Vorjahr um 96 Prozent gestiegen, die Anzahl der Erkrankungen mit Todesfolge um 34 Prozent. Die Zahl der sexuell übertragenen Krankheiten war von 1995 auf 1996 um 88 Prozent gestiegen.

»Das heißt doch, dass sich die Situation verschlechtert, oder?«

»Nun, in der Regel sind die Gesundheitsstationen zentralisiert, und die Indios gehen dorthin. Die Dezentralisierung der Gesundheitsversorgung wird noch im Senat diskutiert.«

Und die Bildungsstatistiken? Ich hatte eine Veröffentlichung des Bildungsministeriums für das Jahr 1998 gelesen. Von den 350000 staatlich erfassten Indios gingen knapp 80000 zur Schule; davon besuchten etwas mehr als 77000 die Volksschule, 2500 eine weiterführende Schuld und etwa 150 eine Oberschule.

Er nickte erneut und aß weiter.

»Der Pirarucú schmeckt dir, oder?«, fragte er. »Alle Touristen mögen ihn. Der Fisch in Amazonien ist sehr gut.«

Er war kein schlechter Kerl. Er machte einen bemühten, intelligenten Eindruck. Aber was war mit ihm los? Er begann mir von den Amazonas-Erfahrungen seiner Freunde aus Rio de Janeiro zu erzählen, »Umweltschützer aus Ipanema, die überhaupt keine Ahnung von Amazonien haben«. Ich verstand den Seitenhieb; er war nicht besonders subtil. Ich erwiderte, zum einen sei ich kein Naturschützer à la »Ipanema«, und außerdem sei Amazonien ein unerträglicher Ort zum Leben, wenn man nicht reich oder sehr reich und überdies ein gnadenloser Ausbeuter war. Die Übrigen waren angeschissen, und wenn Emigranten aus dem Rest des Landes hierher kamen, dann deshalb, weil sie buchstäblich am Verhungern waren, und nicht, weil sie es gerne taten. Und um es auf die Spitze zu treiben, setzte ich hinzu, dass es da noch die staatlichen Beamten und die Intellektuellen gebe, die im Dienst des Systems stünden, allesamt mit Pöstchen und Pfründen ausgestattet seien und sich bereicherten wie eine indische Kaste.

Natürlich sprachen wir kein Wort mehr miteinander.

Auf meiner Uhr war es halb eins in der Nacht, als ich in der unmenschlichen stickigen Hitze des Schlafraums von etwas geweckt wurde. Einer meiner Zimmergenossen onanierte hingebungsvoll und ausdauernd. Ich weiß nicht, wie lange das so ging. Nach fünfzehn Minuten schlief ich ein.

Am nächsten Tag, einem Sonntag, flog ich mit einer kleinmotorigen Maschine nach Altamira, einer Stadt mit fast 80 000 Einwohnern am Rio Xingú. Wir folgten der schlammigen Piste der Transamazônica, dem ehrgeizigsten und unsinnigsten Projekt der brasilianischen Diktatur, das die wohlwollende Unterstützung der Weltbank genoss. In den Sechzigerjahren baute die Militärdiktatur Straßen und machte den Urwald einer wahren Armee von Armen aus allen Teilen Brasiliens zugänglich, die sich in Massen auf den Weg in den Dschungel machten. Zum einen wollten die Militärs die Armen loswerden, die in die Städte strömten, und zum anderen wollten sie das Amazonasgebiet besiedeln.

Bei Baubeginn wurde zunächst ein 4300 Kilometer langes Teilstück zwischen João Pessoa und Cruceiro do Sul fertiggestellt. Später erreichte die Transamazônica eine Gesamtlänge von 14 000 Kilometern, 3000 davon asphaltiert. Die Bulldozer planierten in einer Stunde fünf Kilometer der acht Meter breiten Trasse. Nach optimistischen Schätzungen kamen zwischen 1960 und 1996 drei Millionen Siedler. Diese Männer, oft ohne Erfahrung in der Landwirtschaft, von denen viele in Begleitung ihrer Familien waren, ließen sich entlang der Flüsse nieder und machten durch Brandrodungen unterschiedlich große Flächen für die Landwirtschaft nutzbar. Wenn der Regen nach einigen Jahren die Erde ausgewaschen und erodiert hatte und keine Nährstoffe mehr im Boden waren, mussten die Bauern neue Urwaldflächen zerstören. Der nächste Schritt war, dass internationale Konzerne oder Großgrundbesitzer den Armen das unfruchtbare Land abkauften oder wegnahmen, um Viehzucht darauf zu betreiben.

Die Siedler blieben so arm wie eh und je, vernichteten aber durch Brandrodung ein Fünftel der Waldfläche der Region. Jetzt schürften sie nach Gold, arbeiteten als Tagelöhner auf den *fazendas*, vegetierten in den Slums vor sich hin, schmuggelten Kokain oder waren, wie die Indios, auf Hilfe angewiesen. Von den zehntausend Projekten für Kleinindustrie, die entlang der Transamazônica angesiedelt werden sollten, funktionierten nur hundert.

Direkt nach der Landung in Altamira hatte ich einen Busanschluss nach Marabá; es würde siebenhundert Kilometer über die Transamazônica gehen. Wir waren sechs Passagiere im Flugzeug, zwei Frauen und vier Männer, und niemand machte den Mund auf. Es war das erste Mal, dass ich bei Regen in einem Kleinflugzeug flog, und es war keine sehr angenehme Erfahrung: Das Wasser sickerte durch das Dach und die Fenster, man sah nichts, und das Scheiß-Flugzeug rüttelte und schüttelte sich wie ein Hund, der Flöhe hatte. Die Frau, die neben mir saß, begann zu beten. Ich beschloss, dass dies mein letzter Flug in einem Lufttaxi am Amazonas gewesen war.

Von Altamira sah ich nichts außer Slums, Schlamm und Armut. Der Flughafen lag acht Kilometer vor der Stadt, und ich ließ mich mit dem Taxi zur Busstation an der Stadtgrenze bringen. Es war ein neues Gebäude, das aber bereits Anzeichen von Verwahrlosung und Schmutz zeigte. Vor dem Eingang drängten sich Imbissstände, Verkaufstische und fliegende Händler, die Obst, Suppe, Süßigkeiten, Gürtel, Taschen und Kleidung aller Art anpriesen.

Die Auskünfte, die man mir über die Abfahrtszeiten der Busse gegeben hatte, waren falsch. Ich hatte drei Stunden Aufenthalt auf dem Busbahnhof.

Auf den Holzbänken im Wartesaal kauerten Familien, die ihre Taschen und Pakete umklammert hielten, Männer mit lehmverschmierten Stiefeln schliefen auf dem Boden, Bettler und Taschendiebe strichen umher. Ich ging ans Buffet, setzte mich, bestellte ein Bier und begann zu lesen. Ein schlaksiger Junge, ein Mulatte, kam zu mir und blieb neben mir stehen.

Er sagte, er heiße Rogelio.

»Ich lese auch gerne«, sagte er.

»Ja? Schön.«

»Ich studiere Informatik und bin Dichter. Ich schreibe gerne Gedichte für meine Freundin. Wo sind Sie her?«

Ich sagte es ihm.

»Soll ich Ihnen eins aufsagen?«

Ich zögerte einen Moment, und er wartete meine Antwort nicht ab. Er begann etwas herunterzuleiern, von dem ich nicht besonders viel verstand.

»Wie finden Sie's?«

»Gefällt es Ihrer Freundin?«

»Ja.«

»Dann geben Sie sich damit zufrieden.«

Der Kellner kam zu uns und machte ein unfreundliches Gesicht.

»Ich hab gesagt, du sollst hier verschwinden ... los, hau ab.«

Der Dichter drehte sich um und verschwand.

»Passen Sie auf die Tasche auf«, sagte der Kellner zu mir.

»Mach ich. Vielen Dank.«

Ich ging auf die Männertoilette, in der der Urin auf dem Boden stand. Das Pissoir bestand aus einer Blechrinne an einer der Wände, die überlief, weil sie verstopft war. Drei Männer urinierten mit dem Rücken zu mir. Die Pisse lief auf den Boden. Ich ging in eine der Kabinen, es war ein Stehklo. Ich zog die Spülung. Sie funktionierte nicht. Bestimmt zehn Personen hatten das Klo benutzt, und nur wenige hatten das Loch getroffen.

Ich begann mit leicht abgewandtem Gesicht zu pinkeln, um den Anblick dieses Wettbewerbs verfehlter Treffsicherheit möglichst zu vermeiden. Ein barfüßiges Mädchen in einem rosa Höschen und einem Bustier in der gleichen Farbe schlüpfte rasch in die Kabine und versuchte mir zu entreißen, was ich in der Hand hielt.

»Ich blas dir einen, für einen Real!«, sagte sie.

»Was zum Teufel machst du da!«, schrie ich sie auf Spanisch an.

Während ich aufhörte zu pinkeln, streifte sie Schlüpfer und Bustier ab.

»Schau mal, ich bin dreizehn und hab noch kein Härchen.«

»Raus hier!«, brüllte ich.

»Ich bin dreizehn ... für einen Real blas ich dir einen.«

Wir rangen miteinander. Vielleicht war ich zu nervös, zu angespannt. Jedenfalls packte ich sie grob am Genick und hob sie in die Luft. Sie knallte mit dem Kopf gegen die Wand, während ihre Füße in der Luft zappelten. In der einen Hand hielt sie die brasilianischen Geldscheine, die ich in einer der Hosentaschen gehabt hatte.

Ich riss ihr die Scheine aus der Hand und stieß sie in Richtung Pissoir. Bevor sie der Länge nach auf den Boden fiel, machte sie sich mit einem Satz aus dem Staub. Keiner der Männer, die zum Pinkeln gekommen waren, sagte einen Ton. Ich ging raus und entdeckte sie mit einem Jungen, der noch jünger war als sie, am anderen Ende des Wartesaals. Ich schämte mich für meine Reaktion und rief nach ihr. Sie streckte mir die Zunge raus.

Die Fahrt im eigentlichen Sinne begann, nachdem wir an der Flussbiegung bei Favania, das nur von wenigen Lichtern beleuchtet war, mit der Fähre zu einem Ort am gegenüberliegenden Ufer des Rio Xingu übergesetzt hatten: Belo Monte, das völlig ausgestorben zu sein schien. Von dort bis Itupiranga, wenige Kilometer vor Marabá, gab es keine Dörfer mehr an der über fünfhundert Kilometer langen

Strecke, einer unasphaltierten Piste, die nur aus Schlamm bestand. Wir brauchten achtzehn Stunden, und ich war froh, als ich lebend und ohne nennenswerte blaue Flecken mein Ziel erreichte.

Meine Mitreisenden waren größtenteils Goldsucher, die zu ihren Schürfstellen zurückkehrten, oder Burschen von den *fazendas*. Unter den Fahrgästen waren nur vier Frauen. Eine von ihnen war mit ihrem frisch angetrauten Mann, einem Landarbeiter mit einem schmalen, ernsten Gesicht, auf der Rückreise von den Flitterwochen in Altamira. Sie war ein einfaches, lebhaftes Mädchen, das sich selbstbewusst und ein bisschen herausfordernd gab. Die drei anderen Frauen waren schon älter, zwei reisten alleine, und die vierte war in Begleitung eines ebenfalls älteren Mannes mit einem schwarzen Hut, der ständig einen Zahnstocher zwischen die Zähne geklemmt hatte.

Der Bus war sauber, aber altersschwach. Hier und dort quoll die gelbe Schaumstofffüllung aus den zerschlissenen Bezügen der kaputten Sitze. Es gab eine Klimaanlage, aber aus der defekten Lüftung tropfte Wasser, sodass die Sitze direkt darunter feucht waren und unbesetzt blieben. Wenige Stunden nach der Abfahrt war der Boden nass und verdreckt.

Obwohl viele Sitze frei geblieben waren, waren alle Fensterplätze besetzt. Ich setzte mich neben einen dünnen, unrasierten Mann mit großen, glänzenden Augen, der einen Rucksack der brasilianischen Armee zwischen die Beine geklemmt hatte. Es war still im Bus, niemand sprach. Manchmal hörte man ein Schnarchen, jemand räusperte sich oder hustete und spuckte auf den Boden. Von den frisch Verheirateten war zuweilen ein seltsames Zischeln zu vernehmen, das sofort wieder verstummte, so als schämten sie sich, in dieser Stille ihre Stimme zu erheben.

Der Fahrgastbereich war durch eine Zwischenwand von der Fahrerkabine angetrennt; darin befand sich eine Tür, die der Fahrer abschloss, als wir die Busstation verließen. So waren fast alle Busse gewesen, mit denen ich gefahren war. Manchmal hatte ich das Gefühl, in einem hermetisch abgeschlossenen Viehtransporter zu sitzen. Ich wusste nicht, dass es weiter hinten zwei Thermoskannen mit Kaffee, Zucker und kleine Plastikbecher gab. Als ich mir einen holen wollte, gab es keinen mehr.

Der Bus fuhr langsam, er holperte und fuhr die meiste Zeit im Zickzack, erschüttert von den plötzlichen Richtungswechseln und dem gequälten Dröhnen des Motors. Im Scheinwerferlicht war die dunkle Masse des Waldes zu erkennen, aber es gab kein Licht weit und breit, das eine Orientierung ermöglicht hätte.

Der erste Halt war gegen zwei Uhr morgens an einer Stelle, wo eine Gruppe von Menschen am Straßenrand wartete. Sie hockten um ein Feuer, das gespenstische Schatten warf. Bevor der Bus hielt, stand mein Sitznachbar auf und setzte sich auf einen freien Platz in der letzten Reihe. Das ältere Paar und ich stiegen aus, um uns die Füße zu vertreten, während die neuen Mitreisenden Bündel, Pakete, Körbe und verschnürte Koffer im Laderaum verstauten. Es waren sechs junge Männer mit sonnengegerbten Gesichtern in Arbeitskleidung. Ich nahm an, dass hier eine Abzweigung zu einer *fazenda* sein musste. Der Fahrer stieg auch nicht aus; er streckte den Kopf aus dem Fenster und beobachtete die neuen Fahrgäste.

»Wohin wollt ihr?«, fragte er.

Einer der jungen Männer antwortete:

»Jabuti.«

Er reichte ihnen die Fahrscheine durchs Fenster und sammelte das Geld ein.

Die Räder, die Achsen und die Karosserie bis fast hinauf zu den Fenstern waren mit Schlamm bespritzt. Die Straße bestand aus dickem rötlichem Morast, der am Straßenrand unter dunklen Pfützen verschwand. Die Piste verlor sich an einem völlig lichtlosen Horizont, flankiert von der formlosen Masse der Bäume. Ältere Reifenspuren wirkten wie Schützengräben aus einem vergessenen Krieg. Die andauernde, wenn auch vertraute Schwüle machte uns allen zu schaffen, und die Nacht brachte kaum Linderung.

Ich bot dem älteren Mann eine Zigarette an und frage ihn, wohin sie fuhren.

»Nach Jabuti«, antwortete er.

Kurz darauf hielten wir vor einem riesigen Trailer, der, aus entgegengesetzter Richtung kommend, quer zur Fahrbahn stand. Der Fahrer stieg aus, und ich sah ihn mit den beiden Männern sprechen, die aus der hohen Kabine des Lastwagens sprangen.

Jabuti war kaum mehr als ein Camp mitten im Nirgendwo, ein paar Hütten entlang der Straße, die im Dunkeln lagen. Aber es gab eine Tankstelle und eine offene Ladenkneipe mit einer hölzernen, über dem Schlamm schwebenden Terrasse vor der Tür, auf der zwei Polizisten saßen. Der eine war ein großer Mulatte, und der andere hatte ein Funkgerät dabei, aus dem es rauschte und krächzte. Der Polizeijeep parkte neben dem Laden. Ich warf meinen Rucksack über und bestellte einen Kaffee bei dem Wirt, einem unrasierten Kerl mit nur einem Auge. Hinter ihm standen Regale mit Konservendosen, Reis, Bohnen, Kölnisch Wasser, Rasierseife, Dörrfleisch, Zucker, Kerzen ... dazwischen hingen vergilbte Werbeplakate für Bier.

Dann gab es noch einen Farbdruck der Jungfrau Maria und ein Schild mit der Aufschrift: *Wir vertrauen auf Gott.*

»Mit Milch?«

»Schwarz, bitte.«

Ein etwa fünfzehnjähriges Mädchen erschien in einer Tür hinter der Theke; es kämmte sich die Haare und sah zu, wie der Bus betankt wurde. Ein Hund bellte in der Ferne.

Der Wirt stellte mir den Kaffee hin.

»Ich hab's mir anders überlegt, ich will doch Milch.«

Er nahm eine offene Dose Kondensmilch und gab einen ordentlichen Schuss in meinen Kaffee. Ich rührte um. Er war sehr süß, aber er tat mir gut.

»Wohin fahren Sie?«, fragte mich der Wirt.

»Nach Marabá.«

»Die Straße ist sehr schlecht. Man muss warten bis zur Trockenzeit. Amerikaner?«

»Spanier.«

Das Mädchen kam zum Tresen, nahm mein Päckchen Ducados und betrachtete es von allen Seiten.

»Nehmen Sie eine, wenn Sie wollen – es sind spanische Zigaretten.«

Ich gab ihr Feuer, und das Mädchen stieß mit gespitzten Lippen den Rauch aus.

»Das ist meine Tochter«, erklärte der Wirt.

»Nehmen Sie sich auch eine.«

»Ich rauche nicht.«

»Sehr gut ... sehr stark.«

»Ja«, sagte ich.

»Rauchen ist eine ganz schlechte Angewohnheit«, sagte der Wirt. »Früher habe ich drei Päckchen am Tag geraucht ... jeden Tag ... aber jetzt fehlt es mir nicht mehr.«

»Sicher«, antwortete ich. »Gibt es viele Goldminen hier in der Gegend?«

Der Wirt nickte und deutete erst hinter sich und dann nach draußen. Die Polizisten unterhielten sich jetzt mit dem Busfahrer, und die jungen Männer waren an den Tresen gekommen. Sie machten harmlose, unbeholfene Scherze mit dem Mädchen. Ich hörte, wie sie es nach seinem Namen fragten. »Odalid«, antwortete sie.

»Und sind sie gut? Die Minen meine ich.«

»Ja.«

»Und gibt es viele *fazendas* hier?«

»Einige, ja.«

»Aha.«

»Letzte Woche ist sechs Kilometer weiter der Bus überfallen worden. Deshalb ist die Polizei hier.«

»Und was ist passiert?«

»Nichts, ein Überfall hat ... Sie haben die Reifen zerschossen und den Fahrgästen die Knie zerschnitten. Es waren vier Männer ...«

»Und weshalb haben sie das getan?«

Er sah mich an, als käme ich vom Mars.

»So können sie ihnen nicht folgen oder die Polizei holen.«

Ein Dutzend Fahrgäste schlief jetzt tief und fest, obwohl der Bus holperte und schüttelte. Ich dachte an das, was der Wirt mir erzählt hatte, und kam zu einem Schluss: Dieser Bus war gegen Überfälle gesichert. Das bewies die Trennwand zwischen Fahrgästen und Fahrer. Die Überfälle auf die Busse liefen immer nach dem gleichen Muster ab: Es gab Komplizen im Bus und andere, die bei irgendeinem Halt zustiegen. Wenn es ihnen nicht gelang, den Fahrer zu bedrohen, konnte dieser über Funk die Polizei verständigen.

Mit dieser Erklärung beruhigte ich mich.

Als es hell wurde, presste ich das Gesicht an die Fensterscheibe. Am Straßenrand sah ich mehr als ein Dutzend Hütten ohne Türen, provisorisch aus Brettern erbaut und mit Palmblättern gedeckt. Männer und Frauen hielten in ihren Beschäftigungen inne und starrten zu dem Bus herüber. Sie trugen Lumpen. Zwei Hunde stürzten sich wie wild auf die Räder und bellten wütend.

Es war ein Lager der Landlosen.

Fünfzehn

Senhor Souza hat mir gesagt, dass Sie hier auf ihn warten sollen, wenn Sie ankommen. Er wird bald zurück sein.« Der junge Nachtportier im Hotel Itacaiuna in Marabá räusperte sich. »Wir haben ein Schwimmbad. Es ist das beste Hotel der Stadt.«

Er schien meine Wut und meine Enttäuschung nicht zu bemerken.

»Wo ist er hingegangen?«

»Ich weiß es nicht, Senhor. Er hat gesagt, Sie sollen auf ihn warten.«

»Aber er hat sein Gepäck hier gelassen?«

»Er hat seine Tasche mitgenommen, Senhor. Aber er hat ausdrücklich gesagt, dass Sie auf ihn warten sollen.«

»In Ordnung ... Was gibt es Interessantes zu sehen in Marabá?«

»Vieles, Senhor. Die Stadt ist groß, wir haben alles. Restaurants, Diskotheken ... die Strände am Rio Araguaia sind sehr schön ... Sie können segeln ... Sie können auch das Minenprojekt Grande Carajás besichtigen, aber Sie brauchen eine Erlaubnis der Firma.«

Am nächsten Tag beim Frühstück kam der Kellner Romualdo Emiliano Zirimbó zu mir, ein *Sororó*-Mischling, um mir zu sagen, dass Diodoro vielleicht im *Sororó*-Reservat sein könnte, ungefähr hundert Kilometer von Marabá, nicht weit von Santa Isabel do Aruguaia. Ich solle auf ihn warten, weil er zurückkommen wolle.

»Weshalb glauben Sie das?«

Romualdo Emiliano hatte ein ernstes Gesicht, glatt, unbehaart und alterslos wie viele Indios.

»Weil er es mir erzählt hat, Senhor ... Außerdem ... er hat etwas mit einem *Sororó*-Mädchen, das ich ihm vorgestellt habe.«

»Das heißt, dass er nicht zurückkommen wird. Ich kenne Diodoro.«

»Nein, Senhor. Es ist sehr schwer, in das Reservat zu gelangen; er ist im Jeep der Missionare mitgefahren und müsste in drei Tagen wieder hier sein.«

Das Projekt Grande Carajás liegt 185 Kilometer von der Stadt entfernt, zu erreichen über eine asphaltierte Straße, und ist einer der größten und bedeutendsten Minenkomplexe der Welt. Es ist so spektakulär und grandios wie der Amazonas. Aber man kommt nicht so einfach in das Gebiet hinein, das offiziell *Provincia Mineira do Carajás* heißt, sondern braucht zunächst einmal eine Erlaubnis von der Zentrale der *Companhia Minera do Vale do Rio Doce*. Offenbar wurde das große Vorkommen durch Zufall entdeckt, wie mir der Techniker Faraud Gonzalves an einem der Kontrollposten an der Straße erzählte.

»Vor dreißig Jahren stellten die Piloten von kleineren Flugzeugen und Hubschraubern beim Überfliegen der Region fest, dass die Kompassnadeln über diesem Gebirge verrückt spielten. Sie wussten es damals noch nicht, aber das lag an einem riesigen Vorkommen an äußerst reinem Eisenerz. 1968 musste eine Gruppe von Geologen, die Bodenuntersuchungen durchführte, auf einer Erhebung der Serra landen. Dabei stellten sie fest, dass sie an einer Stelle gelandet waren, die vollständig aus hochwertigem Eisenerz bestand.«

Heute verfügt das Projekt Grande Carajás über gute Straßen, einen modernen Flughafen und vorbildlich geplante Städte, in denen die Minenarbeiter und Techniker leben. Von außen betrachtet wirken diese Städte wie aus einer anderen Welt, man hat nicht den Eindruck, in Amazonien zu sein. Die schmucken Häuser mit Giebeldach sind eines wie das andere und liegen an symmetrisch verlaufenden, sauberen Straßen. Der Abbau und die Weiterverarbeitung der Bodenschätze geschieht nach ausgeklügelten modernen Methoden. Faraud war stolz, sein Leben war gesichert. Er stammte aus São Luís do Maranhão, war dreißig Jahre alt und hatte zwei Kinder, die wie die meisten Kinder der zweitausend Menschen, die dort arbeiten, betriebseigene Schulen besuchten.

Unser Wagen hielt an. Im Tal war eine Förder- und Verarbeitungsanlage für Eisenerz und Bauxit errichtet worden. Oben auf dem Berg schaufelten gelbe Bagger das Erz auf haushohe Lastwagen, die es zu einem riesigen, am Horizont verschwindenden Förderband transportierten. Auf dem Förderband wurde das Erz bereits einer ersten Vorbehandlung unterzogen, während es ins Tal hinunter transportiert wurde. Früher war hier ein Reservat der *Xicrín*-Indianer gewesen. Jetzt lebten die Indios verstreut in den Barackensiedlungen der umliegenden Ortschaften.

»Da drüben wird das Erz in Güterwaggons verladen und in den neunhundert Kilometer entfernten Hafen Itaquí bei São Luís do Maranhão transportiert, wo es eine riesige Aluminiumfabrik gibt«, erklärte mir Faraud. »Die Züge sind zwei Kilometer lang und verkehren täglich.«

Der Blick über das Tal war grandios. Wie in einem Sience-Fiction-Film. So musste der Bau der ägyptischen Pyramiden auf einen Zeitgenossen gewirkt haben.

In Grande Carajás herrschte wirklich eine bemerkenswerte Ordnung. Innerhalb der gesicherten Zone gab es keine verarmten Dörfer, und entlang der internen Straßen waren weder Bauern noch fliegende Händler zu sehen. Auch keine Kneipen, keine billigen Hotels, keine Bordelle oder Bushaltestellen. Protestäußerungen waren verboten, und Arme hatten keinen Zutritt. Alles war anders als im übrigen Amazonien. Und hier kam niemand ohne Erlaubnis hinein. Die Kontrollposten der Polizei an den Zufahrtsstraßen waren furchteinflößend. Direkt daneben füllten sich die Elendssiedlungen mit Leuten, die sehnsüchtig darauf warteten, einen Job zu bekommen.

Die *Provincia Mineiro do Carajás* wurde aus der Luft versorgt. Um die Bodenschätze ausbeuten und verarbeiten zu können, hatte man eine unvorstellbare hochmoderne Infrastruktur geschaffen. Die Elektrizitätswerke, die Industrieanlagen, die neuen Siedlungen, die Straßen und die Eisenbahnlinie zur Küste, die die Region mit den neuen Hafenanlagen und den Aluminiumfabriken in São Luís do Maranhão verbindet, sind einzigartig auf der Welt. Hier trifft allerneueste Technologie und Wissenschaft mit einer mittelalterlichen, von Hunger und Seuchen heimgesuchten Welt zusammen.

Das enorme Wasserkraftwerk in Tucuruí, zweihundert Kilometer oberhalb von Marabá am Rio Tocantins, ist eine der größten Talsperren der Welt und eines der Vorzeigeprojekte des fortschrittsgläubigen Brasilien. Von hier werden die Region und die Industrieanlagen mit Strom versorgt.

Der Techniker Faraud erzählte mir, dass insgesamt mehr als 62 Milliarden Dollar in das Projekt geflossen seien und die Militärregierung alle Pläne in die Tat umgesetzt habe.

Die andere Seite der Medaille ist das Elend in den Siedlungen am Rande dieses großen Industrieimperiums, in denen die billigen Gelegenheitsarbeiter und die Landlosen hausen; als neue Nachbarn kampieren sie in elenden Hütten entlang der Straßen. Hinzu kommen noch die mehr oder weniger »angepassten« Indios, da die Indiogemeinschaften zur Umsiedlung gezwungen wurden – wenn man sie nicht einfach überging. Um die Eisenbahnlinie durch das Reservat der *Gavioes* und *Guajaras* zu bauen, genügte es, die Funai um Erlaubnis zu fragen. Durch den Bau des Staudamms in Tucuruí – einer der bekanntesten Korruptionsfälle während der Militärdiktatur – wurden 22 000 Menschen gezwungen, ohne finanzielle Entschädigung ihre Heimat zu verlassen.

»Sie müssten sich eine Erlaubnis für die Minen besorgen«, sagte Faraud zu mir. »Ohne Erlaubnis kommt man nicht rein. Dann würde ich Ihnen gerne die *Provincia Mineira* zeigen. Es ist sehr schön, sehr interessant, und es bringt Brasilien großen Reichtum.«

Ich sagte weder ja noch nein. Ich hatte keinen Ausweis und kein Dokument dabei, das mich als Journalist auswies. Im Grunde war ich nur ein Tourist.

Die *Curva do S* an der Überlandstraße nach Grande Carajás, hundert Kilometer von Marabá entfernt, wird wohl in die Geschichte der Unterdrückung eingehen. An dieser Stelle eröffnete die brasilianische Militärpolizei im April 1996 das Feuer auf etwa fünfhundert Landlose, Männer, Frauen und Kinder, die mit Steinen und Stöcken bewaffnet die Straße besetzt hatten, um Land und Lebensmittel zu fordern. Die Militärpolizei tötete neunzehn Menschen und verwundete weitere hundert. Einer davon starb erst kürzlich an den Folgen der Schussverletzung, bei der eine Kugel in seinem Kopf stecken geblieben war. Ein schlichtes Mahnmal erinnert an das Verbrechen: neunzehn verbrannte Holzpfähle, die an der Kurve aufgestellt wurden, und ebenso viele, zu einem Hügel geschichtete schwarze Steine.

Ein Jahr nach dem Massaker konfiszierte das Nationale Institut für Siedlungswesen und Agrarreform Incra 18 000 Hektar der Landgüter Macaxeira, Eldorado, Ponta Grossa und Mucurí in der Nähe der Ortschaft Eldorado do Carajás und übergab sie den Familien der Landlosen.

Die Siedlung erhielt, in Erinnerung an die Morde, den Namen »17. April«. Zwei Jahre später ist die Landarbeitersiedlung ein aufstrebendes Dorf mit dreitausend Einwohnern, die in einfachen Steinhäusern leben, es gibt eine Schule, eine Gesundheitsstation, Elektrizität, Straßen und Fernsehen. Um diese Uhrzeit ist kaum jemand im Dorf. Die Kinder sind in der dreiklassigen Schule und die Männer und Frauen auf den Feldern.

Eine junge Frau mit einem Kleinkind auf dem Arm sitzt vor der Tür ihres Hauses und sieht zu, wie wir vorübergehen. Vier Halbstarke spielen Fußball auf der Straße.

»Hier muss niemand hungern«, beteuerte Efraim Salgado, Vater von vier Kindern. Er wollte endlich Lesen und Schreiben lernen, die Abfüllmaschinen für Mehl bedienen lernen und, wenn es ging, den Führerschein machen.

Die Gesundheitsstation war geschlossen. Sie war in einem kleinen Häuschen mit einem aufgemalten roten Kreuz an der Tür untergebracht, das sich nicht von den übrigen Häusern unterschied. Sie wurde von vier Sanitätern unterhalten, die einmal in der Woche vorbeikamen, um Notfälle zu behandeln und Impfungen durchzuführen. Seit sechs Monaten war in der Siedlung niemand mehr an einer Krankheit gestorben. Was Efraim Salgado zufolge ein Erfolg war.

Die Dorfbewohner haben einen Produktionsbetrieb aufgebaut, in dem zwanzig Tonnen Reis abgepackt werden können, und eine kleinere Anlage, in der Milchprodukte hergestellt werden sollen, sobald man 1094 Kühe und 56 Stiere angeschafft hat. Die Anlage wurde im September 1999 fertiggestellt und verfügt über Maschinen zur Pasteurisierung und Abfüllung von Milch. Die bereits erwähnte Mehlfabrik ist noch nicht ganz fertig. Dort gibt es eine moderne Anlage zum Mahlen von Maniok, die täglich hundert Sack à sechzig Kilo produzieren kann. In einem weiteren Gebäude soll ein industrieller Geflügelzucht- und Legebetrieb für fünftausend Hühner entstehen. In einem Trakt soll das Geflügel auch ausgenommen und tiefgefroren werden.

»Acht Experten vom Projekt Lumiar der Incra werden uns bei weiteren Projekten beraten«, erklärte Efraim Salgado. »Zum Beispiel beim Aufbau einer Fischzucht, vor allem für *Tambaquis, Curimatás* und *Pacús*. Wir wollen außerdem eine Schweinezucht aufbauen und Pflanzungen für Capuacú, Kokosnüsse und Kaffee anlegen.«

Der riesige Dorfplatz von Eldorado do Carajás war schlammig und unbefestigt. Es gab ein kleines, schmutziges, verwahrlostes Hotel und mehrere *dormitorios*, auf die handgeschriebene Schilder hinwiesen. Ein paar Hühner pickten im Schlamm, immer wieder aufgescheucht von mageren, durchnässten Kötern.

Es hatte gerade aufgehört zu regnen, und der Schlamm schien in der Hitze zu dampfen. Zwei Jungen zogen ein Äffchen über den Platz, das ein Seil um die Brust gebunden hatte. Das Tier sträubte sich und kreischte, die Jungen zerrten an dem Seil. Es schien ein Klammeräffchen zu sein. Das einzige Leben auf dem Platz spielte sich an der schmutzigen, heruntergekommenen Tankstelle ab. Dahinter sah man die asphaltierte Straße und auf der anderen Seite den Urwald, oder vielmehr das, was davon übriggeblieben war.

Die *Bar do Gordo* war düster, mit einem Betonfußboden und abbröckelnden Wänden, an denen alte Plakate hingen, die für Bier warben. Überall an den Wänden saßen Mücken und andere Insekten. Der dicke Wirt hinter dem Tresen klemmte hinter einer riesigen Registrierkasse. Er hatte ein Dreifachkinn und schnaufte jedes Mal, wenn er die Registrierkasse öffnete und schloss. Der Kellner war ein schielender Bursche mit pickligem Gesicht.

Zu uns setzte sich ein Mann, der sich als Elmir vorstellte. Er trug eine Brille. Ich fragte ihn:

»Weshalb gibt es so viel Widerstand gegen die Bewegung der Landlosen?«

»Wenn Sie fragen würden, wer für die Agrarreform ist, also dafür, dass das Land an die verteilt wird, die es bestellen wollen, würde ganz sicher die Mehrheit sagen, dass sie dafür sind. Wenn Sie fragen würden, ob die Leute damit einverstanden sind, dass jemand zehn Millionen Hektar Land besitzt, würden sie nein sagen. Wenn die Frage lauten würde, ob die Regierung die Agrarreform durchführen wird, würden die meisten verneinen. Und wenn die Frage lauten würde, ob man mit den Landbesetzungen einverstanden ist, würden womöglich immer noch die meisten mit Ja antworten. Aber wenn Sie die Leute fragen würden, ob sie mit den Methoden der MST einverstanden sind, der Bewegung der Landlosen, würde die Mehrheit mit Nein antworten. Bemerken Sie den Widerspruch? Man muss denen Land geben, die arbeiten wollen. Das Prinzip der Latifundien ist ein Irrtum, aber die Regierung führt keine Agrarreform durch. Folglich sind die Landbesetzungen der MST die einzige Möglichkeit, das Problem zu lösen.«

»Wird man das irgendwann einsehen?«

»Unser Land hat dreihundert Jahre lang von der inhumanen Ausnutzung der Sklavenarbeit gelebt. Alle erklärten diese Form der Ausbeutung für rechtens. Die Richter und die Gesetzgeber sagten: Die Sklaverei ist zulässig. Die Priester sagten dasselbe. Die Politiker, die Grundbesitzer und selbst arme Weiße oder die Schwarzen hielten die Sklaverei für normal. Mit den Aufständen der Negersklaven wuchs das Bewusstsein dafür, dass die Sklaverei inhuman war. Als 1888 die »Lei Aurea« in Kraft trat, hatten die Schwarzen durch die Aufstände auf den Plantagen de facto bereits ihre Freiheit errungen. Die Menschen in den Städten begannen den Abolitionismus zu unterstützen. Die Anwälte, Juristen, Militärs, Politiker und Künstler begriffen, dass es wichtig war, die Sklaverei zu beenden, wenn man eine Nation schaffen wollte. Aber ein Teil dieser Nation blieb unfrei: der Grund und Boden, der nach wie vor in der Gewalt der Herren von einst ist. Und nur die Agrarreform kann ihn befreien. In dieser Reform liegt die Chance, dass unser Volk endlich Wurzeln bekommt. Die Landverteilung schafft Arbeit, sie bringt Ertrag. Sie eröffnet neue Wege der Bevölkerungsverteilung und eine andere

Einstellung zur Natur. Für eine Agrarreform ist eine neue Wirtschaft vonnöten, die sich nicht mehr auf die Ballungsgebiete konzentriert, sondern sich auf dieses große Gebiet verteilt, kombiniert mit einer Agrarpolitik, die die Produktion von Nahrungsmitteln fördert. Man muss am Verstand einer Regierung zweifeln, die acht Milliarden Dollar für den Import von Lebensmitteln ausgibt und fünfhundert Millionen Dollar für die Agrarreform.«

»Wie würden Sie die Bewegung der Landlosen definieren?«

»Die Bewegung der landlosen Bauern ist eine soziale Massenbewegung, die sich vornehmlich aus über vier Millionen Landarbeiterfamilien ohne Grundbesitz rekrutiert. Sie ist so etwas wie eine Gewerkschaft, weil wir für die Landverteilung kämpfen, um die wirtschaftlichen Probleme der Familien zu lösen, und gleichzeitig eine politische Bewegung, nicht im Sinne einer Partei, sondern ein Beitrag zum sozialen Wandel. Unser Programm ist einfach und basiert auf zehn Punkten: 1. Die Bewegung der Landlosen kämpft für die rechtliche Anerkennung aller von den Bauern und Arbeitern durchgeführten Landbesetzungen. 2. Dieses Land darf mindestens fünfzehn Jahre lang weder verkauft noch verpachtet werden. 3. Demarkierung der Indio-Reservate. 4. Enteignung aller illegal erworbenen Latifundien, sämtlicher Grunderwerbungen transnationaler Unternehmen und brachliegender Ländereien. 5. Die Landarbeiter sollen sich auf fruchtbarem, geeignetem Land ansiedeln können. 6. Schaffung staatlicher Unterstützung in Form von Krediten, Beratung und einer Preispolitik, die Mindesterträge garantiert. 7. Schaffung von Bewässerungsanlagen und Infrastruktur. 8. Beteiligung der Landarbeitervertretung an allen Entscheidungen der Agrarreform. 9. Eine Politik, die sich für den Umweltschutz, die Wiederherstellung der Böden und die Wiederaufforstung einsetzt. Und 10. Die Übergriffe auf die Landarbeiter müssen untersucht und die Schuldigen bestraft werden.«

»Wann ist die Bewegung entstanden?«

»Nach dem ersten Nationaltreffen der Landlosen im Januar 1984 in Cascavel im Bundesstaat Paraná, als Folge der Gründung der Comissão Pastoral da Terra nach den Landarbeiteraufständen in den späten Siebzigerjahren im Süden des Landes. Heute ist die Bewegung der Landlosen in einundzwanzig Bundesstaaten vertreten. Wir haben erreicht, dass sich über 300 000 Familien auf eigenem Land niederlassen konnten.«

»Wie läuft euer Kampf hier in Pará?«

»Wir betreuen fünf Siedlungen und acht Camps. Im Süden ist man weiter.«

»Könnte sich ein Vorfall wie das Massaker vom April 1996 wiederholen?«

»Jederzeit. Die Zentralregierung und die Regierungen der Bundesstaaten führen einen offenen Krieg gegen uns. Einen Krieg, der an zwei Fronten stattfindet. Zum einen setzen sie die Militärpolizei ein, die von amerikanischen Ausbildern gedrillt wird, und zum anderen lässt man es zu, dass die Paramilitärs, die bezahlten Killer also, gegen uns vorgehen.«

»Paramilitärs und bezahlte Killer haben eine lange Tradition in Lateinamerika.«

»Wobei erschwerend hinzukommt, dass der Staat nicht für die Morde der Privatkiller verantwortlich gemacht werden kann. Kennen Sie den Fall José Reinha?«

»Auf dem Flughafen von Manaus hat man mir ein Flugblatt in die Hand gedrückt, auf dem gegen seine Verurteilung protestiert wurde.«

»Er wurde freigesprochen.«

»Das freut mich. Ich wollte Sie noch etwas anderes fragen ... Vor ein paar Wochen war ich in der Nähe von Rio Branco dabei, wie etwa vierzig landlose Familien ein brachliegendes Landgut besetzten. Wie viele Landbesetzungen gehen von der Bewegung aus?«

»Am Amazonas und in ganz Brasilien wird ständig Land besetzt, städtischer Baugrund, Supermärkte werden überfallen ... Viele dieser Aktionen geschehen spontan, aus Verzweiflung, ohne Organisation. Die Unterdrückung bahnt sich einen Weg nach außen. Wir versuchen, alle Landarbeiter in unserer Bewegung zu sammeln.«

»Ich lese in den Zeitungen, dass ein erbitterter ideologischer Kampf gegen euch geführt wird ... Selbst der brasilianische Präsident hat euch als Faschisten bezeichnet.«

»Unsere Politiker sind sehr kurzsichtig. Allein die Zahlen der Incra über die Besitzverteilung aus dem Jahr 1985 – die letzten verfügbaren Zahlen über die Aufteilung der Agrarfläche – belegen, dass neunzig Prozent der Gehöfte mit unter hundert Hektar Land über 21 Prozent der gesamten Fläche ausmachten (Regenwälder, Reservate und Naturparks nicht eingerechnet), während 44 Prozent der gesamten Fläche von weniger als einem Prozent der *fazendas* mit über tausend Hektar kontrolliert wurden. Das heißt, drei Millionen Bauern besitzen zehn Millionen Hektar, während 50000 Personen 164 Millionen Hektar gehören.«

»Ist die Situation hier in Amazonien anders?«

»In Amazonien ließen sich bereits während der portugiesischen Kolonisierung die *caboclos*, eine Mischung aus Indios, Portugiesen, Syrern, Libanesen und anderen, entlaufenen Sklaven und armen Weißen auf kleinen Familienparzellen entlang der Flüsse nieder; es waren die *ribeirinhos*, die Uferbewohner, die Fischerei, Ackerbau und auch Viehzucht zum Eigenbedarf betrieben. Mit dem stillschweigenden Einvernehmen der Justiz wurden diese kleinen Parzellen schließlich von den Großgrundbesitzern konfisziert, die nicht selten Spekulanten waren. Heute sind nur noch wenige Uferbewohner im Besitz ihres Familienlandes. In der Regel sind sie von den *fazendeiros* abhängig, für die sie verschiedene Arbeiten erledigen müssen, um weiter auf diesem Land leben zu dürfen. Der Incra zufolge befinden sich die meisten der großen Latifundien Brasiliens am Amazonas. Fünfundzwanzig Millionen Hektar Land gehören zu etwa hundert großen Ländereien.«

Nino Freire, Taxifahrer in Eldorado do Carajás, fand, dass sich einiges verbessert habe, seit es die Siedlung »17. April« in der Nähe gab: Die Geschäftsleute verdienten mehr, und es gab mehr Arbeit.

Aber die Gewalt gefiel ihm nicht.

»Es gibt gute Menschen und schlechte Menschen ... Es gibt halt alles ... Verstehen Sie?«

»Nicht genau.«

»Ich spreche von den Landlosen ... da gibt's gute und schlechte.«

»Aha.«

»Man hat ihnen das Land gegeben. Sehr schön. Aber mich hat mein Taxi viel Schweiß gekostet, viel Arbeit ... Ich habe es zusammen mit meinem Bruder gekauft, ohne Kredit, ohne Unterstützung ... Verstehen Sie? Entweder alle oder keiner. Stellen Sie sich nur mal vor, alle würden der Regierung die Pistole auf die Brust setzen. Der eine will Land, der andere einen Kredit, wieder ein anderer Medizin ... Hier gibt es viel Hunger und viel Elend ... Amazonien ist nur schön für die Touristen ... verzeihen Sie ... Ich weiß nicht, ob Sie mich verstehen. Die Steuern bringen uns um, und es ist unser Geld, mit dem die Landlosen bezahlt werden, ich sag ja nicht, dass sie es nicht nötig hätten, nein ... aber sie sind nicht die Einzigen, denen es hier dreckig geht ... Und die Indios? Ha, wenn ich Ihnen von den Indios erzählen würde!«

»Was ist denn mit den Indios?«

»Die zahlen keine Steuern. Sie tanzen und jagen und besaufen sich und leben von der Stütze, und wir schuften und zahlen unsere Steuern. Ich weiß nicht, ob Sie mich verstehen.«

»So in etwa.«

Kilo 6 war ein Camp an der Bundesstraße BA-150, ein halbes Dutzend windschiefer Hütten ohne Anstrich, umgeben von Insekten und Schlamm. Hinter den Hütten führte ein morastiger Weg in den Dschungel. Zwei berittene Männer mit Hut, die Machete am Gürtel, kamen den Weg entlang; sie stiegen ab, banden die Pferde an ein Geländer und betraten eine der Hütten.

Die Hütten waren Läden, in denen man Cachaça kaufen konnte, Bier, Kaffee, Lebensmittel, Kleider für Männer, Frauen und Kinder, Gürtel, Uhren, Macheten, Drehtabak, Streichhölzer, Sättel und Zaumzeug ... Ein paar Frauen mit rot angemalten Lippen lungerten vor der Tür der größten Hütte herum, sie lachten und tranken Bier direkt aus der Flasche.

Ich ging hinein, um Celdo Cardoso zu suchen, einen Affenjäger, der mich zum Reservat der *Sororó* führen konnte, wo sich Diodoro immer noch aufhielt.

Die Waren, die Kleider ... alles, was dort verkauft wurde, hing an Haken an der Tür und im Inneren des Ladens oder lag auf improvisierten Tischen aus Brettern, die auf Holzböcken lagen. Drinnen standen drei Tische; an einem von ihnen saß ein bärtiger Kerl mit Hut, der die Hand einer Frau mit breitem Gesicht und angemalten Lippen hielt. Auf dem Tisch standen zwei Flaschen Antárctica-Bier. Zwei weitere Männer tranken im Stehen Cachaça. Der eine von ihnen trug ebenfalls einen Hut, der andere nicht. Beide hatten ihre Hosen in die Gummistiefel gesteckt.

Das Lokal war dunkel, feucht und roch nach Schweiß. Man hörte nur das gutturale Flüstern der Frau und das Bellen der Hunde, die sich draußen balgten. Eine hagere Frau mit einem Goldkettchen um den Hals trat kauend aus einer Tür. Ich bestellte bei ihr ein Bier und sagte ihr, dass ich auf der Suche nach Celdo Cardoso, dem Affenjäger, sei. Sie zeigte auf den bärtigen Typ, der mit der Frau zusammensaß, und brüllte:

»Celdo, du wirst gesucht!«

Ich setzte mich an den Tisch, und die Frau brachte mir die Flasche. Gläser gab es nicht.

»In den nächsten drei Tagen kann ich Ihnen keinen Makaken besorgen. Die Lage ist schwierig. Wie viele wollen Sie?«, wollte Celdo von mir wissen.

Ich erklärte ihm, dass ich nicht an Makaken interessiert sei, sondern in das *Sororó*-Reservat wolle.

Er musterte mich eingehend, während er sich wahrscheinlich Gedanken darüber machte, wer ich sein mochte und was ich so trieb. Die Frau sah mich ebenfalls an, ohne Celdos Hand loszulassen. Der hatte ein längliches, pockennarbiges Gesicht. Seine verrückt flackernden Augen waren von einem Bart umrahmt, der ihm fast bis zu den Augenlidern reichte und die halbe Brust bedeckte.

»Was wollen Sie bei den Indianern?«, fragte er mich.

»Einen Freund suchen.«

Er lehnte sich auf seinem Stuhl zurück.

»Die Indios sind gefährlich ... Sie rauben dich aus und bringen dich um ... Falls du sie findest. Diese Mistkerle verstecken sich.«

»Ja, die Indios ...« Die Frau wiegte den Kopf.

»Um in die Reservate zu kommen, braucht man eine Erlaubnis.«

»Ich weiß. Ich war bei der Funai hier in Marabá ... Ich müsste sechs oder sieben Tage warten, bis die Ärzte hinfahren. So viel Zeit habe ich nicht.«

»Bist du ein *garimpeiro*?«, fragte Celdo.

»Da gibt's kein Gold ... Ich suche einen Freund. Sein Name ist Diodoro Souza. Ich muss ihn finden.«

»Also willst du keine Makaken?«

»Nein, das habe ich Ihnen doch schon gesagt.«

»Ich kann Ihnen Nutriafelle verkaufen ... Ozelot ... Kaiman ...« Er stützte sich auf den Tisch. »Wollen Sie Smaragde? Die verkaufe ich immer an Touristen. Sie können fragen. Ilana«, wandte er sich an die Frau, »zeig dem Herrn den Smaragd, den ich dir mitgebracht habe.«

Die Frau stand auf, aber ich hielt sie am Arm zurück.

»Nein, nicht nötig ... Ich will weder Smaragde noch Felle. Ich will zu den *Sororó*, um meinen Freund zu suchen. Können Sie mich hinbringen?«

Ilana setzte sich. Die anderen beiden Männer, die im Stehen tranken, und die Wirtin lauschten gebannt dem Gespräch. Die Wirtin sagte:

»Die Indios sind Diebe ... Räuber ... Mörder.«

»Hören Sie«, sagte ich zu Celdo, »können Sie mich hinbringen, ja oder nein?«

»Kann ich ... Haben Sie Waffen?« Er musterte mich eindringlich.

»Nein.«

»Egal, ich hab welche ... Sie müssen mir Munition besorgen, eine Schachtel 45er-Patronen für mein Gewehr, Essen für fünf Tage ...«

»So lange dauert das? Man hat mir erzählt, das Reservat sei keine zweihundert Kilometer entfernt.«

»Wir können nicht über die Straße rein; da ist der Posten der Funai ... Außerdem hat man besser zu viel zu essen als zu wenig.«

»In Ordnung ... Was noch?«

»Munition ... Essen für fünf Tage ... und Macheten, Pfannen und Kleiderstoffe für die Indios. Wir müssen einen Träger mitnehmen; ich kenne da einen, kein Problem.«

Plötzlich sah ich mich mit Celdo und seinem Freund im Dschungel, wie ich drei Tage Seite an Seite mit ihnen schlief. Ich hatte eine Vision: Celdo, der mir die Kehle durchschnitt.

»... und tausend Dollar.«

»Was?«

»Tausend Dollar, wenn ich Sie hinbringen soll.«

»Tausend US-Dollar?«

«So ist es … tausend US-Dollar.

»So viel habe ich nicht.«

Die Wirtin des Lokals kam näher.

»Zu den Indios zu gehen ist gefährlich …«

Ilana packte mich am Arm.

»Das ist nicht viel Geld, Senhor. Sie müssen hin und zurück … es geht durch den Dschungel, es gibt wilde Tiere, Schlangen …«

»Achthundert Dollar … inklusive Träger«, hakte Celdo nach.

»Ich weiß nicht, wo ich so viel Geld herkriegen soll.«

»Siebenhundertfünfzig, und ich stelle die Munition … Sie kaufen den Rest. In zwei Stunden können wir aufbrechen … hier können Sie alles kaufen.«

»Alles sehr günstig«, sagte die Wirtin.

Ich spürte plötzlich eine seltsame Beklemmung, so als irrte ich in einem schrecklichen Traum durch ein Labyrinth. Die beiden anderen Trinker waren näher gekommen und starrten mich an.

»Was ist Ihr letzter Preis?«

»Siebenhundert Dollar, ohne Munition, und um den Träger kümmere ich mich. Billiger kriegen Sie's nicht.«

Gut … Ich habe das Geld nicht dabei … Ich werde sehen, dass ich es besorgen kann. Wenn ich morgen wieder herkomme, sagen wir, so zwischen sieben und acht Uhr morgens, dann machen wir den Vertrag. Wenn ich nicht komme, konnte ich das Geld nicht auftreiben. Okay?«

»Versuchen Sie nicht, auf eigene Faust zu den *Sororó* zu gelangen. Sie werden sie niemals finden und sich im Regenwald verirren«, sagte Celdo zu mir.

»Die Indios werden Sie umbringen«, setzte einer der beiden Trinker hinzu und lachte schallend.

Ich zahlte das Bier und ging.

Sechzehn

In der Region Marabá leben zur Zeit circa 1500 Indios aus zehn verschiedenen Ethnien. Sie verteilen sich auf fünf Reservate, die nicht alle klar als solche ausgewiesen sind, und auf zwölf Dörfer. In einigen davon, wie bei den *Atikum,* leben nur noch fünfundzwanzig Personen, während es bei den *Pakategé* im Reservat Mãe Mariá bei Bom Jesús do Tocantins an die sechshundert sind.

Marabá war und ist eine Handelsstadt mit fast 200 000 Einwohnern, ein Verkehrsknotenpunkt und ursprünglich eine Zwischenstation beim Kautschukhandel mit Belém. Heute setzt man auf Industrialisierung und die Förderung des Kaffee- und Paranussanbaus. Es gibt zwei Drei-Sterne-Hotels und einige Restaurants, Cafeterien, Boutiquen und Möbelgeschäfte für die Großgrundbesitzer, das aufstrebende Bürgertum Amazoniens, Beamte, Unternehmer und vom Glück begünstigte Goldsucher oder Kokainschmuggler.

Die ganze Pracht konzentriert sich auf die Kneipen entlang der endlosen, heißen Promenade am Ufer des Rio Araguaia und auf die nicht minder lange, heiße Hauptstraße mit einem amerikanischen Burgerladen und einer Eisdiele. Es gab weder Buchhandlungen im herkömmlichen Sinne noch ein Kino, und die fünf Angestellten im Tourismusbüro sahen mich verwundert an, als ich sagte, dass ich Tourist sei. In Kürze werde die Restaurierung des alten Theaters abgeschlossen sein; Stadtpläne gebe es noch nicht, die seien im Druck. Zum Ausgehen empfahlen sie mir die Uferstraße, die Karaoke-Shows und die Diskotheken.

Hinter dem asphaltierten Stadtkern mit seinen mehrstöckigen Gebäuden, öffentlichen Behörden und dem modernen Villenviertel wucherte die Stadt unasphaltiert weiter, mit Holzhütten und riesigen Brachflächen, die an den Regenwald grenzten, beziehungsweise an das, was davon übrig war. Nach offiziellen Angaben erkrankten täglich fünfunddreißig Personen an Malaria, das waren über tausend im Monat.

An der Uferpromenade lagen unzählige hölzerne Plattformen vertäut, auf denen sich Lokale befanden. Die Bar *A Canoa* war eine davon. Ich hatte beim Kellner einen Eiskübel mit zwei Flaschen Antárctica bestellt und versuchte die Hitze und die Moskitos zu vertreiben, ohne dass mir eins von beiden gelang. Dabei las ich Machado de Assis, den Autor aus Rio de Janeiro, der einem Tschechow und dem besten Galdós in nichts nachstand. Der Kellner sagte mir, ich solle am Abend wiederkommen, es werde eine fantastische Karaoke-Show geben.

Er deutete ans andere Ende der Plattform, wo eine Gruppe von Technikern versuchte, die Karaokeanlage aufzubauen, die am Geländer stand. An einem Tisch am anderen Ende des Lokals saß eine Clique von Jungs und Mädchen mit bauchfreien Tops, die laut lachten und herumalberten. Sie trugen europäische und amerikanische Markenklamotten.

Ein Motorboot fuhr über den brauen Fluss und zog einen Typ hinter sich her, der Wasserski fuhr. Einige Yachten mit weißen Segeln glitten durch das schmutzige Wasser, und eine Horde Straßenjungen sprang immer wieder kopfüber von der Mole ins Wasser.

Eines der Mädchen von dem Tisch am anderen Ende kam zu mir, platzierte seinen Bauchnabel wenige Zentimeter vor meiner Nase und bat mich um eine Ducados. Nachdem sie mich gefragt hatte, woher ich kam und was ich in Marabá machte, blies sie den Rauch in die Luft und fragte mich:

»Wissen Sie, wie die Hauptstadt der Vereinigten Staaten heißt? Meine Freunde wissen es nicht. Ich sage, New York.«

Sie konnte irgendetwas zwischen fünfzehn und fünfundzwanzig sein, aber sie war fünfzehn, hieß Turbana und war in der vorletzten Klasse vor dem Abitur. Ich sagte ihr, wie die Hauptstadt der Vereinigten Staaten hieß, aber sie sah mich ungläubig an.

»D.C.?«

»Genau, Washington, D.C., das heißt Washington, District of Columbia.«

»Nein, nein, es ist New York ... D.C. ist nicht die Hauptstadt der Vereinigten Staaten.«

»Wie du meinst.«

Sie ging, und ich hörte, wie sie mit ihren Freunden diskutierte. Dann kam sie wieder zurück.

»Es ist New York«, beharrte sie.

»Na schön, wie du meinst ... Kennst du die Hauptstadt von Frankreich?«

»Nein.«

»Und die von England?«

Sie schüttelte den Kopf. Ich machte weiter mit Spanien, Italien und dann mit Argentinien, Uruguay, Paraguay ... Sie wusste keine einzige.

»Hast du keinen Geografieunterricht in der Schule?«

»Doch, aber wir haben fünfzehn Fächer ... Ich kann mir nicht alles merken.«

»Scheint so.«

Mit der Dreistigkeit, die zarte, weiche Haut und volle Lippen verleihen, nahm sie mir das Buch von Machado de Assis aus der Hand und betrachtete es.

»Wer ist das?«

»Das ist die spanische Übersetzung eines brasilianischen Autors.«

»Ich lese nicht gerne. Bist du Lehrer?«

»Nein.«

Zwei Mädchen, die angezogen waren, als befänden wir uns auf Capri, grüßten von der Mole aus die Freunde des Mädchens und sprangen auf die Plattform; es waren ihre Schwester Junaíma, neunzehn Jahre alt, und ihre Freundin Biana, die vierzehn war. Biana setzte sich auf den Stuhl mir gegenüber und betrachtete mich. Sie hatte einen festen Freund und wollte nächstes Jahr heiraten, spätestens übernächstes. Sie hatte die Schule abgebrochen und half ihrem Vater in seinem Laden für Haushaltsgeräte. Turbana erzählte ihrer Schwester, worüber wir diskutierten. Junaíma war Sekretärin in einer Anwaltskanzlei und wusste, wie die Hauptstadt der Vereinigten Staaten hieß. Dann fragte sie mich:

»Bist du verheiratet?«

»Ja.«

»Er hat mich ganz durcheinandergebracht«, sagte Turbana zu ihrer Schwester Junaíma. »Er hat mir erzählt, die Hauptstadt der Vereinigten Staaten sei irgendein D.C. ...«

Im Kunstgewerbeladen »Amazonas« betrachtete der Besitzer missmutig einen zeremoniellen Kopfschmuck aus Papageienfedern und ein paar Holzkämme.

»Sehen Sie, was er mir gebracht hat. Mehr habe ich nicht; sie wollen nicht arbeiten«, sagte er indigniert. »Sie saufen den ganzen Tag Cachaça, mit ihnen ist nichts anzufangen. Ich bestelle Waren bei ihnen, und nichts passiert. Sobald sie ein bisschen Geld haben, geben sie es für Cachaça aus.«

Ich fragte ihn nicht, wie viel er ihnen für ihre Handarbeiten bezahlte und für wie viel er sie verkaufte. Ich fragte nur:

»Stammt das von den *Sororó*?«

»Ja, aber im Plural sagt man *Suruís*.«

Der Mann, der die Handarbeiten gebracht hatte, ein etwa Sechzigjähriger, hatte gerade den Laden verlassen, nachdem er das Geld für die vorige Lieferung kassiert hatte. Diesmal hatte er nur den Federschmuck und die Holzkämme mitgebracht. Ich ging ihm hinterher.

Mit kleinen Schritten, die Schultern leicht vorgebeugt, lief er die Straßenseite entlang, die im Schatten lag. Er trug eine weite blaue Hose, Straßenschuhe und ein kariertes Hemd. Er schien kein bestimmtes Ziel zu haben.

Im Laden hatte er wie ein Chinese ausgesehen, mit markanten schrägen Augen in einem ernsten, faltenzerfurchten Gesicht.

Die Theorie über die Besiedlung des Neuen Kontinents und damit auch Amazoniens, die zur Zeit die größte Zustimmung findet, geht davon aus, dass vor 24000 Jahren asiatische Völker über die Beringstraße kamen und sich allmählich über den Kontinent verbreiteten. Schon vor etwa 15000 Jahren waren die amazonischen Regenwälder von den Nachfahren dieser asiatischen Völker besiedelt. Aber alles, was mit Amazonien zu tun hat, ist stets von Fantasien und Legenden beeinflusst gewesen. Arias Montano behauptete 1571, dass Noahs Söhnen Ofis und Jubal die Neue Welt übereignet worden sei, dem ersten Peru und dem zweiten Brasilien. Folglich seien die Indianer Amazoniens deren direkte Nachkommen. Im Jahr 1607 hatte der spanische Autor Gregorio García keine Bedenken, die moralischen, physiognomischen und linguistischen Gemeinsamkeiten zwischen Indios und Juden herauszustellen. Demzufolge wären die Indios die Nachfahren der zehn Stämme, die beim Angriff der Assyrer auf Israel im Jahre 721 vor Christus verloren gingen.

Es ist nicht zu bestreiten, dass die Amazonas-Indianer genetisch mit den Asiaten verwandt sind, aber sie waren nicht alle gleich, was Aussehen, Gesellschaftsform oder Kultur anging. Die Kultur und der geografische Raum brachten eine große Vielfalt höchst unterschiedlicher menschlicher Gesellschaften hervor, die Levi-Strauss in *Der Blick aus der Ferne* schreibt:

»Dieser große, isolierte Zweig der Menschheit besteht aus einer Vielzahl von Gesellschaften, größeren und kleineren, die wenig Kontakt untereinander hatten. Und um jene in der Isolation begründeten Unterschiede noch zu ergänzen, gibt es weitere, ebenso gewichtige Unterschiede, die aus der Nähe entstehen: aus dem Wunsch, sich zu unterscheiden, sich abzugrenzen, etwas Eigenes zu sein.«

Und die bereits zitierte Betty J. Meggers sagt dazu: »[...] man kann in Amazonien zwei Subregionen von höchst unterschiedlicher Ausdehnung ausmachen, die sich in ihrem Potential zur Subsistenz unterscheiden: 1.) die ausgedehnte *Terra Firme* mit ihren weit verstreuten, aber ständig verfügbaren Ressourcen, und 2.) der schmale Streifen der Überschwemmungsgebiete oder *Várzea*, in dem, abhängig vom Wasserstand des Flusses, Mangel oder Überfluss einander abwechseln.«

Und weiter: »Wenn Anpassung ein Hauptmerkmal von Kultur ist, so wäre in den kulturellen Komplexen dieser beiden Subregionen mit Unterschieden zu rechnen. Und tatsächlich ist dies auch so.«

Als die Europäer im 16. Jahrhundert an den Amazonas kamen, fanden sie eine Vielzahl von hierarchischen Gesellschaften vor, die über ein ausgeklügeltes System zur Produktion von Werkzeugen und Keramik, eine vielfältige Landwirtschaft und eine Kultur von Glaubensritualen verfügten, die eng mit einem zentralisierten politischen System und einer straff gegliederten Gesellschaft verknüpft waren.

Tausende von Jahren bevor die Konquistadoren eintrafen, hatten die Amazonasvölker – sowohl diejenigen der *Várzea* als auch jene der *Terra Firme* – das entwickelt, was dann als die »Kultur des tropischen Regenwaldes« bezeichnet wurde. Diese Kultur vereinte sehr unterschiedliche Ausprägungen, je nachdem, ob es sich um an den Flussufern siedelnde Stämme oder um solche handelte, die das

Waldesinnere bewohnten. Die sogenannte »Kultur des tropischen Regenwaldes« basierte vor allem auf dem Anbau von Maniok, der im zweiten Jahrtausend vor Christus eingeführt wurde. Neben Maniok baute man in der *Várzea* auch Hirse an, Süßkartoffeln, Tomaten, Nüsse, Pfeffer, Schokolade, Vanille, Ananas, Mangos, Bananen, Maracujas und Avocados; hinzu kamen der Fischfang, die Jagd und das Sammeln von Vogel- und Schildkröteneiern.

Archäologische Funde erlauben es, die ersten Gemeinschaften amazonischer Jäger und Sammler in die Zeit zwischen zehntausend und siebentausend vor Christus zu datieren, mit einer Übergangsphase, aus der es ebenfalls eine Vielzahl von Funden gibt, bis dann im zweiten vorchristlichen Jahrtausend die ersten Ackerbaugesellschaften auftauchen. Der Stamm der *Omagua* zum Beispiel, der jahrhundertelang die Ufer des Rio Solimões dominierte – auch das heutige Gebiet von Manaus –, koexistierte mit den Jägern und Sammlern der *Wai-Wai,* die in den Ausläufern des Guyanaschildes lebten, und noch primitiveren Völkern.

Die archäologischen Funde geben Zeugnis von der bewundernswerten Zivilisation auf der Insel Marajó im Amazonasdelta, die bei der Ankunft der Europäer womöglich bereits untergegangen oder im Niedergang begriffen war. Ihre Bewohner, die eine herrliche Keramik herstellten, lebten in weit entwickelten Gemeinschaften und bewohnten gut organisierte Dörfer mit über tausend Einwohnern.

Bekanntlich begann mit der Ankunft der Europäer die Auslöschung der Völker Amazoniens. Was Arkebusen und Schwerter nicht schafften, wurde von Krankheiten, Sklaverei und der von den Missionaren so eifrig betriebenen Zivilisierung vollendet. Die Folge war, dass die überlebenden Indiostämme die Flussufer verließen und sich in den Regenwald zurückzogen und Jahrhunderte oder gar Jahrtausende in ihrer Entwicklung zurückfielen. Die Indianer, die heute in den Wäldern leben und als Studienobjekte für Anthropologen und neugierige Touristen und als billige Arbeitskräfte für die Spekulanten dienen, haben nichts gemeinsam mit den Völkern, die die Portugiesen und Spanier im 16. Jahrhundert antrafen. Die heutigen Indianerstämme sind künstlich auf frühere Entwicklungsstadien zurückgeworfen worden – sie sind Überlebende des großen Massakers, das sein Ende noch nicht gefunden hat.

»Entschuldigen Sie, kann ich Sie einen Moment sprechen?«

Der Mann blieb mitten auf der Straße stehen. Ich nannte ihm meinen Namen und beteuerte noch einmal, dass ich mich mit ihm unterhalten wolle. Wir könnten in eine Kneipe gehen und ein Bier trinken. Ich würde ihn einladen.

Er antwortete nicht. Er beobachtete mich aufmerksam, beinahe ohne eine Miene zu verziehen. Ich dachte, er würde kein Portugiesisch verstehen, und brachte noch einmal langsam meine Bitte vor.

»Weshalb?«, fragte er schließlich.

»Ich bin Spanier, aus Spanien ... und ich wollte Ihnen ein paar Fragen stellen ... wenn Sie nichts dagegen haben. Gehen wir in eine Kneipe?«

Er nickte.

Ich hatte in Marabá keine Kneipen gesehen, wie man sie in Spanien oder Portugal kennt. Es gab Restaurants, Burgerläden, Imbissbuden, Straßenstände, aber keine Kneipen, wie ich sie in Belém und später in Manaus gesehen hatte. Wir befanden uns jedoch an einer Einmündung zur Avenida Antonio Maia, der Hauptstraße, und so gingen wir dorthin.

Wir betraten das einzige Schnellrestaurant, das ich gesehen hatte; dort verkehrten gut gekleidete Jugendliche, die von aufgesetzt freundlichen Kellnern bedient wurden. Als wir hineinkamen, bemerkte ich die Blicke, die sie uns zuwarfen. Wir setzten uns an einen Tisch, und ich sagte zu der Kellnerin:

»Zwei gut gekühlte Biere, bitte.«

»Tut mir leid, aber wir schenken keinen Alkohol aus.«

Der Besitzer, ein dicker, junger Mann, beobachtete uns hinter der Registrierkasse.

Ich wandte mich an den Mann.

»Mögen Sie Guarana?«

Er nickte erneut.

»Dann zwei Guarana.«

Die Kellnerin ging, und er sagte mir, dass er Jaguaribe heiße. Dann erzählte ich ihm von Diodoro, und er erklärte, dass er nichts von einem Fremden im Reservat wisse. Sie seien zweihundertsiebzehn Leute, und es wäre merkwürdig, wenn er unbemerkt geblieben wäre. Allerdings sei er seit anderthalb Wochen unterwegs. Jetzt kehre er mit dem Geld für die Handarbeiten ins Dorf zurück. Dann erzählte ich ihm, was ich in Wirklichkeit in Amazonien machte. Er war der Erste und Einzige, dem ich die Wahrheit sagte.

»Mein Verleger Rafa González wäre begeistert, wenn ich berichten würde, wie das Leben in einem Indianerreservat ist. Nicht zu sprechen von den Lesern. Außerdem müssen in einem Buch über den Amazonas Indios vorkommen, Sie verstehen?« Ich lächelte, um deutlich zu machen, dass es ein Witz war, aber Jaguaribe verzog keine Miene. »Mit einem Wort, ich würde Sie gerne in Ihr Dorf begleiten. Erlauben Sie mir, mit Ihnen zu kommen? Ich verspreche Ihnen, dass ich nicht stören werde. Ich würde ein paar Fotos machen und das war's. Ich denke, drei Tage würden genügen. Sind Sie ein Kazike, ein Häuptling?«

»Nein, ich bin das Oberhaupt meiner Familie. Ich gehöre dem Rat meines Volkes an.«

»Und können Sie mich mitnehmen?«

»Sie können mit zu mir nach Hause kommen.«

»Prima ... Ich würde natürlich für die Unkosten aufkommen ... Ich meine, ich könnte Dinge kaufen, verstehen Sie, Jaguaribe? Stoffe, Macheten, Kaffee ... nun ja, was Sie eben brauchen.«

Der Guarana kam, und wir tranken. Jedes Mal, wenn ich Guarana trank, fragte ich mich, wieso die Firma mit dem schwarzen Gesöff in Brasilien nicht pleite ging.

Jaguaribe lächelte zum ersten Mal.

»Sie sind von weit her zum Amazonas gekommen, um ein Buch zu schreiben.«

»Ja, von weit her.«

»Sind Sie mit dem Flugzeug gekommen?«

»Ja, mit vielen Flugzeugen.«

»Haben Sie Ihre Familie mitgebracht?«

»Nein, ich bin alleine hier. Haben Sie Familie?«

»Ja, zwei Söhne.«

»Und gibt es Platz in Ihrem Haus?«

»Ja, Sie können Ihre Hängematte aufhängen.«

»Dann muss ich mir eine Hängematte kaufen. Sagen Sie mir, was ich für Sie besorgen soll, damit wir es gleich kaufen können.«

»Ein Motorboot. Von Yamaha, wenn es geht.«

Ich trank noch einen Schluck Guarana.

»Ein Motorboot?«

»Yamaha.«

»Hören Sie, Jaguaribe, ein gebrauchtes Motorboot kostet dreitausend Dollar, vorsichtig gerechnet. So viel Geld habe ich nicht.«

»Wie viel bekommen Sie für das Buch?«

»Scheiße.«

»Was?«

»Nichts. Das geschieht mir recht. Ich hab die Indios auch für naiv gehalten. Tut mir leid«, sagte ich auf Spanisch.

Er sah mich an.

»Können wir handeln?«, fragte ich dann auf Portugiesisch.

Ich war es leid, auf Diodoro zu warten. Also nahm ich das Angebot von Aurelio Cardoso, dem Taxifahrer, an. Für hundertfünfzig Reais könnte er mich zum *garimpo* Serra Pelada bringen, jener Goldmine, die Sebastião Salgado mit seinen Fotografien unsterblich gemacht hatte. Die letzten fünfunddreißig Kilometer führten über schwer zugängliche Dschungelpisten, aber er war die Strecke schon ein paar Mal gefahren und glaubte, dass er es wieder hinbekam.

Das erste Problem tauchte auf, als ich ihm sagte, dass ich die Hälfte gleich bezahlen würde und die andere Hälfte, wenn wir die Mine erreicht hätten. Er akzeptierte zähneknirschend, und so konnte er mir nur siebzig Reais abgaunern. Aber immerhin fuhr er mich nach Kilo 100, einer Überlandsiedlung an der Abzweigung zu der Mine, die noch über dreißig Dschungelkilometer von meinem Ziel entfernt war.

Das zweite Problem zeigte sich, kaum dass ich das Taxi bestiegen hatte. Aurelio Cardoso hatte eine schwache Blase und hielt alle naselang an, um zu pinkeln. Ich sagte ihm, dass wir so nie ankommen würden. Daraufhin kramte er eine Plastikflasche hervor und sagte mir, wenn es mir nichts ausmache, könne er da hineinpinkeln.

Siebzehn

Kilo 100 bestand aus drei oder vier schäbigen Baracken inmitten von Schlamm und Dreck, umgeben von brütender Hitze und Regenwald. Bei unserer Ankunft regnete es; es war dieser heftige, warme Regen Amazoniens, der keine Abkühlung brachte.

Ein weißer Kombi mit Schlammspritzern bis an die Fenster, ein Jeep und ein altes Auto parkten an der Einmündung der Schlammpiste. Ein Typ mit einer Flasche in der Hand versuchte die Straße zu überqueren; sein Hemd hing ihm aus der Hose. Zwei weitere Männer und eine Frau, die genauso betrunken waren wie er, feuerten ihn grölend von der Veranda einer der Baracken an. Er fiel der Länge nach auf die Straße und rührte sich nicht mehr. Die Flasche zerbrach, und der restliche Cachaça bildete unter ihm eine Lache. Er blieb liegen. Niemand machte Anstalten, ihm aufzuhelfen.

Ich musste feststellen, dass Aurelio Cardoso nicht nur eine schwache Blase hatte, sondern auch ein Lügner war. Er war nie in der Mine gewesen. Als er das Auto im Schlamm parkte, zitterte er.

»Was hast du, Aurelio?«

»Nichts … nichts.«

»Sollen wir aussteigen und was trinken? Vielleicht gibt es Kaffee.«

»Nein.«

»Du willst nicht aussteigen?«

Aurelio umklammerte das Lenkrad. Durch die geschlossenen Fenster sahen wir, wie in der Hütte gegenüber ein bärtiger Kerl mit einem Riemen auf einen Affen einprügelte, der mit einer Kette an einem Pfosten festgebunden war. Der Affe masturbierte wie von

Sinnen, er kreischte und drehte sich um die eigene Achse, um den Schlägen zu entgehen. Der lange, rote Penis schien gleich zu explodieren.

»Hast du Angst, dass sie dir das Auto klauen?«

»Ja, das sind Banditen hier. Die werden mich beklauen.«

»He, Moment mal, Aurelio. Du wirst doch jetzt nicht kneifen, oder?«

Er schüttelte den Kopf.

»Also, was machen wir? Warten wir, bis es aufhört zu regnen, oder fahren wir weiter?«

»Da komme ich nicht durch.« Er deutete auf die schlammige Piste, eine Trasse durch den Dschungel mit ein Meter tiefen Fahrrinnen. »Ich werde mir die Achsen brechen. Nein, das geht nicht.«

»Hast du nicht gesagt, dass du schon ein paar Mal dort gewesen bist?«

»Die Strecke hat sich sehr verändert ... die ändert sich jeden Tag.«

»Also gut, lass uns da reingehen und fragen, ob man durchkommt. Die Kerle da müssen's wissen.«

Plötzlich verstummte der Affe, er hörte auf zu kreischen und zu masturbieren. Er hatte sich so zusammengekauert, dass er nicht mehr größer war als ein kleiner Brotbeutel. Das Fell auf dem Rücken hatte sich rötlich gefärbt. Der bärtige Mann beschimpfte ihn jetzt als Satansbraten und Hurenbock. Das Äffchen sah ihn aus schreckgeweiteten Augen an.

»Ich werde fragen gehen. Soll ich dir einen Kaffee mitbringen?«

»Ja.«

Ich stieg aus dem Wagen, und der Regen durchnässte mich völlig. Ich machte einen Satz unter das Vordach der Hütte, wo die beiden Männer und die Frau auf einer umlaufenden Bank saßen und Cachaça tranken, ohne sich weiter um ihren Kumpel zu kümmern, der immer noch auf der Straße lag. Einer der Männer hatte seine

Hand auf die Brust der Frau gelegt. Als er bemerkte, dass ich ihn beobachtete, zog er sie rasch weg.

Im Inneren der Hütte war es düster, und der Regen trommelte regelmäßig auf das Dach. Vier oder fünf leere Tische standen herum, und der Wirt, ein großer, dicker Mann, der aber nicht schwerfällig wirkte, schrieb etwas in ein Heft, das auf dem Tresen lag.

Hinter dem Tresen standen Holzregale mit Kleidern, Lebensmitteln, Konservendosen, Keksen, Schnapsflaschen ohne Etikett, Goldsieben, Büchsen mit Nescafé und all dem Krimskrams, den es in solchen Läden so gibt. Über all dem hing ein Farbdruck des berühmten Räuberhauptmanns Lampião und seiner Geliebten Maria Bonita.

Ich fragte den Wirt, ob die Straße nach Serra Pelada befahrbar sei. Er musterte mich, bevor er mir antwortete:

»In einer Stunde wird es dunkel. Besser, Sie warten bis morgen, dann kommt ein Bus aus Marabá, der fährt hin. Es gibt auch Privatautos, die Fahrgäste mitnehmen.«

Eine kleine Frau kam hinter einem Vorhang hervor, stützte sich mit den Ellbogen auf den Tresen und sagte:

»Die Strecke ist sehr schwierig. Morgen kommt der Bus.«

»Ich bin mit einem Taxi hier. Glauben Sie, man kommt durch den Schlamm?«

Der Mann zuckte mit den Schultern.

»Ich glaub nicht ... und nachts schon gar nicht. Sie hätten früher kommen müssen.«

Ich ging nach draußen. Es hatte aufgehört zu regnen, und mein Taxi hatte sich in Luft aufgelöst. Es stand nicht mehr vor der Tür. Ich hatte es nicht wegfahren gehört. Ich lief zur Hauptstraße und rannte hin und her. Keine Spur. Ein gelber, schlammverspritzter Lastwagen hatte in der Zwischenzeit dort geparkt, wo vorher das Taxi stand.

Der Mann, der auf der Straße gelegen hatte, saß jetzt hinter den Hütten und schiss, umringt von mageren Hühnern mit durchnässtem Gefieder. Als er fertig war, knöpfte er seine Hosen zu, und zwei magere schwarze Schweine stürzten sich auf seine Fäkalien.

Der Besitzer des Geschäfts hieß João und ließ mich über Nacht in seinem Laden bleiben. Er bedauerte es sehr, weder ein Bett noch eine Hängematte für mich zu haben. Ich aß in einer Ecke Rühreier mit gebratenen Maniokscheiben und trank dazu einen Kaffee. Das Wirtsehepaar war die ganze Zeit liebenswürdig und zuvorkommend zu mir. João erzählte mir, dass die Mine aus dem Jahr 1980 stammte, als eine Gruppe von Goldsuchern in Serra Pelada Goldkörner von der Größe einer Männerfaust fand, die einfach dort herumlagen. Zwei Jahre später war ein Dorf entstanden, und hunderttausend Goldsucher aus ganz Brasilien durchwühlten den Schlamm und das Gestein in der verzweifelten Hoffnung, reich zu werden. Die Fotos von Sebastião Salgado, dem Fotografen aus São Paulo, dessen Frau ich im Haus meines Freundes Professor Leonel kennengelernt hatte, gingen um die Welt. Seine Aufnahmen, Bilder eines modernen Hieronymus Bosch, zeigten eine endlose Kette von schlammverschmierten Männern, die Säcke mit Erde zu den Waschplätzen am Fuß des Hügels mit dem Namen Pico do Ouro schleppten.

»Jetzt sind nur noch zwanzigtausend *garimpeiros* hier in der Gegend«, erzählte mir João.

»Und gibt es noch Gold?«

»Ja, die Erde ist voller Gold«, antwortete er. »Aber fast alle sind nach Roraima gegangen, ins Yanomami-Gebiet. Da gibt es mehr Gold.«

Die drei Frauen postierten sich vor den Türen der Hütten, in Sichtweite der Autos, Lastwagen und Lieferwagen, die über die Landstraße fuhren. Manchmal winkten sie oder riefen die Namen der Fahrer, die sie kannten. Aber die meiste Zeit taten sie gar nichts und standen einfach nur da. Einmal kamen sie in die Baracke und setzten sich an einen der Tische. Sie waren einfach nur da. Als die Dünnste von ihnen, eine dunkelhäutige, knochige Frau, bemerkte, dass ich sie ansah, fragte sie mich:

»Ist was?«

Ich saß in einer Ecke und versuchte im trüben Licht der einzigen Deckenlampe zu lesen oder mir Notizen zu machen. Ich musste zwölf Stunden dort ausharren, bis es hell wurde. Der Laden hatte die ganze Nacht geöffnet und wurde von João, seiner Frau Rosa und einem Angestellten bedient, der gegen zehn Uhr aus dem Nichts auftauchte, denn soweit ich sah, gab es dort weit und breit keine menschliche Behausung.

Der Angestellte hieß Bartolomé und war ein *Xicrin*-Indianer mit sorgfältig gekämmten Haaren, die ihm bis auf die Schultern reichten, weichen Gesichtszügen und einem sanften, liebenswürdigen Lächeln. Er schmiss den Laden, während die Besitzer schliefen, und war die ganze Zeit bemüht, mir meine durchwachte Nacht so angenehm wie möglich zu machen.

Die drei Frauen fuhren gegen elf Uhr abends mit einem Kombi davon, der lautstark vor der Tür bremste. In der ersten Hälfte der Nacht, bis zwei Uhr morgens, gingen Lastwagenfahrer und Autofahrer ein und aus. Sie tranken Kaffee, Limonade und manchmal auch Cachaça und nahmen riesige Pakete mit Keksen der Marke Neri mit, auf denen ein wohlgenährtes Kind mit glücklichem Gesicht in einen Keks biss. Danach vergingen mehrere Stunden, ohne dass jemand den Laden betrat.

Gegen drei Uhr morgens hörte ich Bremsen quietschen und einen Motor, der abgestellt wurde. Zwei junge Burschen kamen herein.

Der eine trug ein Karohemd und der andere einen Hut. Der mit dem Karohemd stützte den mit dem Hut. Er war offensichtlich betrunken, aber er schwankte nicht. Er setzte ihn an den Tisch neben meinem, und der Kerl begann mich anzustarren. Obwohl ich bezweifelte, dass er mich wahrnahm, hörte der Kerl nicht auf zu stieren.

Der mit dem Karohemd sagte zu Bartolomé:

»Zwei Bier.«

»Ja, Senhor ... natürlich. Möchten Sie nicht lieber einen Kaffee für Ihren Freund? Wir haben Kaffee.«

»Ich sagte, zwei Bier.«

»Ich kauf Ihnen die Stiefel ab«, sagte auf einmal der mit dem Hut.

Ich las weiter. Bartolomé brachte die beiden Bier, der mit dem Karohemd zahlte, reichte eine Flasche an seinen Kumpel weiter, setzte sich an einen anderen Tisch und begann sein Bier zu trinken.

Der mit dem Hut trank ebenfalls. Dann sagte er wieder zu mir:

»Ich kauf Ihnen die Stiefel ab.«

Er war sehr jung oder wirkte so. Er hatte eine Narbe von der rechten Schläfe bis zum Kinn.

»Sie sind nicht zu verkaufen«, antwortete ich.

Er trank und starrte mich weiter an. Er sah verblüfft aus.

»Ich hab gesagt, dass ich Ihnen die Stiefel abkaufe.«

Ich wandte mich an den mit dem Karohemd.

»Hören Sie, sagen Sie Ihrem Freund, dass ich die Stiefel nicht verkaufe, okay?«

»Weshalb verkaufen Sie sie ihm nicht?«, fragte er zurück.

»Soll das ein Scherz sein? Es sind meine Stiefel, und ich verkaufe sie nicht, okay? Und jetzt fragen Sie nicht länger danach.«

Der mit dem Hut stand auf und stellte sich direkt neben mich. Er steckte die Hand in die Hosentasche, zog einen Haufen zerknüllter Scheine heraus und warf sie auf den Tisch.

»Ich kauf Ihnen die Schuhe ab.«

»Nehmen Sie das Geld zurück. Ich hab Ihnen schon gesagt, dass ich sie nicht verkaufe. Was soll ich Ihnen noch sagen?«

Der mit dem Karohemd trank ruhig aus seiner Flasche und beobachtete die Szene. Der mit dem Hut blieb regungslos neben mir stehen, ohne etwas zu sagen. Ich konnte nicht weiterlesen.

Bartolomé kam dazu.

»Wünschen Sie noch etwas? Wir haben Fleisch, Maniok, Eier ... Ich kann Ihnen alles machen, was Sie wollen.«

»Fünfzig Reais«, sagte der mit dem Hut.

Ich beschloss, nichts mehr zu sagen und mich auf mein Buch zu konzentrieren.

»Also soll ich Ihnen nichts kochen?«, fragte Bartolomé noch einmal.

»Nein«, antwortete der mit dem Karohemd.

Der mit dem Hut grummelte etwas, und plötzlich gaben seine Beine nach, und er fiel auf den Boden. Ich rührte mich nicht. Bartolomé und der mit dem Karohemd hoben ihn hoch und setzten ihn wieder hin. Der mit dem Karohemd nahm das Geld und zählte es langsam nach. Und der mit dem Hut gab keine Ruhe:

»Die Stiefel, verkaufen Sie mir die Stiefel.«

»Also Sie verkaufen sie nicht?«, fragte der mit dem Karohemd.

»Haben Sie nicht gehört, was ich gesagt habe?«

»Hier sind sechzig Reais.«

Ich klammerte mich an das Buch und versuchte zu lesen. Der mit dem Karohemd steckte das Geld seines Kumpels ein und ging an seinen Platz zurück. Der mit dem Hut lallte weiter.

Zehn Minuten darauf gingen sie. Und um vier Uhr morgens standen die Besitzer auf, und Bartolomé ging nach Hause.

Wenn es nicht regnete, ging ich vor die Tür, um Luft zu schnappen, in die Nacht zu sehen und die wenigen Autos und Lastwagen zu beobachten, die vorbeifuhren. Die Hühner und die Schweine waren im Pferch, ich hörte ihr Grunzen, das Bellen der Hunde und die kehligen Laute der riesigen Amazonaskröten, die man für kleine Hunde halten konnte. Aus den beiden Hütten gegenüber drang Schnarchen. Über jeder Haustür und in der Hütte gegenüber brannte eine Lampe, umschwirrt von Moskito- und Insektenschwärmen. Der Pfosten, an dem das Äffchen angekettet gewesen war, war jetzt leer. Ich fragte mich, was dieses Tier Schreckliches verbrochen hatte, um von seinem rohen Besitzer so behandelt zu werden.

Aus dem Regenwald, oder dem, was die Rodungen von ihm übriggelassen hatten, waren noch die Rufe der Nachtvögel zu hören; sie kamen aus der Dunkelheit, von dort, wo die Trasse begann, die geschlagen wurde, als das Goldfieber die Gegend heimsuchte.

Am Morgen erzählte mir João, dass Bartolomé drei Kilometer entfernt lebte und als Tagelöhner auf einer *fazenda* arbeitete. Nachts stahl er sich davon und verzichtete auf Stunden seines Schlafs, um bei João zu arbeiten. Einmal, vor zwei Jahren, hatte er sich in einen Lastwagenfahrer verliebt, der auf der Transamazônica verkehrte, und sie hatten eine stürmische Liebesaffäre miteinander gehabt. Dann wurde der Lastwagenfahrer auf einer anderen Route eingesetzt, aber er versprach ihm, wiederzukommen. Seither kam Bartolomé Tag für Tag her, putzte sich heraus wie zu einer Hochzeit und stahl sich aus dem Bett, weil er hoffte, die Liebe seines Lebens wiederzusehen.

Um sechs Uhr morgens kehrte wieder Leben in Kilo 100 ein. Vor der Tür versammelten sich Reisende, die auf eine Transportmöglichkeit nach Serra Pelada, Paraupebas, Vila Carajás, José Rodrigues oder Salobo warteten, alles nichts weiter als Goldgräbercamps, mit Ausnahme von Paraupebas, das man als Oberzentrum der Gegend bezeichnen konnte, obwohl es ebenfalls eine Minensiedlung war. Die Reisenden, die eintrafen, sahen aus wie Goldsucher oder wie Viehtreiber von den Farmen, aber es waren auch allein reisende Frauen und ganze Familien mit Bündeln und von der Erschöpfung und der Müdigkeit entstellten Gesichtern darunter. Ein großer, kräftiger Bursche war bereits sturzbetrunken, er stierte ins Leere und lallte vor sich hin.

Es regnete nicht, und das ließ hoffen, dass die fünfunddreißig Kilometer lange Strecke befahrbar war, die uns von der Mine trennte. Die Nachricht traf ein, dass der Bus aus Marabá mitten auf der Transamazônica liegen geblieben war.

Sustituto, ein dicker Mann mit Schnurrbart, kam zu mir und sagte mir, dass dort sein Lieferwagen stehe, mit dem könne er mich überallhin bringen, wohin ich wolle. Wir verabredeten die Fahrt nach Serra Pelada für vier Reais. Luisa, eine Frau mit Brille und jener sanften, zurückhaltenden Art, hinter der man eine Lehrerin vermutet, fragte mich, ob ich sie zur Mine mitnehmen könne. Sie habe kein Geld und komme aus Marabá von ihrer Tochter. Ich sagte ihr, dass ich nichts dagegen hätte. Daraufhin bat mich eine weitere Frau, auch sie und ihren kleinen Sohn mitzunehmen. Sie müsse zur *fazenda* von Zeca Gálvez, auf halber Strecke. Es würde mich zwei Reais kosten, und ich willigte ein.

Und das war der Fehler: Sustituto glaubte, ich würde seinen ganzen Wagen mieten.

Der Lieferwagen fuhr im Zickzack, beinahe im Schritttempo, er holperte und versank bis zu den Achsen im Schlamm. Berittene Männer mit Macheten im Gürtel kamen uns entgegen. Wir sahen riesige grüne Eidechsen, die sich in der Morgensonne auf den Steinen wärmten, weiße Reiher, die am Himmel flogen, und *Ciganos*, große Vögel, die sich von Pflanzen ernähren und in der Nähe von Tümpeln leben. Sie erinnerten an Gänsegeier, waren aber keine. Affen zeigten sich nicht. Affen fliehen den Menschen und leben tiefer in den Wäldern. Dafür behauptete ein Landarbeiter, in der Nacht den Brunftschrei eines Ozelots gehört zu haben, der die Kälber reiße.

Sustitutos Lieferwagen hielt dreimal: einmal, um die Frau mit dem Kind aussteigen zu lassen, ein zweites Mal, um einen Landarbeiter mit einer Kanne Milch mitzunehmen, die er in Serra Pelada verkaufen wollte, und ein weiteres Mal, um den Wagen zu entlasten, der im Schlamm nicht mehr vorwärtskam. Bei allen drei Malen wurde das Missverständnis, dass ich den ganzen Lieferwagen gemietet hätte, immer offensichtlicher. Sustituto fragte mich unentwegt um Erlaubnis: beim Anhalten, wenn die Fahrgäste aussteigen sollten, wenn ein neuer zustieg. Ich dachte, es handele sich um eine ungewohnte Geste der Höflichkeit gegenüber einem Ausländer mit Brille.

Wie das bei manchen Fahrern so ist, hörte Sustituto nicht auf zu quatschen. Er erzählte mir, Senhor Eduardo, der durch Gold steinreich gewordene Besitzer des einzigen und heute geschlossenen Hotels von Serra Pelada, dem *Serra de Ouro*, sei deswegen umgebracht worden, weil er nicht an Gott geglaubt habe. Er sei mitten in einer illegalen Spielhölle in Marabá erstochen worden. Die Geschichten über Goldsucher, die über Nacht reich und genauso schnell wieder arm geworden waren, änderten sich ebenso wenig wie die Geschichten über die Größe der Goldkörner, die in dieser Serra gefunden wurden.

»Einer von hier, ein gewisser Salvadorinho, hat eine Ader mit dreitausend Kilo gefunden, er hat sie an die Taxatoren verkauft und ist als reichster Mann Brasiliens nach Marabá gegangen … Dort charterte er ein Flugzeug und flog nach Belém, wo er mit sechs Weibern eine Suite im Hilton buchte … Nach einer Woche schoss er sich eine Kugel in den Mund. Er konnte die Hotelrechnung nicht bezahlen. Er hat nicht mal seiner Mutter ein Geschenk gekauft. Ich glaube, er war ein Gaucho aus Porto Alegre. Ich hab Gott sei Dank rechtzeitig aufgehört«, erzählte Sustituo weiter. »Von dem Gold hab ich mir ein großes Haus in Marabá gekauft, wo ich mit meiner Familie lebe, und diesen Wagen.«

Nach anderthalb Stunden Fahrt sahen wir linker Hand die alte Startbahn für Kleinflugzeuge und Hubschrauber, wo die Taxatoren mit Koffern voller Geld ankamen und die Vertreter der Minenunternehmen mit Champagner, um Land zu kaufen. Bis vor fünf Jahren waren vier- bis fünfmal am Tag Flugzeuge oder Hubschrauber gelandet. Wie Sustituto mir erzählte, hatte die *Companhia do Vale do Rio Doce* das gesamte Gelände von Serra Pelada gekauft oder war gerade dabei, es zu kaufen – er wusste es nicht genau. Die sechstausend festen Einwohner von Serra Pelada, die kleine Schürfparzellen besaßen, und die Goldsucher ohne feste Unterkunft – die Mehrheit – warteten darauf, dass das mächtige Unternehmen ein Kaufangebot machte.

»Aber gibt es überhaupt noch Gold in Serra Pelada?«

»Klar, aber das liegt unter der Erde, da muss man schürfen. Weshalb sollte die Kompanie sonst den ganzen Ort gekauft haben?«

Achtzehn

Als wir die freie Fläche erreichten, die man als Dorfplatz von Serra Pelada bezeichnen konnte, war ich schweißgebadet, rot angelaufen, durchgeschüttelt und halb erstickt, weil der Lieferwagen ein Backofen war. Wenn es nicht bewölkt ist in Amazonien, brennt die Sonne glutheiß vom Himmel.

Sustituto parkte den Wagen in dem rötlichen Matsch vor dem Eingang eines niedrigen Hauses, dem »Restaurante do Basto«, einem der wenigen steinernen Häuser im Ort. Gegenüber stand ein langes, flaches Gebäude, das aussah wie ein seit Ewigkeiten leerstehender Stall. Es war die Minenkooperative von Serra Pelada; an der Ecke befand sich ein kleines, kahles Räumchen mit einem völlig leeren Tresen; darin saß eine Frau auf einem Stuhl. Die »Bar do João«, ein Holzhaus an der anderen Seite des Platzes – falls das hier ein Platz war –, hatte ebenfalls geschlossen.

Das »Restaurante do Basto« hieß so, weil es Herrn Basto gehörte. Es war nicht nur sein Zuhause, sondern beherbergte auch ein kleines Lokal.

Außer den allgegenwärtigen Hühnern, die umherliefen und im Schlamm pickten, war niemand auf dem Platz. Hier und dort sah man Gruben mit Erdhügeln daneben und Männer mit freiem Oberkörper, die mit Hilfe eines Siebs und eines Wasserschlauchs die Erde auswuschen: Das waren die Schürfstellen. Alleine in der Nähe des Platzes zählte ich acht.

Luisa ging, und ich zahlte Sustituto zehn Reais. Vier für mich, weitere vier für Luisa und zwei für die Frau mit dem Kind. Sustituto behauptete steif und fest, dass ich den ganzen Wagen gemietet hätte und ihm fünfzig Reais schuldete. Ich verneinte das, und wir gerieten in eine heftige Diskussion. Er ging auf dreißig runter, aber ich beharrte auf meinen zehn.

Sustituto begann gegen den Wagen zu treten und mit der Faust auf das Dach zu hämmern. Schließlich nahm er die Geldscheine, die ich ihm hinhielt, und brüllte:

»Ich bringe dich um! Heute Nacht komme ich und bringe dich um!«

»Komm, wann du willst! Ich warte auf dich!«

Ich nahm ihn nicht besonders ernst, und das war ein weiterer Fehler.

Die Mahlzeit im Haus von Senhor Basto kostete keine zweieinhalb Reais, das Bier allerdings zwei und Erfrischungsgetränke anderthalb Reais. Ich aß im Wohnzimmer seines Hauses, in das er zusätzlich zwei kleine Tischchen gestellt hatte. Ich saß zwischen unzähligen Erinnerungen, Kommunionfotos seiner Kinder, einer Wanduhr und der Anrichte. Auf dem Plakat einer Limonadenwerbung an der Wand stand: *Die neuen Wunder aus der Stadt sind eingetroffen.*

Senhor Basto war ein dunkelhäutiger, schmächtiger *caboclo* mit gestutztem Schnurrbart, der mit seiner Frau und seinen beiden Kindern ein ruhiges, friedliches Leben führte. In der Anfangszeit in Serra Pelada war er *garimpeiro* gewesen, und er hatte das gefundene Gold in sein Geschäft gesteckt, statt das Schicksal noch weiter herauszufordern und es bei wilden Gelagen zu verschleudern.

»Hier gibt es kein Gesetz ... auch wenn es heute ein bisschen besser ist als früher, weil weniger Goldgräber da sind. Wir haben darum gebeten, dass wir eine Polizeistation bekommen, aber man hört uns nicht mal zu.«

»Und was passiert hier so?«

»Die Männer streiten sich ... Schlägereien, Überfälle und Messerstechereien. Die Männer geraten wegen jeder Kleinigkeit aneinander, weil sie sich mit billigem Fusel besaufen, und dann gehen die Messerstechereien los. Aber keine Sorge, das ist nachts; tagsüber arbeiten die Goldgräber.«

»Früher gab es hier keine richtigen Häuser«, sagte María do Rosario, Bastos Ehefrau, ein winziges Persönchen mit dem glatten, schwarzen Haar und dem breiten Gesicht der Indios, »es gab keine Frauen ... Hausfrauen, meine ich ... Jetzt sind wir mehr. Es gibt viele Familien, die mit ihren Kindern hier leben, da ist es nicht mehr so wie früher, klar.«

»Und wo leben die Goldgräber?«

»In Baracken; da hängen sie ihre Hängematten auf ... Sie suchen sich jemand, der für sie kocht und ihnen die Wäsche macht. Aber sie bauen sich auch selbst Unterstände zum Schutz vor dem Regen und leben dort in Gruppen zusammen.«

Später, als seine Frau nicht in der Nähe war, flüsterte Basto mir zu:

»Es gibt viel Homosexualität. Sie prügeln sich um die Jungs. Es hat viele Tote gegeben.«

»Wie viele von den anderen Frauen gibt es denn hier so?«

»Man weiß nie genau, wie viele es sind. Zwanzig ... dreißig ... Sie kommen und gehen, wissen Sie. Die Häuser, in denen es Frauen gibt, nennen wir hier *As tocas das chias.*«

Das ließe sich übersetzen mit »Seufzerhöhlen«.

Hinter Serra Pelada, davor und daneben lag der Regenwald, dem man nicht entkommen konnte. Die Siedlung ist ohne jeden Plan entstanden. Die Leute bauten ihre Holzhütten und Schuppen dort, wo es ihnen passte. So zogen sich die Häuser kreuz und quer durch ein Gelände voller Hügel, Mulden, ehemaliger Bachbetten und Böschungen. Nur ganz wenige standen in einer Reihe nebeneinander. Folglich gab es auch keine Straßen. Weit und breit nur dicker, rötlicher Schlamm, Hühner, Hunde und die mageren, schwarzen Schweine. Und überall Schürfstellen.

Durch Serra Pelada zu gehen konnte man also schwerlich als Spaziergang bezeichnen. Hier ging niemand spazieren. Man begab sich auf schlammigen, abschüssigen Wegen von einem Ort zum anderen. Es fing an zu regnen. Ein Typ mit fiebrigem Gesicht packte mich am Arm und zeigte mir mitten in dem Wolkenbruch seine Uhr.

»Ich verkauf dir diese Uhr.«

»Nein.« Ich machte mich los. »Ich brauche keine Uhr.«

»Ich verkauf sie dir günstig!«, brüllte er.

Ich lehnte erneut ab, und der Typ ging leise fluchend seiner Wege. Ich wollte weder das Hemd ausziehen, noch allzu nass werden, und so ging ich in einen Klamottenladen namens *Stilus Moda,* eine windschiefe Hütte aus groben Holzbrettern. Drinnen saßen vier Frauen auf Stühlen und plauderten. Als sie mich hereinkommen sahen, verstummten sie. Der Laden war düster, und die Kleider hingen an Haken, andere lagen zerwühlt auf einer Planke, die auf Holzböcken ruhte.

Die Kleider waren in China hergestellt. Es hörte auf zu regnen.

»Wo sind die Kneipen?«, fragte ich eine der Frauen.

»Überall«, lautete ihre Antwort.

Später erfuhr ich von Basto, dass jedes Haus eine Kneipe sein konnte. Und dass dies gleichbedeutend war mit Puff. Die Frauen kamen mit einem Zuhälter und bauten oder mieteten eine Hütte, und das war dann eine Bar. Deshalb sah ich nur drei oder vier Kneipen, an deren Türen jemand mit bunter Farbe »Bar« gepinselt hatte. Die übrigen brauchten kein Hinweisschild.

Ich sah sogar eine Hütte mit einem Bretterzaun und einem Schild mit der Aufschrift »Club Tropical«.

Senhor Basto erzählte mir, dass er am Abend die Goldgräber, die Gold gefunden hatten, von denen unterscheiden könne, die keines gefunden hatten, und wie lange das bereits her war.

»Die Wut, wissen Sie ... Wenn sie lange kein Gold mehr gefunden haben, drehen sie durch, wenn sie sich betrinken, und dann sind sie gefährlich ... aber manchmal werden sie auch schwermütig und vermissen ihre Familien. Einige kommen von weit her, wissen Sie ... Ich bin aus Ceará gekommen, das sind über dreihundert Kilometer von hier.«

Azhar Malcher und sein Partner Obardo Rodrigues waren Goldgräber und ebenfalls von weit her nach Serra Pelada gekommen, aus Cuibá in Mato Grosso. Zuerst waren sie in Roraima gewesen, am Rio Machadinho, in Serra Nova, aber nur mit mäßigem Erfolg. Beide waren verheiratet und hatten ihre Familie in den letzten vier Jahren dreimal gesehen. Sie hatten eine gültige Konzession und eine Schürferlaubnis. Etwas, was nicht alle vorweisen konnten.

Azhar war *aguadeiro* und gleichzeitig *cascalhador*. Das hieß, dass er das Wasser aus dem Schlauch in das Sieb laufen ließ, einen Kasten mit einem fein gelöcherten Metallboden, das oben auf den Trichter gelegt wird. Dieser Trichter war nichts anderes als ein schräg aufgestellter etwa drei Meter großer Holzkasten, der mit Plastik oder Jutesäcken ausgelegt wurde. Obardo schaufelte die Erde in das Sieb, wo Azhar sie auswusch, die Steine aussortierte und darauf achtete, ob er mit bloßem Auge das Gold darin funkeln sah.

Das Wasser mit dem feinen Sand lief in den Trichter. Das Wasser lief ab, und der Sand blieb an den Jutesäcken hängen. Wenn man fand, dass es genug war, wurden die Jutesäcke über einer Schüssel mit Wasser ausgeschüttet. Schließlich gab man Quecksilber in ein sehr feines Sieb und schüttete den Inhalt der Schüssel dazu. Dann wurde das Sieb geschüttelt, das Wasser lief ab, und das Gold verband sich mit dem Quecksilber und bildete kleine, weiße Kügelchen: der Traum der *garimpeiros*. Diese Kügelchen wurden gut getrocknet, in eine Dose geschüttet und erhitzt. Das Quecksilber verflüchtigte sich, und zurück blieb 24-karätiges Gold.

Professor Leonel hat in seinem kürzlich erschienenen Buch *A morte social dos rios* nachgewiesen, dass das Quecksilber aus den Tausenden von Goldminen, die in Amazonien aus dem Boden schießen, die reichen Fischbestände vergiftet. Wenn man wie der Professor davon ausgeht, dass man für ein Kilo Gold über ein Kilo Quecksilber braucht, könnte die Zerstörung irreversibel sein.

»Wie viel Gold finden Sie am Tag?«

»Kommt darauf an.«

»So ungefähr.«

»Im Durchschnitt vier, fünf Gramm am Tag.«

»Und die verkaufen Sie hier?«

»Ja, es gibt zwei Aufkäufer, die jeden Tag vorbeikommen.«

»Zwölf Reais das Gramm, oder?«

»Ja, stimmt. Zwölf Reais.«

Was einen Tagesverdienst von fünfzig Reais ergab. Das war nicht schlecht: Der Mindestlohn lag bei hundertfünfzig Reais. Aber was sie nicht wussten, war, dass der Goldpreis in Manaus und Belém bei siebzehn Reais lag. Das stand in den Zeitungen. Die Zwischenhändler verdienten am besten bei diesem Geschäft.

»Früher gab es mehr Ankäufer«, erzählte mir Azhar. »Aber es gab Machtkämpfe und Erpressungen.«

»Bezahlen sie alles in bar?«

»Ja, mit Geld ... Aber wir können es auch in die Stadt bringen ... nach Marabá oder Belém.«

»Versucht man nicht, euch auszurauben?«

»Doch, die Banditen überfallen die Busse aus den Minen ... aber wir fahren in Gruppen oder mieten ein Auto.«

»Und hier werdet ihr nicht beraubt?«

»Wir haben Macheten.«

»Ach so, klar. Arbeitet ihr auch bei Regen?«

»Auch.«

Ich hatte noch nie einen Goldankäufer gesehen, aber ich stellte sie mir nicht gerade als feine Herren vor. Diese Leute brachten große Geldsummen zu den Minen mit, weil dort alles in bar bezahlt wurde. Sowohl auf der Hinreise als auch auf der Rückreise waren sie buchstäblich eine fette Beute. Man ging also logischerweise davon aus, dass sie Leibwächter und *pistoleiros* dabei hatten. Und noch logischer war der Gedanke, dass sie ihre Vormachtstellung in bestimmten Goldminen ganz speziellen Überzeugungsmethoden verdankten.

Monte Pelado, bekannt durch das Foto, das Salgado unsterblich machte, ist heute keine Goldmine mehr. Das Gold ist versiegt. Der goldhaltige Hügel lag einen halben Kilometer von Senhor Bastos Lokal entfernt und war inzwischen mit Gestrüpp bewachsen, das auf dem Schlamm wuchs. Es war nicht schwer, mir die endlosen Reihen von Männern vorzustellen, die Säcke mit goldhaltigem Sand nach unten zu den Wasserstellen brachten und sie leer wieder nach oben trugen, um mehr Sand zu holen. Immer wieder und immer wieder ... bis sie erschöpft zusammenbrachen.

Und unten hatten die *aguadeiros* gearbeitet, die auf zwei Quadratmeter großen Parzellen die Erde mit Wasser ausgewaschen hatten, das aus dem Boden hochgepumpt wurde. In der Talsenke befindet sich heute eine Lagune. Die vielen Wasserpumpen haben den Boden ausgehöhlt, und das Grundwasser hat sich am Fuß des Hügels gesammelt.

Die Sonne zeigte sich nicht, sie blieb hinter der grauen Wolkendecke verborgen. Und wie immer in Amazonien bildeten die schweren

Wolken eine feuchte Waschküche. Ich ließ den Ort hinter mir, während große Vögel über mich hinwegflogen, bis ich nach etwa zwei Kilometern die neue Mine *O Garimpo das Almas* entdeckte. Sie lag mitten auf dem Friedhof. Man hatte mir im Dorf davon erzählt, aber ich hatte es nicht glauben wollen. Eine Menschenkette trug dort die Erde ab, wo die Bewohner des Ortes begraben waren, sie drängten sich in der Mulde, in der der Friedhof lag, und wuselten auf den umliegenden Böschungen umher wie Papierfiguren in einem Marionettentheater.

Mit der Erde mussten sie auch die menschlichen Gebeine abtragen, damit das Gold und der feine Sand in den Trichter fielen.

Und sie alle und auch die, die in der Umgebung arbeiteten, würden abends ins Dorf zurückkehren, um das Gold zu verkaufen und Cachaça zu trinken.

Um halb fünf am Nachmittag traf ich Luisa im Haus der Bastos, wo sie ein Schwätzchen mit María do Rosario hielt. Ich lud sie auf eine Limonade ein, aber sie antwortete mir, dass sie nicht könne. Sie müsse vor sechs zu Hause sein, bevor es dunkel werde.

»Bevor die Goldgräber Feierabend machen«, erklärte sie.

»Warum?«

»Wir Frauen schließen uns alle in unseren Häusern ein«, erklärte María do Rosario. »Und ganz besonders die alleinstehenden Frauen.«

Ich stellte fest, dass Luisa, obwohl sie wie eine Lehrerin aussah, Analphabetin war. Sie war 1982 mit ihrem Mann nach Serra Pelada gekommen, um Gold zu suchen. Sie bekam eine Tochter und wusch und kochte für die Arbeitskollegen ihres Mannes. Aber ihr Mann fand nicht genügend Gold, um sich zur Ruhe zu setzen, und ging 1995 weg.

»Nach Roraima? Ins Yanomami-Gebiet?«

»Ja, woher wissen Sie das?«

»Ich habe schon drei oder vier Frauen getroffen, die von ihren Ehemännern zurückgelassen wurden, weil die Männer in die Goldminen von Boa Vista gegangen sind.«

»Amazonien ist voll von alleinstehenden Frauen mit Kindern«, sagte María do Rosario. »Hier haben die Männer viele Familien mit vielen Kindern.«

»Das ist mir auch aufgefallen.«

Luisas Tochter hatte vor zwei Jahren geheiratet und war nach Marabá gezogen. Für Luisa hatte sich nichts verändert seit ihrer Ankunft in Serra Pelada: Sie kochte für die Goldgräber und wusch ihre Kleider. Sie erzählte mir, dass sie noch nie im Kino gewesen war, sie wusste gar nicht, was das war. Aber bei ihrer Tochter gab es einen Fernseher, und da hatte sie einen spanischen Stierkampf gesehen.

»Die Goldgräber sind wie alle Männer«, sagte Luisa. »Tagsüber ist es kein Problem, da respektieren sie dich. Aber wenn sie trinken, läuft man ihnen besser nicht über den Weg.«

Am Anfang, als ihr Mann sie verlassen hatte, hatten sie ein paar Mal versucht, die Tür ihrer wackligen Holzhütte einzutreten. Sie musste sie mit einer alten, unbrauchbaren Flinte ohne Munition in die Flucht schlagen, die ihr Mann ihr dagelassen hatte.

Luisa wurde mit jeder Minute nervöser, dabei war es noch nicht halb sechs.

»Ich muss gehen. Ich lebe weit weg vom Zentrum.«

Zentrum? Das hier war das Zentrum?

»Ich bringe dich hin, mach dir keine Sorgen.«

»Nein!«, rief sie. »Das ist ja noch schlimmer! Sie werden glauben, dass ich mit Männern mitgehe.«

Sie stand auf und ging rasch davon.

»Warte!«, rief ich ihr zu.

Ich lief ihr hinterher und holte sie ein.

»Es ist mir unangenehm, dass du meinetwegen aufgehalten worden bist.«

»Das macht nichts, ist nicht schlimm.«

Wir gingen einen Erdwall hinunter. Bei einer Reihe nebeneinanderliegender Hütten standen bereits mehrere Männer in Unterhosen oder Shorts, die sich Eimer mit Wasser überschütteten und sich einseiften. Vor einer Tür saßen drei Männer in kurzen Hosen und ließen eine Flasche kreisen. Sie begannen zu grölen:

»He, Luisa! Den vernaschst du jetzt, was? Denk mal an uns!«

Ohne sich zu verabschieden, lief Luisa den Hügel hinunter. Ich blieb reglos stehen. Die Männer riefen mir zu:

»Sie hat sich verpisst, was? Komm her und trink mit uns!«

Sie hoben die Flasche hoch, und ich schüttelte den Kopf. Ich drehte mich um und begann zurückzugehen. Der Mann, der die Flasche hochhielt, sprang wütend auf:

»Willst du nicht mit uns trinken, du Arschloch?«

»Komm her, dann besorgen wir's dir!«, schrie ein anderer.

Wie immer war um halb sieben der Tag zu Ende, und fast übergangslos brach die Nacht herein. Es war, als ob jemand ein Streichholz ausgeblasen hätte. Es regnete immer noch, während ich mit Senhor Basto, seiner Frau und seinen Kindern zu Abend aß. Sie sahen sich im Fernseher die unscharfen, rauschenden Bilder der Nachrichten aus Rio de Janeiro an, die hauptsächlich von blutigen Ereignissen, grausamen Verbrechen und spektakulären Überfällen berichteten, unterbrochen von Werbung mit Bildern von schönen Häusern, glücklichen Familien und Mulattinnen im Tanga.

Ein Mann mit einer Flasche in der Hand überquerte im dichten Regen den dunklen Platz. Er blieb stehen und begann zu heulen. Es war ein entsetzliches Heulen, das einen Wolf das Fürchten gelehrt hätte – wenn es Wölfe am Amazonas gegeben hätte.

Neunzehn

Um acht regnete es immer noch. Es war ein heftiger, dichter, warmer Regen, bei dem man nur ein paar Meter weit sehen konnte. Ich saß unter dem Vordach des Restaurants Basto und lauschte dem Donnergrollen, dessen Echo von der Serra dos Carajás und den umliegenden Hügeln widerhallte, während die herunterstürzenden Wassermassen die absolute Dunkelheit im Ort, die nur vom Aufflammen der Blitze durchbrochen wurde, noch verstärkten. Aber Senhor Basto und seine Familie legten sich um acht Uhr schlafen, und das Lokal wurde geschlossen. Ich verabschiedete mich von ihnen und ging zum *dormitorio*.

Dieses lag etwa fünfundzwanzig Meter vom Platz entfernt, einen kleinen Abhang hinunter. Hinter einem Bretterzaun, dessen Bretter nicht dicht abschlossen, stand eine Baracke mit drei Räumen, zwei Gemeinschaftsschlafräumen und einem Einzelzimmer. Der Verschlag mit Dusche und Klo befand sich im Hof. Ich hatte das Einzelzimmer. Außer mir gab es keine weiteren Gäste.

Ich stieß die Tür im Zaun auf und überquerte den schlammigen Hof. Da fiel mir Sustitutos Drohung wieder ein. Ob er hier lauerte und wartete, dass ich kam? Die zuckenden Blitze warfen in dem leeren Schuppen gespenstische Umrisse, unwirkliche Schatten. Ich nahm die Brille ab, aber das machte es noch schlimmer: Ich sah noch weniger. Ich setzte sie wieder auf. Nahezu blind, völlig durchnässt, hilflos wie ein Kind öffnete ich die Tür zu meinem Zimmer.

Der Boden war aus Beton, und es gab keine Fenster, die Matratze auf der schmalen Pritsche bestand aus Schaumstoff und war mit einem dünnen Laken bezogen. Es gab noch ein zweites Laken, mit dem ich mich zudecken konnte, aber das Kopfkissen hatte keinen Bezug, die braunen Flecken bestanden aus menschlichem Fett. Das war nicht das Problem: Du wickelst ein T-Shirt darum und fertig. Das Problem war, dass das Wasser durch die Ritzen zwischen den Brettern drang. Außerdem gab es diverse Insekten unterschiedlichen Kalibers und zwei fette Kröten, so groß wie Wecker. Vielleicht waren sie hier aufgewachsen und immer fetter geworden.

Ich schob das Bett an die Zwischenwand, damit es nicht darauf regnete. Senhor Basto hatte mir einen Ventilator auf ein Bänkchen gestellt, dazu ein dünnes Handtuch und ein Stück rosa Seife, wirklich sehr aufmerksam von ihm. Das Zimmer kostete mich fünf Reais pro Übernachtung. Ich ließ mich aufs Bett fallen und dachte darüber nach, dass die Brettertür und der kleine Riegel dem Fußtritt eines Mannes nicht standhalten würden. Nahm ich Sustitutos Drohung ernst?

Während ich so dalag, hörte der Regen plötzlich auf. Ich war erschöpft von dem mangelnden Schlaf der letzten Nacht. Aber wer konnte um halb neun abends schlafen? Ich blieb noch eine Weile auf dem Bett liegen. Dann zog ich mir trockene Kleider an. Ich hatte ein Fahrtenmesser dabei, das ich noch nie benutzt hatte und das ich wegen eines Streits um vierzig Reais niemals benutzen würde – es war nichts weiter als eine Reverenz an die Romane von Salgari, Robert Louis Stevenson, James Oliver Coorwod, James Fenimore Cooper und Karl May, die ich in meiner Kindheit verschlungen hatte und an die ich immer noch wehmütig zurückdachte.

Von überall her drang das Unken der Kröten, begleitet vom Quaken der Frösche und dem schrägen Krähen der Hähne. Man sah nichts, absolut nichts, und der Schlamm war eine glibbrige Masse. Manchmal warfen die trüben Lichtpunkte der Laternen über den Türen einiger Hütten einen schwachen Schein auf den Morast.

Eine dieser privaten Bars zu finden stellte sich als schwieriges Unterfangen heraus. Ich kam zu dem Schluss, dass ich sie, wenn schon nicht durch das Licht, dann durch die Musik finden würde, eine andere Möglichkeit gab es nicht.

Ich fand eine. Man hörte den *Forró*, die typische synkopische Musik aus Ceará und dem Nordosten Brasiliens, während das Licht aus der geöffneten Tür eine Fläche von vier oder fünf Metern beleuchtete.

Es war ein Holzhaus auf Stelzen.

Ich betrat den Raum, der zugleich Küche, Essplatz und Wohnzimmer war, wie dies in den Häusern in Amazonien üblich ist. Es gab keine Tische, sondern eine Reihe von Stühlen und Holzbänken entlang der Wand, auf denen zwei Frauen und drei Männer saßen, die Cachaça mit Bier aus Plastikbechern tranken. Es war eine explosive Mischung, die ich in Rio de Janeiro probiert hatte, in einer Kneipe namens »O Sobaco da Cobra« im Morro de Santa Isabel. Einer der Männer schlief im Sitzen, wahrscheinlich betrunken, und die übrigen tranken schweigend.

Die Musik war so laut, dass das unangenehme Schweigen nicht auffiel. Sie kam aus einer kleinen tragbaren Musikanlage, die auf einem alten, kleinen Holzmöbel stand. Daneben lagen mehrere CDs.

Ich ging zu dem Mann, der an dem einzigen Tisch saß, neben dem, was der Herd sein konnte – wenn das hier eine Wohnung war. Er trug ein schwarzes T-Shirt mit dem Logo einer amerikanischen Universität, und auf dem Tisch stand eine Blechbüchse voller Geld. Die Flaschen standen in zwei Getränkekisten aus grünem Plastik, wie man sie zum Transport verwendete. Ein anderer Mann, ein Mulatte mit spitzen Stiefeln, lehnte an der Wand, einen Fuß auf einer der Getränkekisten.

Ich sagte guten Abend, aber weder er noch sonst jemand antwortete mir.

»Was haben Sie zu trinken da?«

»Was wollen Sie?«, fragte er zurück.

»Bier?«

»Es gibt auch Martini.«

»Martini?«

»Ja, Martini. Wollen Sie einen?«

»Nein, Bier.«

Ein warmes Bier, fünf Reais. Ich setzte mich neben den schlafenden Betrunkenen und zündete mir eine Zigarette an.

Eine Tür ging auf, und ein Mann kam aus einem Hinterzimmer. Er trug kurze Hosen, Stiefel und ein T-Shirt. Er ging zu dem Tisch und verlangte ein Bier. Mit dem Bier in der Hand ging er nach draußen. Dann kam aus derselben Tür eine Frau und setzte sich hin. Daraufhin erhob sich einer der Männer, der dort saß, machte einer der anderen Frauen ein Zeichen und ging zu dem Typ am Tisch bezahlen. Die Frau ging in das Zimmer und schloss die Tür.

»Jetzt bin ich an der Reihe«, sagte der Mann, der neben mir saß, zu mir. Er brüllte, um den Lärm zu übertönen.

»Ja«, sagte ich.

Das Pärchen brauchte knapp zehn Minuten. Der, der gewartet hatte, dass er an die Reihe kam, stand auf und musterte die beiden Frauen, die noch dort saßen. Er zeigte mit dem Finger auf die eine von ihnen und sagte zu ihr:

»Du.«

Die Frau, die gerade mit ihrer Nummer fertig war, setzte sich neben mich und begann sich mit einem schwarzen Fächer Luft zuzufächeln.

»Fünfzig Reais fürs erste Mal, dreißig fürs zweite.«

»Gut«, antwortete ich.

Die Musik verstummte, und eine der Frauen legte eine neue CD ein, die ähnlich klang wie die erste.

Die drei Frauen benutzten das Zimmer in einer strengen Reihenfolge. Die, die gerade dran gewesen war, setzte sich und überließ den anderen beiden das Zimmer. Wenn die beiden fertig waren, kam sie wieder an die Reihe.

Sie waren weder hübsch noch jung. Das war wohl auch nicht nötig. Die mit dem schwarzen Fächer war schlank, sie hatte ein hageres Gesicht und wirkte flachbrüstig unter dem billigen roten Kleidchen. Die eine der anderen beiden hatte unverhältnismäßig breite Hüften im Vergleich zu den dünnen Beinen, und die letzte hatte keine Lippen, und ihre kleinen schwarzen Augen erinnerten an Stecknadelköpfe.

Plötzlich brüllte einer der Männer, die dort saßen:

»Haaaa! Haaaa!« Dann verstummte er.

Der Mulatte nahm den Fuß von der Getränkekiste und sah zu ihm hinüber.

Niemand der Anwesenden sprach, weder miteinander noch mit den Frauen. Man hatte nicht den Eindruck, in einer Bar zu sein, sondern in einer Warenausgabe. Was den Namen *toca das chias* anging, so war er falsch: Ich hörte weder Stöhnen noch Keuchen.

Wenn ich an der Reihe war, machte ich eine Bewegung mit dem Kopf und ließ einem anderen den Vortritt. Einer der Männer ging dreimal rein, und ich fragte mich, wie viel das wohl kostete oder ob das dritte Mal umsonst war.

Nach dem dritten Bier ging ich.

In dem Lokal neben den Geschäftsräumen der Kooperative brannte Licht. Drei Männer saßen um einen Tisch und spielten lautstark Mensch ärgere dich nicht, und eine Frau in einem roten Hemdchen versorgte sie mit Cachaça. Basto stand in einer gelben Regenjacke und mit einem Schirm vor der Tür seines Restaurants und wartete auf mich. Er wirkte nervös.

»Wo waren Sie?«

»Ich hab eine Runde gedreht. Was ist denn los?«

»Ich hab Sie im *dormitorio* gesucht ... Sustituto hat nach Ihnen gefragt, er war sehr wütend ... Er hatte einen Freund dabei. Er will, dass Sie ihm zahlen, was Sie ihm schuldig sind. Was ist denn da vorgefallen?«

Ich erklärte es ihm. Er riet mir, die Polizei zu rufen. Aber die nächste Polizeistation – falls überhaupt jemand vorbeikam – war in Parapaibas, mehrere Stunden entfernt.

»Im Grunde kann ich nicht bezeugen, dass er mich bedroht hat. Ich habe keine Zeugen«, sagte ich zu Basto.

»Er wird Sie umbringen.«

»Wegen vierzig Reais?«

»Dann bezahlen Sie halt.«

»Zuerst muss ich mit ihm reden.«

»Wollen Sie, dass ich die Polizei anrufe? Wir haben Telefon im Haus.«

»Und was wollen Sie denen sagen? Dass der Besitzer eines Kleinlasters einen spanischen Touristen bedroht hat? Das ist lächerlich, sie werden Ihnen nicht zuhören.«

»Sie müssen etwas unternehmen.«

»Was?«

»Wollen Sie im Haus schlafen? Ich kann Ihnen ein Bett im Esszimmer aufschlagen.«

Ich überlegte einen Augenblick.

»Nein, danke, Basto. Ich werde hier bleiben.«

Ich ging über den Platz und betrat die Kneipe, die eher ein Hauseingang zu sein schien. Später erfuhr ich, dass es keine Kneipe war, sondern ein Seitentrakt der Kooperative. Eigentlich ein Büro. Einer der Männer, die Mensch ärgere dich nicht spielten, war der Wächter, und die Frau war seine Ehefrau. Die beiden lebten dort. Aber die

Frau verlangte einen Real für das Glas Cachaça. Und es gab nur Cachaça.

Ich bestellte einen, setzte mich auf einen der Stühle und begann zu rauchen. Ich versuchte, mich so lange wie möglich an dem Glas Cachaça festzuhalten. Die Frau fragte mich:

»Sie wohnen bei Basto, oder ?«

»Ich kann nicht schlafen«, antwortete ich.

»Wollen Sie Mensch ärgere dich nicht spielen?«

»Nein, danke.«

Es begann wieder zu regnen. Diesmal war es ein sanft plätschernder Regen.

Der Wächter und seine beiden Freunde spielten um Geld, sodass sie jedes Mal zu schreien und zu jubeln begannen, wenn einer gewann. Die drei trugen Shorts und T-Shirt, bis auf einen, der mit freiem Oberkörper dasaß. Die drei sahen aus wie *garimpeiros*, weil sie hager waren und braun gebrannt von der ständigen Sonne. Nur einer von ihnen war rasiert.

Während die Männer spielten, lehnte die Frau am Tresen, zog das rote Lycrahemdchen über die Hüften und machte ab und zu eine Bemerkung zu dem Spiel oder den Spielzügen. Ich saß mit dem Gesicht zum Platz und rauchte zu viel.

Einmal fragte mich die Frau:

»Was sind das für Zigaretten?«

»Spanische ... Wollen Sie eine?«

»Ich rauche nicht. Noch einen Cachaça?«

»Danke, ich habe noch.«

Der Spieler mit dem nackten Oberkörper gewann die Partie und begann zu brüllen und in einer Art Freudentaumel herumzuhüpfen, er stampfte mit den Füßen und warf die Arme in die Luft wie ein Fußballspieler, wenn er ein Tor geschossen hat. Die Frau applaudierte und verließ den Tresen, um ihm zu gratulieren, während die beiden Verlierer sich lautstark gegenseitig die Fehler vorwarfen, die sie bei dem Spiel gemacht hatten. Der Ehemann der Frau, ein Typ mit einem schmalen, unrasierten Gesicht, legte ihr die Hand um die Hüften und sagte etwas zu ihr, das die Frau zum Lachen brachte, während sie noch heftiger an dem T-Shirt herumzupfte.

Der Spieler, der gewonnen hatte, ging auf den Platz hinaus und begann mit dem Rücken zu uns in den Regen zu pinkeln. Als er fertig war, kam er wieder rein und sagte zur mir:

»Na, frische Luft schnappen?«

»So ist es, frische Luft schnappen.«

Die Frau lachte nervös und sagte:

»Wir schließen jetzt, wir müssen schlafen. Morgen ist auch noch ein Tag.« Sie deutete auf die Cachaça-Flasche. »Ich kann Ihnen noch einen einschenken – wollen Sie?«

Ich verneinte erneut. Auf meiner Uhr war es elf.

»Ab ins Bett«, sagte der Gewinner des Spiels zu mir. Er faltete die Hände und legte sie unters Kinn.

»Morgen wartet die Arbeit«, sagte der Ehemann und lachte ebenfalls.

Da sah ich sie am anderen Ende des Platzes. Zwei Gestalten, die auf mich zukamen. Es waren Sustituto und sein Freund.

Sustituto wies mit dem Finger auf mich und brüllte:

»He, Spanier!«

Die beiden gingen langsam durch den feinen Regen, ihre Füße versanken im Schlamm. Hinter mir verabschiedeten sich die Frau und ihr Mann lauthals von den Spielern. Dann ließen sie das Metallgitter des Büros herunter, und der Mann mit dem nackten Oberkörper und der andere gingen davon.

Ich blieb allein auf dem Platz zurück.

Zwanzig

Sustituto trug eine dunkle Regenjacke mit Kapuze, die ihm zu eng war. Der Freund trug Jeans und war jung. Er konnte nicht älter als zwanzig sein. Es nieselte immer noch leicht, kaum wahrnehmbar. Sie standen ungefähr zehn Meter von mir entfernt, einer neben dem anderen.

»Was willst du?«

»Ach, Spanier, Spanier!«

»Sag schon, was du willst. Ich bin müde und will schlafen gehen.«

»Vorher musst du mir zahlen, was du mir schuldest, Spanier. Hast du das vergessen?«

»Ich schulde dir nichts. Ich habe deinen Wagen nicht gemietet.«

»Einigen wir uns auf dreißig Reais. Das heißt, du schuldest mir noch zwanzig. Zwanzig Reais.« Er sah zu seinem Begleiter hinüber. »Das ist mein Sohn Martín.«

Der Junge grüßte mit einem angedeuteten Kopfnicken. Was ging hier vor sich?

»Hör zu, lass uns endlich zu einem Ende kommen. Ich habe deinen Wagen nicht gemietet, aber ich will schlafen gehen, gestern in Kilo 100 hab ich kein Auge zugetan.« Ich steckte die Hand in die Hosentasche und zog einen Zehn-Reais-Schein heraus. »Mit den zehn von gestern macht das zwanzig. Mehr Geld habe ich nicht.«

Ich streckte die Hand mit dem Geldschein aus und wedelte damit hin und her. Sustituto verschränkte die Arme und wandte sich an seinen Sohn:

»Siehst du, Martín, siehst du das? Siehst du, wie man deinen Vater übers Ohr haut? Ich bin ein gläubiger Christenmensch, der an unseren Herrgott glaubt ... und sieh dir an, was ich dafür bekomme.«

Es regnete nicht sehr stark, aber es war nicht angenehm, mitten auf dem dunklen Platz zu stehen. Ich wühlte erneut in den Taschen, kramte mehrere Münzen zu einem Real hervor und tat sie zu dem Schein.

»Das ist alles, was ich dir geben kann. Nimmst du's, oder lässt du's bleiben?«

Der Junge kam näher, nahm das Geld und ging zu seinem Vater zurück. Er hatte ein offenes, klares Gesicht und sanfte Augen. Sustituto stieß einen langen Seufzer aus, drehte sich um und ging mit seinem Sohn dorthin zurück, wo sie hergekommen waren.

Ich sah ihnen hinterher, bis sie nicht mehr zu sehen waren.

Um sieben Uhr am nächsten Morgen nahm ich den Bus nach Marabá, der direkt auf dem Platz hielt, ein wenig unterhalb von Bastos Restaurant. Über Nacht hatte ich eine Magenentzündung bekommen, ich hatte Fieber und furchtbare Schmerzen. Das hier war mindestens eine Darmgrippe oder Dysenterie, wenn ich Pech hatte. Die Becisteron- und Nolotil-Tabletten halfen gegen die Schmerzen und linderten die Entzündung und das Fieber. Wir brauchten fünf Stunden für die hundertsiebzig Kilometer bis Marabá.

Diodoro hatte immer noch nichts von sich hören lassen, und so bat ich an der Hotelrezeption darum, mir einen Platz für den ersten Flug nach Belém zu reservieren, der am nächsten Mittag um eins ging. Dann rief ich bei Varig an, wo man mir einen Platz auf dem Direktflug von Belém nach São Paulo um sechs Uhr abends bestätigte. Dann rief ich bei der Iberia in São Paulo an und ließ mir einen Platz für die Maschine von São Paulo nach Madrid reservieren, die um 23.45 Uhr startete. Wenn alles glatt ging, würde ich in zwei Tagen in Madrid sein.

Rasiert, gewaschen und nach weiteren Tabletten versuchte ich etwas zu essen, aber ich erbrach es sofort wieder. Ich ging in den Garten. Eine Reisegruppe, anscheinend Deutsche oder Holländer, saß schwatzend und Fruchtsaft trinkend an den drei oder vier Tischen am Swimming-Pool, der voller Algen war.

Ein bärtiger Mann an einem der Tische stand auf und winkte in meine Richtung.

»He! He, Spanier!«, rief er mir zu.

Es war Kurt, der Deutsche, der zusammen mit mir nach Belém geflogen war. Er umarmte mich aufrichtig erfreut und fragte mich, wie es mir gehe. Ihm ging es sehr gut, er sah prima aus, braun gebrannt und mit leuchtenden Augen. Er erklärte mir, dass die Reisegruppe aus Europa in die Gemeinschaft des Alto Santo oder San Daime aufgenommen worden sei und dass gleich zwei Kleinbusse kommen würden, die sie alle an einen Ort im Regenwald bringen würden, wo eine *Ayahuasca*-Zeremonie stattfinden werde. Weshalb ich nicht mitkomme? Niemand werde es bemerken, wenn ich mich unter die Gruppe mischte, ich wäre einfach ein weiterer Ausländer. Ich antwortete ihm, dass ich krank sei, vielleicht sei es Dysenterie, und dass ich nach Madrid zurückfliegen würde.

»Wir sind heute Abend wieder im Hotel. Es ist eine Angelegenheit von zwei oder drei Stunden. Hast du etwas vor?«

»Nein, nichts, aber ich bin krank, Kurt, und ich habe seit achtundvierzig Stunden nicht geschlafen.«

»Es ist eine einmalige Gelegenheit ... Es werden indianische Schamanen kommen, um den *Ayahuasca* zuzubereiten ... Es wird eine Zeremonie stattfinden.«

»Ich weiß nicht.«

»Willst du dir das entgehen lassen?«

Ayahuasca ... Yagé ... Caapi ... Natema ... Pinde ... Cadaná ... das alles waren Namen für ein und dieselbe Sache. In seinem Roman

Junkie schrieb Burroughs: »Ich lese etwas von einer Droge, die sich Yagé nennt und von Indianern im Quellgebiet des Amazonas angewandt wird. Yagé soll angeblich die telepathischen Fähigkeiten verstärken [...] Ich habe beschlossen, nach Kolumbien zu gehen und mir Yagé zu besorgen [...] Ich bin bereit, weiterzuziehen in Richtung Süden und nach dem reinen Kick zu suchen, der das Gesichtsfeld erweitert, statt es wie junk einzuengen [...] Vielleicht finde ich in Yagé, was ich in junk und gras und coka vergeblich gesucht habe. Vielleicht ist Yagé der endgültige Kick.« Burroughs ging nach Kolumbien; das Resultat dieser Reise sind die *Yage Letters (Auf der Suche nach Yage),* in denen er von seinen Erfahrungen mit korrupten Polizisten, räuberischen Indios und abgelegenen Dschungeldörfern berichtet ... bis es ihm gelang, an einer indianischen Zeremonie teilzunehmen. Diese Texte, die er an Allen Ginsberg schickte, waren der Auslöser dafür, dass der Beat-Poet sieben Jahre später ebenfalls nach Südamerika reiste, um sich auf die Suche nach dem Rauschmittel zu machen.

Das, was mir Kurt hier anbot, war nicht direkt eine indianische Zeremonie, aber es kam der Sache recht nahe.

»Na los, komm schon«, beharrte er. »Willst du dir das entgehen lassen? So eine Gelegenheit wirst du nie mehr im Leben haben.«

Kurts Reisegruppe war aufgestanden, sie riefen nach ihm und bedeuteten ihm, sich zu beeilen.

»Die Busse sind da. Los, komm schon.«

Er packte mich am Arm, und ich ließ mich mitziehen.

Unser Wagen wurde von einem schweigsamen, weiß gekleideten Mann gefahren. Außer Kurt und mir fuhren noch vier Frauen mit, die die ganze Fahrt über Hymnen und Hallelujas sangen, begleitet von Kurts tiefer Stimme. Wir fuhren über die Ausfallstraße in die Außenbezirke von Marabá und bogen dann auf eine Piste ab.

Bald kamen wir an einigen Farmen vorbei, bis wir eine Lichtung erreichten, auf der sich eine Art kleine Siedlung aus solide gebauten Hütten mit spitzen Dächern befand, die alle um eine größere Hütte herumstanden, die sich als Kirche entpuppte. Über dem Eingang hing ein Schild mit der Aufschrift *Centro de Iluminacão Cristã Luz Universal.*

Eine Gruppe von Menschen auf Knien lauschte andächtig den Worten eines alten Mannes in einer weißen Tunika, der von zwei Ministranten in ebenfalls weißen Gewändern flankiert wurde. Sie hielten Palmwedel in den Händen. Der Alte schien Gebete zu murmeln, die von den Knienden wiederholt wurden.

Wir stiegen aus dem Wagen und knieten ebenfalls nieder.

Der Alte sagte:

»Oh Jesus Erlöser, erleuchte mich, auf dass ich der Dunkelheit des Waldes entfliehe!«

»Halleluja!«, antworteten wir anderen.

»Gib mir die Kraft, der Sünde zu widerstehen!«

»Halleluja!«

»Gib mir Liebe!«

»Halleluja!«

»Oh Königreich Juramidans, befreie uns von Can!«

»Halleluja!«

Und so ging es eine ganze Weile. Dann erteilte der Alte uns den Segen, und alle begannen einen Lobgesang aus der Bibel anzustimmen. Die Ministranten mit den Palmwedeln führten nun eine Prozession an, der wir alle folgten, ohne mit dem Gesang aufzuhören. Die Prozession umrundete das Hüttendorf und bog auf einen Pfad zwischen den Bäumen ein. Die Prozession bewegte sich im Rhythmus eines Tanzes, der sehr an eine Conga erinnerte. Die Männer mit den Palmwedeln und zwei oder drei andere beherrschten ihn sehr gut, aber die beiden deutschen Frauen, die vor Kurt und mir gingen, beide mit weißen Kopftüchern und Medaillons mit dem Bildnis Raimundo Ireneo Serras um den Hals, sahen aus, als hätten sie einen Stock verschluckt.

Die Prozession der Tänzer erreichte bald ein Camp auf einer großen Lichtung, überschattet von einem riesigen Baum, dessen Stamm mehr als drei Meter Umfang hatte und von dessen Ästen, die das ganze Camp zu überspannen schienen, armdicke Lianen bis auf den Boden hinab hingen. Dort waren noch mehr Menschen, einige weiß gekleidet. Sie tanzten zum Klang großer Trommeln, die drei Männer auf einem kleinen Holzpodest schlugen. Sie wurden von zwei weiteren mit Rasseln begleitet. Der Rhythmus war ansteckend.

Hinter ihnen war ein großes, offenes Zelt aufgebaut, vor dem eine Menschenschlange stand. Mulatten, Mestizen, Indios und *caboclos* beiderlei Geschlechts, die meisten weiß gekleidet oder mit einem Kleidungsstück oder einem Tuch in dieser Farbe ausgestattet. Kurt und seine Gruppe waren die einzigen Ausländer. Alle tanzten, auch die in der Schlange, sie drehten sich um sich selbst oder fassten sich bei den Händen. Einige stießen Schreie aus oder rezitierten mit verdrehten Augen unverständliche Hymnen.

Der Zeremonienmeister, der ganz in Weiß gekleidet und mit einem kleinen Stab, der seinen Rang anzeigte, ausgestattet war, leitete den Tanz, während er Rainha Camilonga anrief, die Königin und Herrin des Regenwaldes, die mit König Tituma verheiratet und außerdem die Schwägerin des Fürsten Titongo und die Mutter der Prinzen Israel und Trimira war. Immer weiter tanzend, führten die Gehilfen die Gläubigen an dem Meister vorbei zu der Schlange vor dem Zelt, wo weitere Ministranten mit einer Kelle eine Flüssigkeit in Schalen schöpften, die alle bis auf den letzten Tropfen austranken.

»Schenke mir Liebe, Königin Camilonga!«, rief der Zeremonienmeister.

»Halleluja!«, antworteten die Gehilfen.

Ein Schwarzer, der seine Gliedmaßen schüttelte, ohne sich von der Stelle zu rühren, stieß einen durchdringenden Schrei aus und fiel auf die Knie.

»Halleluja!«, schrie er. »Halleluja!«

»Erleuchte mich, Prinz Israel!«, rief nun wieder der Zeremonienmeister.

Ich packte Kurt am Arm.

»Kurt, was ist das? Was passiert hier?«

Aber der Deutsche umrundete weiter den Baum, rief »Halleluja! Halleluja!« und gab mir keine Antwort.

Drei oder vier Gläubige knieten mit gefalteten Händen unter dem Baum und beteten. Einer der Gehilfen hielt mich am Arm fest.

»Bitte unsere Königin Camilonga um Liebe, Bruder.«

»Ja, Halleluja!«

»Lauter, Bruder.« Und er schrie. »Gib mir Liebe, oh Königin Camilonga!«

»Halleluja!«, antwortete ich.

»Gib mir Beharrlichkeit!«

»Halleluja!«

Ich reihte mich in die Schlange ein und tänzelte hinter einer dicken Frau her, die einen Mann in einer weißen Jacke an der Hand hielt. Als ich an der Reihe war, reichte mir ein sehr dunkelhäutiger kleiner Mann mit Schnurrbart die Schale mit der heißen Flüssigkeit. Die Schale bestand aus einer halbierten Kokosnuss, und der dickflüssige Aufguss war von einem trüben Grün. In dem Zelt standen drei riesige Kessel, die über einem Feuer köchelten. Eine Gruppe von Gehilfen rührte zum Rhythmus der Trommeln mit Holzstöcken in den Kesseln.

»Nimm, Bruder, auf dass dich Fürst Titongo erleuchte.«

»Halleluja«, sagte ich und trank die Schale in einem Zug aus.

War das *Ayahuasca*? Ich werde es nie erfahren. Es war bitter und sehr heiß. Ich entfernte mich einige Schritte, weil ich dachte, ich müsste mich übergeben. Ich wartete auf die Übelkeit, aber sie kam nicht. Ich hielt Ausschau nach Kurt, sah ihn aber nicht. Eine der Deutschen, die mit uns im Wagen gekommen war, lag auf dem Boden und bewegte sich, als würde sie mit einem Unsichtbaren schlafen.

Ich spüre nichts, sagte ich mir, es wirkt nicht. Aber plötzlich hatte ich das Gefühl, dass die Trommeln langsamer wurden, sonorer, und sich auch die Tänzer langsamer bewegten. Es dauerte lange, bis sich die Arme hoben und senkten, sich bewegten. Auch meine Hände und Füße bewegten sich anders, langsamer, rhythmischer, im Einklang mit den Trommeln. Ich fühlte mich stark, wach, selbstbewusst. Und ich wurde von einer merkwürdigen Freude erfasst. Ein Wohlgefühl, das damit zu tun haben musste, dass ich hier von diesen Menschen umringt war, die plötzlich von Unbekannten zu Freunden, Brüdern, geliebten Menschen wurden, mit denen ich etwas teilte, von dem ich nicht wusste, was es war, das uns jedoch vereinte. Ich schrie und hüpfte und hatte dabei das Gefühl, höher zu springen als alle anderen. Es war, als ob ich flöge, als ob ich auf einem Trampolin spränge. Es dauerte eine Ewigkeit, bis ich wieder unten war, und dann nahm ich wieder Schwung und flog wieder nach oben.

Irgendwo waren Lichter entzündet worden, denn ich begann nun die Dinge in meiner Umgebung viel klarer zu sehen. Es war, als hätte sich die Nacht aufgelöst.

Dann sah ich sie. Sie kamen uns durch die Bäume entgegengelaufen. Ich konnte sie sehen. Es waren zehn oder zwölf, vielleicht mehr. Und sie lächelten, während sie völlig nackt, in göttlicher Nacktheit, auf mich zuliefen. Ich rieb mir die Augen und blickte mich um, um zu sehen, ob noch jemand dasselbe gesehen hatte.

Nein, niemand hatte etwas bemerkt. Und sie waren keine Halluzination, ich sah sie in Fleisch und Blut. Es waren die Amazonen, dieselben, die Carvajal gesehen hatte. Ich lief hinter ihnen her.

Sie blieben am Rand der Lichtung stehen. Diejenige, die voranging, war blond, sie hatte schneeweiße Haut, grüne Augen und ein schmal zulaufendes Gesicht. Sie hatte einen großen, lächelnden Mund und nahm mich bei der Hand. Die Übrigen sahen mich unablässig lächelnd an, ihre Blicke hießen mich willkommen. Dann wollten sie mich alle berühren, liebkosen ... und sie schleiften mich in den dichten Dschungel, weg von der Lichtung, auf der die Übrigen immer noch tanzten.

Ich hatte Lust, vor Freude zu schreien, aber ich erinnere mich nicht, ob ich es tat oder nicht.

Ich schlug die Augen auf. Über mir sah ich ein Licht brennen und einen Mann, der mich beobachtete. Er hatte die Lippen fest aufeinandergepresst, er hatte eine Glatze und trug eine Brille.

»Ganz ruhig«, sagte er. »Ich bin der Hotelarzt. Sie haben hohes Fieber.«

»Ein bisschen.« Das war Diodoros Stimme.

Ich richtete mich auf. Ich war in meinem Hotelzimmer, in meinem Bett. Der Arzt hatte sich ans Kopfende gesetzt und schrieb etwas auf einen Rezeptblock. Diodoro – es war Diodoro – stand daneben. Er umarmte mich kräftig und klopfte mir auf den Rücken.

»Lass dich anschauen – du hast dich nicht verändert!«

»Doch, ich hab keine Haare mehr ... ich habe Fieber und eine Darmgrippe.«

»Dysenterie«, erklärte der Arzt.

»Das ist doch nicht der Rede wert, Junge. Hier hat jeder Dysenterie. Wir ruhen uns ein paar Tage im Hotel aus, und das war's, stimmt's, Doktor? Und dann fahren wir an den Rio Negro. Du wirst ein klasse Buch schreiben, wirst sehen! Einen Bestseller ... ich will Prozente, klar?«

»Was ist passiert?«, fragte ich den Arzt.

»Dieser Herr hier hat mich gerufen.« Er deutete auf Diodoro und schrieb dann weiter. »Sie sollten nicht eigenmächtig Medikamente nehmen. Es ist keine schlimme Dysenterie, die Sie haben, aber Sie sollten sich schonen.«

»Siehst du? Ein paar Tage, und dann ab an den Rio Negro.«

Der Arzt stand auf und überreichte mir das Rezept.

»Mein Honorar wird Ihnen auf die Rechnung gesetzt ... Ach, noch etwas: Ich bin kein Spezialist, deshalb sollten Sie einen aufsuchen. Hier in Marabá gibt es sehr gute. Guten Abend.«

Der Arzt ging, und ich fragte Diodoro, wie ich hierhergekommen war. Er antwortete mir, dass mich Kurts Wagen hergebracht habe. Er habe gedacht, dass ich mit ihnen um die Häuser gezogen sei und einen monumentalen Rausch hätte. Ich hätte etwas über ein paar nackte Frauen zusammenfantasiert. Er wollte wissen, was da gelaufen war und ob wir beide noch mal zusammen loszogen, bevor wir zu den Amazonen fuhren.

»Ich habe keine Lust mehr auf Amazonen. Ich bin es leid, überall nach dir zu suchen, Chinese.«

»Tut mir leid, Kumpel ... Wirst du denn deswegen böse sein? Wenn du Diana María gesehen hättest, diese Indianerin ... Und außerdem musste ich auf den Ärztejeep warten, um von den *Sororó* hierher zurückzukommen ... Ach komm, Juanito ... hab dich nicht so ... Die Amazonen warten auf uns, die Amazonen!«

»Nein.«

»Sie sind dort und warten auf uns ... Kannst du dir den Buchtitel vorstellen? *Ein Monat bei den Amazonen* ... Oder den hier: *Die Amazonen existieren* ... Ich hab mir einige ausgedacht ... aber Titel sind nicht wichtig ... Ein paar Tage hier, und dann geht's los.«

»Ich hab genug von Reiseberichten. Von jetzt an schreibe ich Romane, nur noch Romane.«

»Erzähl keinen Scheiß ... Du bist noch traumatisiert von der Sauferei. Muss furchtbar gewesen sein, was? Nach ’ner Weile wirst du merken, dass wir diese Reise machen müssen, du und ich.«

»Das wird eine andere Reise und ein anderes Buch, Chinese. Dieses hier ist zu Ende.«

Dank

Viele haben mir bei der Entstehung dieses Buches geholfen, das, nachdem ich es erneut gelesen habe, nicht nur ein Reisebericht, sondern auch ein Roman geworden zu sein scheint. Das passiert mir fast immer, es liegt an mir. Offenbar bin ich nicht in der Lage, mich in der Weise an die Realität zu halten, wie ich es mir vorgenommen hatte, aber ebenso wenig an die reine Fantasie – was auch immer das sein mag. Bei meinen Romanen passiert mir leider das Gleiche. Sie basieren auf realen Situationen und Personen, die ich im Laufe des Textes umforme und verändere. Hier übertrifft das Reale – das, was ich gesehen und erlebt habe – die Fantasie, auch wenn ich eigentlich immer auf reale Dinge und Vorfälle zurückgreife. Sagen wir also, dieses Buch ist das realste von all meinen Büchern.

Mein Freund Professor Mauro Leonel und seine Frau Beti haben mich mit ihren Tipps, Literaturhinweisen und ihrer Geduld sehr unterstützt; auch Darcy Ribeiro, den ich 1995 in Havanna traf, hat mir nützliche Ratschläge gegeben, ebenso Rubén Fonseca aus Rio de Janeiro. Darüber hinaus haben mir Journalisten, Schriftsteller, Gewerkschaftler und andere, die mir begegneten, gezeigt, dass wir Menschen im Grunde genommen alle gleich sind und dass uns ähnliche Dinge bewegen, verstören und freuen, unabhängig von der Verschiedenartigkeit unserer Kulturen und Lebensumstände. Man muss nicht, um etwas so Einfaches herauszufinden, nach Amazonien oder sonst wohin reisen. Dennoch: Mir liegt daran, es hier noch einmal zu betonen und festzuhalten.

Manaus (Brasilien) und Salobreña (Spanien),
Sommer/Herbst 2000